더 비즈니스 모델
THE BUSINESS MODEL

저자 **알렉산더 체르네프**

서영

더 비즈니스 모델
THE BUSINESS MODEL

1판 1쇄 인쇄 2025년 02월 20일
1판 1쇄 발행 2025년 02월 28일
지은이 알렉산더 체르네프
감수 임선홍
기획 박성수
번역 오해동
펴낸이 서동영
펴낸곳 서영 출판사
출판등록 2010년 11월 26일 제(25100-2010-000011호)
주소 서울특별시 마포구 월드컵로 31길 62
전화 02-338-0117 팩스 : 02-338-7160
이메일 sdy5608@hanmail.net
디자인 고은아

ⓒ 2025 알렉산더 체르네프 seo young printed in seoul korea

ISBN 979-11-92055-34-3 13320

더 비즈니스 모델
THE BUSINESS MODEL

저자 알렉산더 체르네프

서영

목차

3 실용적인 툴 박스 살펴보기

4 성공한 유니콘 벤치마킹 해보기

부록1 누가 유니콘을 꿈꾸는가?

부록2

감수의 글

임선홍(수원대학교 부총장/창업지원단장)

수원대학교는 전국에서 유일하게 예비창업패키지, 초기창업패키지, 메이커 스페이스 전문랩과 로컬콘텐츠 중점대학 사업을 운영하고 있다.

스타트업의 발굴 및 육성을 통해 경기 남부지역의 창업 Hub로서 창업 생태계의 구심적 역할을 하는 수원대 창업 지원단장으로서 실행 가능한 비즈니스 모델의 중요성을 누구보다도 잘 인지하고 있는 상황이다. 따라서 '더 비즈니스 모델'의 출간 소식은 반가운 일이 아닐 수 없다.

비즈니스 모델 구축에 내재된 핵심 원칙, 비즈니스 모델이 신생 기업과 기존 기업 모두에서 수행하는 중추적인 역할의 중요성, 실행 가능한 비즈니스 모델을 개발하고 시장 밸류 맵을 만들기 위한 가치 중심 체계 소개, 비즈니스 모델의 구조에 대한 논의, 검증된 학습 아이디어를 기반으로 비즈니스 모델 생성에 대한 접근 방식의 설명 및 비즈니스 모델 개발을 용이하게 할 수 있는 일련의 실용적인 도구 소개 등은 새로이 **스타트업으로 창업을 꿈꾸는 많은 사람들의**

필수 서적이 될 것이다.

스타트업은 거창한 것이 아니다. 소소한 것에서 시작할 수도 있고 불편한 어떤 것에서 개선점을 찾는 것이 비즈니스 모델로 발전할 수도 있다.

전세계에서 극찬받는 전국 도로의 분홍색과 녹색 유도선 개발 사례는 한국도로공사 담당자의 아이디어이다. 이 도로 색 지정은 네비게이션 안내에도 나오며 길을 잘못 들어 돌아가거나 급하게 방향을 꺾다가 일어나는 사고를 예방하는 등 도로에 색칠한 선 하나로 인한 경제적 가치는 천문학적이다. 이 도로 유도선을 설치한 이후의 효과에 대해 한국도로공사는 분기점 40%, 나들목 22% 등 사고가 평균 27% 줄었다고 분석했다.

이 경우처럼 '비즈니스 모델'이 꼭 특별한 첨단 기술이 필요한 것은 아니다. 물론 그런 기술이 중요하기는 하지만 우리가 살아가는 주변부의 불편을 새롭게 정립하거나 기발한 생각으로 사람들의 삶에 있어서 크게 도움이 된다면 그것이 **아무리 하찮은 것이라도 '비즈니스 모델'이 될 수 있다.**

본서는 스타트업과 기존 기업, 소비재 기업과 B2B 기업, 하이테크 및 로우테크 벤처, 온라인 및 오프라인 기업, 제품 제조업체 및 서비스 업체, 비영리 조직과 영리기업 등 광범위한 기업 종사자에게 매우 필요하며, 비지니스에서의 성공을 이루고자 하는 모든 사람을 위한 필수적인 지침서라 할 수 있을 것이다.

특히 본서는 **앞선 기업들의 성공과 실패를 분석하여 올바른 창업의 길로 안내하고 있다**는 점이 장점이라 할 수 있을 것이다. '비즈니스 모델'을 개발하고 창업의 길에 도전하는 모든 분들에게 일독을 권한다.

이명우(동원산업 부회장)

21세기 디지털 혁명과 AI시대의 도래로 누구도 경험해보지 못한 격변의 시대에 살게 되었다. 하지만 우리는 곧 이 상황을 받아들이고 익숙한 삶을 살게 될 것이다. 이러한 상황에서 우리는 새로운 사고, 새로운 방식에 익숙해져야 한다. 이 **변화를 쫓아가지 못하는 사람, 기업, 국가는 뒤처지게 되고 도태될 것**이다. 특히 기업은 비즈니스 모델 관점의 사고가 필요한 시점이다. 단순 업무 효율성도 중요하지만 주변의 모든 기존의 방법들을 면밀히 살펴보고 더 나은 방법들을 찾고 과거 사례를 발판 삼아 미래를 개척해야 한다.

동원그룹 역시 적극적이고 선제적으로 AI 기술을 통해 업무 효율성을 높이고 더 나아가 부가가치 창출에 매진하고 있다.

2020년 지주사인 동원산업 산하에 디지털 전환 전담 조직인 DT본부와 AI혁신실을 설치하고 AI 관련 사내 교육과 업무 적용 및 오픈AI 기반 자체 플랫폼

'동원GPT'를 도입하였다. 이를 통하여 다양한 업무에 AI 솔루션 적용을 통해 새로운 비즈니스 모델 개발을 통한 고객 및 회사의 가치창출에 주력하고 있다.

비즈니스 모델이 신생 기업뿐만 아니라 기존 기업 모두에서 수행하는 중추적인 역할을 강조하고, 실행 가능한 비즈니스 모델을 제시하는 '더 비지니스 모델'이 많은 기존 기업들에게 체계적이고 참신한 가이드가 되기를 기원한다.

추천사

유중원(와이어바알리 대표)

인터넷을 발달로 전 세계의 글로벌 네트워크가 활성화되면서 사람들의 일자리는 태어나 자란 나라를 떠나 전세계로 확장되었다. 고급 기술을 장착하고 해외의 유명기업으로 스카웃 되어 가든, 청소나 공사장 인부 등 허드렛일을 하기 위해 가든, 많은 사람들이 고향을 떠나 다른 나라에서 일하게 되었다. 한국 역시 많은 인력들이 해외에서 일하게 되었고 국내에는 인력과 기술을 가진 여러 나라의 전문가들이 일하고 있다. 이렇게 해외에서 일하는 사람들이 기하급수적으로 늘어난 것이다. 그리고 고향의 가족들에게 번 돈을 송금하는 추세 역시 폭발적으로 늘어나게 되었다.

와이어바알리의 **플랫폼 비즈니스 모델**은 '**기존 은행 대비 10분의 1도 안되는 저렴한 수수료와 당일 송금하고 바로 받는 신속한 서비스**'이다. 기존 은행들이 담당하던 해외 송금을 파고들어 훨씬 저렴한 수수료와 편리한 송금 시스템을 개발한 것이다. 즉 기존의 금융업계에서 구태의연하게 운영되는 방식을 혁신적으로 바꾼 것이다.

2017년 4월 핀테크 스타트업으로 송금(페이먼트)플랫폼 비즈니스 모델을 시작한 와이어바알리는 핀테크 기술과 국제적인 금융 네트워크를 바탕으로 아시아를 넘어 글로벌 혁신 기업으로 거듭날 것을 목표로 하고 있다. 한국, 호주, 뉴질랜드, 홍콩, 미국, 캐나다 등 아시아 태평양 지역을 기반으로 소액 해외 송금 서비스를 제공하며 성장하고 있는 것이다.

'더 비즈니스' 사례에서 다룬 '벨류 맵' 분석을 통하여 와이어바알리의 고객과 협력자 가치를 위한 당사의 시장 오퍼링에 대해 좀 더 체계적으로 접근하는 매우 유용한 계기가 되었다.

추천사

역사에 등장한 초강대국은 새로운 기술과 응용 시장을 선도함으로써 그 지위를 유지해 왔다. 하지만 혁신적인 기술은 결코 대기업만의 전유물이 아니다. 작은 실험실에서 시작된 틈새 기술이라도 적절한 포지셔닝을 통해 거대하고 새로운 사업의 흐름 속에서 그 존재감을 드러낼 수 있으며, 가치 있는 비즈니스 모델로 그 유효성을 인정받는다면 글로벌 시장에서 고객과 자본이 따라올 것이다.

글로벌 시장에서 기술 경쟁력을 인정받은 ICTK(아이씨티케이)는 2017년 팹리스 보안 반도체 스타트업으로 출발했다. 거대 자본으로 시작하지 못했지만, 두 연구자의 독창적인 아이디어, 그리고 상용화 개발자와 경영자가 각자의 전문성을 살린 덕분에 물리적복제방지기술(PUF)인 '비아 퍼프(VIA PUF)'를 개발할 수 있었다.

PUF 기술은 미국 국방부뿐만 아니라 여러 유수 기업에서 도전했지만 성공하지 못해 '보안계 꿈의 기술'이라고 불릴 정도로 개발 난이도가 매우 높은 기술로 전 세계에서 ICTK를 포함한 극소수의 기업만이 상용화에 성공했다. ICTK는 해당 기술에 양자내성암호(PQC)를 결합하여 글로벌 시장에서 인정받는 기술 경쟁력을 갖추어 코스닥 상장까지 할 수 있었고, 지금은 국내에서 삼성전자와 함께 국제적으로 인정받는 CC EAL6+등급 보안 반도체를 생산할 수 있는 유일한 업체로 성장했다.

기술 분야와 시장 환경이 매우 독특한 ICTK의 비즈니스 모델이 '더 비즈니스 모델'의 "밸류 맵" 분석을 통해 소개되어 매우 기쁘게 생각한다.

오해동 교수님의 더 비즈니스 모델 출간을 진심으로 축하드리며, **스타트업의 성공을 꿈꾸는 많은 창업자들에게 좋은 지침서**가 되기를 기원한다.

번역을 마치며 _____

▌4차 산업혁명의 시대에서

　인류 사회는 산업혁명이 일어날 때마다 경제적, 사회적 구조가 급격하게 변화했다.

　1차 산업혁명은 기계화의 발전이 주도하였다. 기계화는 생산 수단의 변화만이 아니라, 노동시장의 구조 변화와 생활 방식까지 바꾸면서 현대 산업 사회의 기반을 조성했다. 이 시기의 혁신으로 농업 사회에서 산업 사회로의 전환이 시작되었다.

　2차 산업혁명은 전기의 상용화라 말할 수 있다.

　전기는 생산성을 더욱 극대화하여 산업 공정의 자동화를 통해서 대량생산으로 상품의 저렴한 가격을 만들었고 이는 소비자 시장이 확대 되면서 새로운 소비문화가 발달하는 계기가 되었다.

3차 산업혁명은 20세기 후반부터 시작된 컴퓨터와 정보 통신 기술의 발전이 만들어 냈다.

디지털 기술의 급격한 발전은 산업 전반에 정보화가 이루어졌고 컴퓨터의 출현은 기업과 개인의 운영 효율성을 크게 향상시켰으며, 인터넷의 등장은 전 세계적으로 정보의 교류를 용이하게 하여 다양한 아이디어로 지금까지 인류에게 없었던 수많은 기업과 혁신적인 비즈니스 모델들이 만들어지기 시작했다.

21세기 들어 시작된 4차 산업혁명은 인공지능과 초연결 사회의 완성판이라고 말할 수 있다.

4차 산업혁명은 인공지능(AI), 사물인터넷(IoT), 빅데이터, 로봇 공학, 자율 자동차, 유전자 기술, 지속 가능한 에너지 솔루션 등 첨단 기술들이 핵심이다. 하지만 이에 못지않게 다양한 분야에서 새롭게 장착한 혁신적인 아이디어(비즈니스 모델)들도 나타나기 시작했다.

배달의 민족, K팝, 우버 시스템 등은 기존의 배달과 음악시장, 택시 서비스와 크게 다르지 않다. 하지만 다른 방식으로 서비스(비즈니스 모델)하기 시작하면서 폭발적인 성장으로 초거대 기업이 되었고 이 비즈니스 모델은 어느 한 국가에서만 통하는 것이 아니라 전세계 대다수의 나라에서 이용되고 있다. 이제 인공지능을 활용한, 컴퓨터로 만든 초연결 사회는 다양한 비즈니스 모델(아이디어)로 산업과 사회 전반에서 혁신을 이끌고 있는 것이다.

이제 AI는 데이터 분석과 처리를 통해 인간의 의사 결정을 돕고, IoT는 기계와 기기가 서로 연결되어 실시간 정보를 제공한다. 이러한 변화는 제조업뿐만 아니라 서비스업, 의료, 교통, 게임, 오락 등 다양한 분야에 걸쳐 생태계를 변화시키고 있다. 초연결 사회에서는 사람과 기계, 기계와 기계, 나아가 사람과 사람 간의 경계가 허물어져, 실시간으로 소통하고 협력하는 새로운 형태의 사회가 형성되고 있는 것이다.

그렇다면 비즈니스 모델이란 무엇인가?

비즈니스 모델은 기존의 틀을 깨고 새로운 형식의 모델을 말한다.

1998년 미국대법원이 기업이나 금융기관 등의 신제품(기존에 없던 새로운 제품, 새로운 서비스 기법 = 비즈니스 모델)에 특허권을 인정한 이후 기업들로부터의 특허 신청이 폭증하기 시작했다.

특히 비즈니스 모델(새로운 제품, 새로운 서비스 기법)은 인터넷 기업들이 인터넷상에서 기존에 없던 새로운 사업 아이디어를 내 이를 웹상에서 운영하는 것을 특허 출원하기 시작하면서 폭발적으로 퍼지게 되었다.

대표적인 예로 미국 프라이스라인과 아마존이 각각 특허 출원한 '역경매'와 '원클릭 서비스'가 있으며, 국내에서는 '배달의 민족'이나 '당근' 등이 대표적인 비즈니스 모델(새로운 서비스 기법)이라고 할 수 있다.

위에서 예를 든 배달의 민족은 어떻게 성공했을까?

그전까지 대중적인 배달 음식은 중화요리점의 짜장면 배달이 시작이었다. 그 후 시간이 흐르면서 다양한 음식들, 치킨 등을 비롯한 많은 음식들이 각자의 가게에서 음식점들의 비용으로 배달원을 고용하면서 활성화되었다. 이것을 발달된 컴퓨터 기술로 집대성하면서 수많은 음식점들의 배달만을 책임지는 비즈니스 모델이 탄생했으니 바로 배달의 민족이다.

K팝은 어떨까?

오늘날 전세계를 사로잡은 글로벌스타인 소녀시대, BTS, 블랙핑크는 어떻게 생겨났을까?

나훈아, 남진, 이미자, 조용필, 내가 좋아하는 주현미 등등의 가수들은 음색이 좋거나 가사가 좋거나 즉 노래를 잘 부르는 사람들이 노래를 발표하고 수많은 사람들이 그들의 노래 솜씨에 반해서 유명가수가 되고 돈을 벌고 환영받고 각종 상을 받고 이것이 한국의 음악시장이었다.

즉 뛰어난 가창 실력을 갖춘 사람이 어느날 사람들의 눈에 띄어 대중가요의 탑이 되고 대중의 사랑을 받으면서 성공하는 케이스였다. 여기서 기존 비즈니스 모델을 깬 것이 바로 한국의 아이돌 시스템이다.

귀엽고 예쁘고 멋진 소년소녀를 모아 노래를 가다듬고 춤을 배우게 하고 작곡과 가사를 만들고 멋지게 꾸며서 세상에 내놓은 것이다. 이른바 보석이지만 원석 상태 상태의 아이들을 찾아 갈고 닦아 대중 앞에 내놓은 것이 소녀시대, 블랙핑크, 방탄소년단들인 것이다. 서태지와 아이들이 그들만의 특색과 실력으로 우뚝 선 것이었다면 소녀시대나 방탄소년단은 서태지와 같은 아이들을 찾아내서 시스템적으로 갈고 닦아 만들었다는 것이다. 즉 기존의 비즈니스 모델이 바뀐 것이다. 전 세계에서 한국만이 가지고 있고 전 세계가 K팝에 열광하는 음악시장 최고의 새로운 형태의 비즈니스 모델인 것이다.

우버 역시 마찬가지다. 기존의 거리 아무 곳에서나 손들고 타던 택시가 호출 시스템으로 발전하고 먼 곳으로 여행이나 출장시 현지의 차량을 빌려서 이용하는 것이 훨씬 경비가 덜 든다는 쪽으로 발전시킨 렌탈 서비스로까지 발전하였다.

이 두 가지 방법에서 장점을 따온 비즈니스 모델이 바로 우버 시스템이다. 여기에는 늘어난 경제적 가치로 모든 사람들이 자가용을 가지게 되면서 가능해진다.

많은 사람들의 차량이 의외로 하루 중 주행시간이 많지 않은 것에 착안하여 그 차량의 비어 있는 시간을 이용하는 아이디어(비즈니스 모델)에서 시작한 것이 바로 우버시스템의 출발이다.

모든 사업에서 이러한 기존의 방식을 혁신적이고 기발한 아이디어로 바꿀 수 있다면 이것은 통할 것이다. 모든 기존의 방법에서 새로운 방식의 비즈니스 모델을 창조해 낸다면 당신도 성공할 것이다. 그것이 이 책을 읽는 당신이 될 수 있다.

세상은 바야흐로 4차 혁명의 시대이다. 다른 말로 새로운 아이디어의 시대가 온 것이다.

비즈니스 모델(아이디어가 새로운 모델) 하나만 잘 만든다면 1조원, 10조원의 회사가 자고 일어나면 생기는 시대다. 그렇다면 4차 산업혁명 시대에 준비해야 할 것들과 방향은 무엇일까?

인공지능이 쏘아 올린 작은 공이 세상을 마구마구 변화시키고 있다.

기존의 정보와 뉴스 사장의 강자인 미디어들은 수많은 지식과 재미와 더 빠른 정보력과 다양한 의견들로 무장한 유투브 시장의 개인 유튜버들에게 밀리는 실정이다. 사람들은 이제 한국방송이나 문화방송보다 유투브에서 더 많은 정보를 소비하고 더 많은 오락, 유머를 즐기고, 댓글로 자신의 생각을 말하는 시대가 되었다. 심지어 유투브의 하나인 삼프로 채널은 상장까지 진행한다는 소문도 돌고 있다.

방산업계는 활과 칼에서 총, 대포로 발전하더니 스텔스처럼 보이지 않는 무기가 나타나고 레이저 무기가 실전 배치되고 이지스함 정도는 가져야 군사 강국이라 불리는 세상이 되었다.

전기분야는 기존의 석탄과 기름 발전에서 원자력으로 넘어가더니 풍력, 태양광을 이용하고 소형원자로와 핵융합 연구를 향해서 달려가고 있다.

사람들은 걸어서 이동하다가 마차를 타고 자동차를 타더니 인공지능과 위성을 이용한 네비게이션 시스템을 결합한 자율 주행 자동차가 등장하기 직전의 세상이 되었다.

100년 사이 우리 주변의 변화된 부분은 잠깐만 꼽아보아도 셀 수 없이 많다. 하지만 의외로 본질적인 것은 변하지 않는다.

사람은, 먹고 싸고 사랑을 나누고 잠을 자기 위해 집을 사고 놀고 여행을 가고 옷을 사고 돈을 벌기 위해 일을 하고 남에게 팔기 위해 물건을 만들고 소비하고 광고를 하고 끊임없이 생산적인 일을 하는 등 본질적인 부분은 거의 변하지 않았다.

어떻게 해야 많은 돈을 벌 수 있을까? 거부가 될 수 있을까? 성공할 수 있을까? 유니콘 기업을 만들 수 있을까?

4차 산업혁명은 더욱더 고도화된 기술과 변화 속에서 지속될 것이며, 다양한 분야에서 혁신이 이루어질 것이다. 거기에 기회가 있다.

기업과 개인은 이러한 변화를 대비해 기술적 역량을 강화하고, 변화하는 일자리 환경에 적응할 필요가 있다. 교육도 이러한 변화에 맞춰 혁신되어야 하며, 디지털 세상에 맞는 사고와 창의적인 문제 해결 능력을 갖춰야 한다. 변화하는 환경 속에서 유연하고 민첩하게 대응할 수 있는 능력을 키우는 것도 매우 중요하다.

유명한 경영 컨설턴트로서 Harvard Business Review에 '왜 비지니스 모델이 중요한가?(Why Business Models Matter?)'라는 글을 기고하여 비즈니스 모델의 중요성에 대하여 반향을 일으켰던 조안 마그레타(Joan Magretta)박사의 말을 전한다.

"좋은 비즈니스 모델은 인간의 동기에 대한 통찰력으로 시작하여 풍부한 수익으로 마친다. 성공적인 비즈니스 모델은 기존 대안보다 더 나은 방법을 제시한다."

본서, '더 비지니스 모델(The Business Model)'은 마케팅의 석학인 미국 노스웨스턴 켈로그 경영대학원 교수인 알렉산더 체르네프 교수의 역작이다.

실행 가능한 비즈니스 모델에 대해 체계적인 접근으로 스타트업과 기존 기업, 소비재 기업과 B2B 기업, 하이테크 및 로우테크 벤처, 온라인 및 오프라인 기업, 제품 제조업체 및 서비스 업체, 비영리 조직과 영리기업 등 광범위한 기업 종사자에게 매우 필요하며, **비지니스에서의 성공을 이루고자 하는 모든 사람을 위한 필수적인 지침서**로서 출간을 하였다.

역자는 평소에 비즈니스 모델의 중요성에 대해 깊은 인식과 관심을 가지던 중 더 비즈니스 모델을 접하면서 국내에도 비즈니스에서 성공을 이루고자 하는 많은 분들을 위해 글을 옮기게 되었다.

원서에서 다루는 성공하거나 실패한 미국 벤처기업 외에 본서에서는 국내에서 유니콘 기업을 목표로 하는 다양한 업계의 4개 기업(패션 플랫폼, 엔터테인먼트, 핀테크, 보안테크)을 특별히 취재하여 국내 사례로 싣는다. 특히, 사례 분석에 성심성의를 다해 협조해주신 ICTK 이정원 대표님, 와이어바알리 유중원 대표님께 무한한 감사를 표한다.

본서에서는 또한 특별 부록으로 독자분들이 직접 본인의 사례를 실습해 볼 수 있는 '밸류 맵 작성해 보기'를 통해서 기업의 현재 상황 분석과 진단을 해 볼 수가 있다.

이 책이 바로 새로운 방법, 비즈니스 모델을 창조하기 위한 바이블이며 안내서이고 자습서이다. 앞서 이루어낸 유니콘들의 모습에서 실패를 줄이고 성공 가능성의 방법을 찾는데 도움이 되는 책이다. 최소한 이 책애서 제시하는 방법 정도는 대입해 보고, 따져보고, 문제점이 있다면 개선하거나 보완하여 당신만의 유니콘을 키우기 바란다.

작가에 대해서

알렉산더 체르네프Alexander Chernev는 노스웨스턴 대학교 켈로그 경영대학원의 마케팅 교수다. 그는 소피아 대학에서 심리학 박사 학위를, 듀크 대학에서 경영학 박사 학위를 받았다.

체르네프 박사는 비즈니스 전략, 브랜드 관리, 소비자 행동 및 시장 계획에 중점을 둔 수많은 기사를 저술했다. 그의 연구는 주요 마케팅 저널에 게재되었으며 월스트리트 저널, 파이낸셜 타임스, 뉴욕 타임스, 워싱턴 포스트, Harvard Business Review, Scientific American, Associated Press, Forbes 및 Business Week를 포함하여 비즈니스 및 대중 언론에서 자주 인용되었다.그는 Journal of Marketing의 주요 마케팅 저널에서 가장 많은 기고를 하는 10명의 학자 중 한 명으로 선정되었으며 Journal of Marketing Education에서 발행한 마케팅 교수진에 대한 글로벌 설문 조사에서 소비자 행동 분야의 상위

5명의 마케팅 교수 중 한 명으로 선정되었다.

체르네프 박사의 저서인 전략적 마케팅 관리, 전략적 브랜드 관리, 마케팅 계획 핸드북 및 비즈니스 모델, 신제품 개발 방법, 시장 가치 창출 및 경쟁을 무력하게 만드는 방법 등은 여러 언어로 번역되어 전 세계 최고의 비즈니스 스쿨에서 사용된다. 그는 Joutnal of Marketing 부문 편집자 및 Journal of Marketing Research, Journal of Consumer Research, Journal of Consumer Psychology, Journal of Marketing Science 및 Journal of Marketing Behavior 를 비롯한 주요 연구 저널 편집 위원을 역임했다.

체르네프 박사는 Kellogg School of Management에서 MBA, PhD 및 임원 교육 프로그램에서 마케팅 전략, 브랜드 관리 및 행동 결정 이론을 가르치고 있다. 그는 또한 프랑스와 싱가포르의 INSEAD, 스위스의 IMD 및 홍콩 과학 기술 대학교의 임원 프로그램에서 강의했으며, Kellogg Executive MBA 프로그램에서 15년이나 연속으로 최고 교수상을 수상했다.

연구 및 교육 외에도 체르네프 박사는 마케팅 과학 연구소의 학술 이사이며 마케팅 전략, 브랜드 관리, 소비자 행동, 가격 책정, 전략 계획 및 신제품 개발 문제에 대해 전 세계 기업에 조언한다. 그는 Fortune 500대 기업과 협력하여 비즈니스 모델을 재창조하고 신제품을 개발하며 경쟁 우위를 확보하는데 공헌했다. 또한 여러 신생 기업이 시장 기회를 발견하고 새로운 비즈니스 모델을 발견하며 시장 전략을 수립하는 데 도움을 주었다.

서문 _____

▌간단한 아이디어에서 시작되었다.

대부분의 사람들은 식료품 쇼핑을 힘들어한다. 상점에 가서 원하는 제품을 찾는 것은, 귀찮고 시간이 많이 걸리기 때문이다. 식료품점은 제한된 범위의 품목만을 제공하며, 소비자는 결국 매장에서 원하는 품목의 재고가 없다는 사실을 알고 실망하게 된다. 때때로 원하는 품목을 찾더라도, 고품질 농산물의 프리미엄 가격에 구입을 주저하거나 포기할 수도 있다.

▌고객이 선택한 30분 내에 도착하는 당일 택배의 편리함

〈농산물〉, 〈신선한 생선 및 살아있는 랍스터〉, 〈부패하지 않은 싱싱한 식료품〉, 〈요리사가 준비한 식사 및 고급 와인을 포함한 다양한 고품질 신선 식품〉.
이런 상품들을 회원권이나 서비스 수수료 없이 매일 슈퍼마켓보다 저렴한 가격, 50달러 이상 주문 시 무료 배송 등을 소비자에게 제공하는 회사를 상상해 보자.

▌흥미진진하게 들리지 않는가?

세쿼이아 캐피털, 벤치마크 캐피털, 소프트뱅크, 야후 및 골드만 삭스를 포함한 많은 최고 수준의 벤처 캐피털 투자자들에게는 그랬다.

이 새로운 사업을 제안한 신생기업은 벤처 자금과 IPO에서 초과 모집된 결과로 거의 8억 불을 펀딩받았고, 관리 회사인 '앤더슨 컨설팅(현, 액센츄어)'의 대표가 이 회사에 합류하기 위해 사임했다.

그런데, 한때 최고의 전자 상거래 신생 기업 중 하나로 기염을 떨쳤던 이 새로운 벤처 기업은 수억 불을 날리고, 상장한 지 18개월 만에 문을 닫아야 했다. 회사의 주가는 몇 달 만에 30불에서 6센트로 급락하여 시가총액 10억 불 이상을 날려 버렸다.

무엇이 잘못되었던 걸일까? 모든 것은······.

이 이야기는 바로 닷컴 거품의 가장 큰 몰락으로 알려진 웹밴Webvan에 대한 이야기이다.

▌무엇이 잘못되었을까?

이 회사가 실패한 이유로 일부는 소비자의 관성을 비난한다.

사실 식료품 쇼핑은 비록 불편하긴 하지만 소비자들이 바로 해결해야 할 화급한 문제는 아니었다. 수십 년 동안 소비자들이 자주 찾는 전통적인 오프라인 매장은 하룻밤 사이에 사라지지 않았고, 그러한 습관의 힘에 힘입어, 소비자들은 웹밴을 이용하는데는 시간이 걸렸다.

또 다른 사람들은 웹밴이 잘못된 고객을 대상으로 했으며, 전체 대도시 지역이 아닌 인구 밀도가 높은 지역으로 서비스를 제한했어야 했다고 주장했다. 서비스 범위를 대도시 전체에 광범위하게 제공하려는 웹밴의 시도로 인해, 배송 차량의 활용도는 극히 낮았다. 즉, 몇 건의 주문을 배달하기 위해 장거리 배송을 해야만 했다.

또 다른 이유로 품목 역시 지나치게 광범위한 제품을 다루었다고 말한다. 물론 경영진은 광범위한 고객 기반에 어필하기 위해서라고 말할 수 있지만, 광범위한 지역과 광범위한 품목은 택배 비용을 크게 증가시켰으며, 창고 자동화 및 배송 일정과 관련하여 여러 가지 물류 문제에 문제점이 많아질 수밖에 없었다.

이러한 웹밴의 실패는 기존의 '오프라인 소매업체, 공급업체, 가공업체, 도매업체 및 유통업체 네트워크'와의 경쟁이 웹밴이 추정한 것만큼 효율적이지 않았을 수도 있다는 사실에 있다.

또한 웹밴 경영진이 소매 식료품 분야에서 매우 적은 경험을 가지고 있었다는 것도 웹밴의 몰락에 기여한 또 다른 요인이었다.

웹밴이 너무 빨리 확장되어 실패했다는 주장도 제기되었다.

다른 도시로 확장하기 전에 처음 시작한 샌프란시스코 시장에서 운영을 최적화하여 충분한 운영 경험을 쌓았어야 했다는 것이다. 하지만 웹밴은 그렇게 하지 않고, 투자 받은 10억 불을 이용하여 각각 3,000만 불이 넘는 최첨단 주문처리센터를 여러 개 건설하는 동시에, 배송 차량(밴)에 공격적으로 투자했다. 하지만, 2년 안에 26개 시장으로 확장하려는 지나치게 야심 찬 목표를 뒷받침할 만큼 웹밴의 고객 기반과 수익률은 충분히 올라오지 않았다.

마지막 실수는 최고 라이벌인 HomeGrocer.com을 12억 불에 인수함으로써 회사의 마지막 자원이 고갈되었다는 점이다.

어쨌거나 우리는 웹밴의 매우 다양한 실패 요인으로 인해 다음과 같은 질문을 할 수 있다.

▌웹밴이 몰락한 주요 원인은 무엇인가?

위의 모든 이유는 하나의 중요한 원인으로 요약될 수 있다.

웹밴은, 회사가 고객을 위한 가치를 창출하고 주주를 위한 가치를 포착하는 방법을 명확하게 설명하는 건전한 **비즈니스 모델이 없었다.** 오히려, 웹밴은 실행 가능한 비즈니스 모델로 뒷받침되지 않는 아이디어에 거의 10억 불을 투자했다. 회사가 **시장 가치를 창출하는 방법**에 대한 **적절한 이해 없이 대규모 실행에 집중**했던 것이다.

그렇게 웹밴이 사라진 지 6년 후인, 2007년에 시작된 아마존의 온라인 식료품 쇼핑 서비스인 '아마존 후레쉬Amazon Fresh'를 생각해 보자. 아마존은 웹밴의 많은 실수를 피하고 성공적으로 시장 점유율을 높일 수 있었다. 두 회사가 같은 산업(온라인 식료품 소매업)을 운영했지만 비즈니스 모델은 여러 측면에서 달랐다.

첫째, 두 회사는 표적 고객의 선택이 달랐다. 어떤 대가를 치르더라도 성장에 초점을 맞춘 웹밴과 달리 아마존은 표적 고객을 선택하는 데 훨씬 더 집중하였다.

아마존은 당초 도시 전체를 대상으로 서비스를 시작하기보다 잠재 고객이 집중된 지역에만 서비스를 집중한 것이다. 이러한 선택적 접근 방식을 통해 아마존은 효과적이고 비용 효율적인 유통 시스템을 구축할 수 있었다.

웹밴과 아마존의 두 번째 중요한 차이점은 가격 책정이었다.

두 회사 모두 50불 이상 주문 시 무료 배송을 제공했지만, 아마존은 식료품 무료 배송 서비스를 이용하려면 299불의 멤버십 가입이 필수였다. 아마존은 이 멤버십 가입을 통해 회사가 또 다른 가치를 창출할 수 있도록 했다.

또 다른 차별화 요소는 두 회사의 비즈니스 성장 속도였다. 웹밴의 경우, 성장 속도가 가장 중요하다고 생각했지만, 아마존의 경우 올바른 비즈니스 모델을 얻는 것이 더욱 중요하다고 생각했다.

또한 웹밴은 핵심 개념을 철저히 테스트하기 전에 막대한 자본 지출을 약속했으며, 주요 시장에서 성공을 거두기도 전에 사업을 빠르게 확장했다. 하지만, 아마존은 시애틀 근처 머서 섬의 단일 장소에서 초대 전용 베타 테스트를 시작하며 자신들의 개념을 공들여 검증하였다.

아마존은 1년 후, 본사가 있는 시애틀로 사업을 확장했고, 얼마 지나지 않아 로스앤젤레스, 샌프란시스코, 샌디에고, 필라델피아, 보스턴, 런던을 포함한 도시의 인구 밀도가 높은 지역만을 골라 점진적으로 확장하기 시작했다.

또한, 웹밴의 비즈니스는 시스템을 구축하면 매출과 고객이 따라 올 것이라는 전제를 기반으로 했지만, 아마존은 비즈니스 모델을 정확히 구축해야 하는 것에 훨씬 더 집중했다.

웹밴은 표적 고객의 니즈와 행동에 대한 명확한 이해를 파악하지 못했고, 전통적인 소매업체와의 경쟁을 과소평가했으며, 소매 식료품 산업과 관련된 기회와 위협을 잘못 파악했다.

대조적으로, 아마존은 확장하기 전에 비즈니스 모델을 개발하고 검증하는 데 상당한 시간, 비용 및 노력을 투자했다.

검증된 학습(validated learning)이라고도 하는 아마존의 접근 방식은, **실행 가능한 비즈니스 모델**이 시장에 대한 철저한 이해, 즉 **고객의 니즈가 무엇인지, 고**

객이 어떻게 행동할 가능성이 있는지, 회사가 보유해야 하는 자산과 역량이 무엇인지에 대한 철저한 분석을 기반으로 했다.

〈실행 가능한 비즈니스 모델을 갖는다〉는 것은 이 두 벤처의 성공과 실패의 차이를 의미한다. 〈실행 가능한 비즈니스 모델〉이 있다고 해서 성공이 반드시 보장되는 것은 아니지만, 웹밴이 그랬던 것처럼 비즈니스 모델이 제대로 되어 있지 못하면 시장에서의 실패는 자명한 일이 된다는 것을 말해준다.

많은 관리자들은, 비즈니스 성공의 공로를 인정하면서도 경제 상황, 규제 환경, 기술 발전 등 다양한 외부 요인에 실패를 떠넘기는 경향이 있다. 물론 이러한 요소가 오퍼링의 성공 또는 실패에 기여할 수는 있지만, 제품과 회사가 실패하는 주요 이유는 고객과 협력자를 위한 가치를 창출하고, 이해 관계자를 위한 가치를 포착하는 방법을 설명하는 〈실행 가능한 비즈니스 모델〉이 절대적으로 연구, 개발되지 않았기 때문이다.

이것이 바로 본 저서가 말하고자 하는 〈시장 가치 창출〉이고, 고객, 회사 및 협력업체를 위한 지속 가능한 가치를 보장하는 데 도움이 되는 〈비즈니스 모델 개발〉을 강조하는 이유이다.

본 저서는 '시장 기회를 식별하고 획기적인 비즈니스 모델을 개발'하기 위한 체계적인 접근 방식을 제공한다. 즉, '비즈니스 모델 생성의 핵심 원칙'을 설명하고, 실행 가능한 '새로운 오퍼링을 개발하기 위한 가치 기반 체계'를 제시하고, 시장 성공을 주도하는 의미 있는 가치 제안을 만들기 위한 '실용적인 도구'를 제공한다.

본 저서는 비즈니스 모델 구축에 내재된 **핵심 원칙을 설명**하는 것으로 시작하여, 비즈니스 모델이 신생 기업과 기존 기업 모두에서 수행하는 **중추적인 역할을 강조**하고, **실행 가능한 비즈니스 모델을 개발**하고 시장 가치 지도를 만들기 위한 **가치 중심 체계를 소개**한다.

비즈니스 모델의 구조에 대한 논의에 이어, 검증된 학습 아이디어를 기반으로 **비즈니스 모델 생성에 대한 접근 방식을 설명**하고, 비즈니스 모델 개발을 용이하게 할 수 있는 일련의 **실용적인 도구를 제공**하며, 출시 후 5년 이내에 가치가 10억 불 이상에 도달한 5개의 획기적인 '**스타트업의 비즈니스 모델**'의 예시로 결론을 내린다.(한국의 기업 사례를 추가하였다. 역자 주)

본 저서에서 설명하는 '비즈니스 모델 체계'는 스타트업 및 기존 기업, 소비재 기업 및 B2B 기업, 하이테크 및 저기술 벤처, 온라인 및 오프라인 매장, 제품 제조업체 및 부가가치 서비스 제공업체, 비영리 조직 및 수익 중심 기업 등 다양한 기업에 적용된다.

실용적이고 실행 가능하며 간결한 본 저서는 기업가에서 숙련된 관리자, 고위 경영진에서 제품 디자이너, 신규 시장 오퍼링을 만드는 사람에서 기존의 것을 개선하는 사람에 이르기까지 시장에서 성공을 달성하려는 모든 사람을 위한 필수 참고 자료이자 지침서이다.

본 저서는 시장 가치를 창출하고 산업을 재창조시키는 훌륭한 제품을 만들고자 하는 열정을 가진 사람들을 위한 것이다.

1

비즈니스 모델
A to Z
알아보기

비즈니스 모델의 핵심은
시장 가치 창출이다

THE BUSINESS MODEL AS A ROADMAP FOR CREATING MARKET VALUE

여러 가지 방법으로 실패할 수 있지만,

성공하는 것은 오직 한 가지 방법으로만 가능하다.

– 아리스토텔레스, 그리스 철학자 –

　신제품 개발은 기업의 생명줄이자 원동력이다. 신제품의 개발은 종종 직감
에서 시작한다. 그러나 직감에서 출발한 제품이 일부 성공할 때도 있지만, 대
부분은 실패한다. 왜냐하면 직감은 신제품 개발의 단순한 하나의 요소일 뿐이
기 때문이다.

　신제품 성공의 진정한 핵심 요소는 **'시장 가치를 창출하기 위한 체계적인 접**

근'이며, 이러한 체계적인 접근 방식이야말로 바로 이 책에서 말하고자 하는 **기업의 비즈니스 모델**이다.

▎비즈니스 모델이란?

비즈니스 모델이란, 제품이나 서비스**(오퍼링**[1]**)**를 어떤 가치로 만들고**(가치 창조**), 어떻게 소비자에게 전달하고**(가치 전달**), 어떻게 마케팅하며, 어떻게 수익을 내겠다는**(수익 구조**), 모형**(아이디어)**을 말한다.

1998년 미국대법원이 기업이나 금융기관 등의 신제품**(기존에 없던 새로운 제품, 새로운 서비스 기법 = 비즈니스 모델)**에 특허권을 인정한 이후 기업들로부터의 특허 신청이 폭증하기 시작했다.

특히 **비즈니스 모델**(새로운 제품, 새로운 서비스 기법)은 인터넷 기업들이 인터넷상에서 기존에 없던 새로운 사업 아이디어를 내 이를 **웹상에서 운영하는 것을 특허 출원**하기 시작하면서 폭발적으로 퍼지게 되었다.

대표적인 예로 미국 프라이스라인과 아마존이 각각 특허 출원한 '역경매'와 '원클릭 서비스'가 있으며, 국내에서는 '배달의 민족'이나 '당근' 등이 대표적인 비즈니스 모델(새로운 서비스 기법)이다.

당신이 새로운 오퍼링**(제품 또는 서비스)**을 담당하는 관리자라고 생각해 보자. 비슷한 상황에 처한 다른 많은 관리자와 마찬가지로 당신도 여러 비즈니스상의 결정들을 해야 할 것이고, 이러한 의사 결정 중 일부는 시장 출시를 위해

---

1   **오퍼링offering** : 회사가 고객에게 제공하는 총체적 제공물을 말한다. 오퍼링 요소는 7가지로 말할 수 있으며, 바로 제품, 서비스, 브랜드, 가격, 인센티브, 커뮤니케이션 및 유통의 7가지 속성으로 구성된다. 오프라인과 온라인상의 서비스나 상품을 고객에게 판매되는 것을 말한다.

준비 중인 오퍼링의 세부 사항과 관련된 것이다. 예를 들어,

- 신제품에는 *어떤 특성*이 포함되어 있는가?
- 회사는 고객에게 *어떤 서비스*를 제공할 수 있는가?
- 신제품(오퍼링)은 *어떻게 브랜딩*되어야 하는가?
- *가격은 얼마*가 적당할까?
- 판매 **프로모션을 어떻게 실행**해야 하는가?
- 잠재 고객에게 신제품(오퍼링)을 *어떻게 알려야* 하는가?
- 신제품(오퍼링)은 고객에게 *어떻게 제공*되는가?

이 제품이 경쟁할 시장과 해당 시장에서 창출하고자 하는 가치에 초점을 맞춘 질문들도 있다.

- 어떤 고객을 위해 이 *새로운 제품*(오퍼링)을 *개발*하는가?
- 고객들이 이 *제품을 구매하는 이유*는 무엇인가?
- 고객이 *선택할 수 있는 다른 제품*은 무엇인가?
- 고객의 *니즈*를 충족시키는 제품을 만들기 위해 회사는 *어떤 자원이 필요한가?*
- 회사는 *누구와 협업*하여야 하는가?
- 신기술은 *고객을 위한 가치를 창출하는 방식*에 어떤 영향을 미칠 수 있는가?
- 외부 경제 상황과 정부 규제가 *성공적인 신제품을 창출하려는 회사의 능력에 어떤 영향*을 미치는가?

이러한 질문들은 복잡하기도 하고 양도 많아서, 많은 관리자들은 '시간이 지나면 자연스럽게 답을 구할 수 있겠지'라며, 이러한 질문을 가볍게 생각하지만 그렇지 않다.

대부분의 신제품 판매 실패는 관리자가 여러 가지 관련 문제를 꼼꼼히 고려하지 않고 문제를 제때 해결하지 못하기 때문에 발생한다. 즉, 실패한 많은 제품들은 시장에서 가치를 창출하는 방법을 명확하게 보여주는 '비즈니스 모델'이 제대로 구축되어 있지 않기 때문이다.

> *잘 만들어진 비즈니스 모델은 기업이 시장에서*
> *상품의 가치를 어떻게 창출하는지를 설명한다.*

비즈니스 모델은, 회사가 목표에 도달할 수 있는 방법을 도표화하는 **마스터 플랜**이다.

이 마스터 플랜은 회사가 **표적 시장을 선별**하고, 이 시장에서 **제품의 가치 제안을 정의**하고, 표적 고객, 협력자 및 이해 관계자를 위한 **제품의 가치를 정확하게 설명**하고 **이익을 창출하는 과정**을 보여 주는 것이다.

명확하게 표현되고 논리적이며 지속 가능한 비즈니스 모델을 갖는 것은 신생 기업이든 기존 회사든 모든 기업의 전제 조건이다.

▌스타트업의 비즈니스 모델은?

일반적으로 스타트업은 운영 초기 단계에 있는 조직이다. 즉 창업을 말하며 '처음 시작하는 기업'이란 뜻이다.

최근 스타트업이라는 용어는 새로운 제품 개발, 혁신적인 비즈니스 모델 창출, 빠르고 확장 가능한 비즈니스 성장 등을 뜻하고 있다. 즉, 스타트업은 새로운 신제품, 또는 새로운 서비스를 개발(오퍼링 offering)하기 위해 구성된 운영 초기 단계의 조직으로 인식하고 있는 것이다.

새로운 신제품, 또는 새로운 서비스(오퍼링)의 개발은 스타트업의 특성을 정의하는 것이다. 신제품 개발에는 필연적으로 시장에 대한 불확실성과 제품의 기술적 실행 가능성이 있어야 하며, 신제품(오퍼링)이 회사, 고객 및 협력자를 위해 가치를 창출하는 방법을 설명하는 비즈니스 모델을 만드는 것도 포함된다.

대부분의 스타트업은 소규모 벤처로 시작하지만, 모든 소규모 벤처가 스타트업인 것은 아니다. 가족이 운영하는 소규모 레스토랑, 소매점, 소규모 건설 회사 등은 새로운 신제품이나 새로운 서비스를 개발할 부분이 거의 없기 때문에 스타트업으로 간주되지 않는다.

그렇다면 하이테크 산업이 스타트업인가? 눈에 띄는 대부분의 스타트업이 하이테크 산업에 속하지만, 모든 스타트업에 해당되는 것은 아니다. 왜냐하면, 스타트업이 하이테크 산업의 영역이라는 사실보다는 급속한 기술 발전에 따른 시장 기회 때문이다.

신제품을 개발하고 이 제품에 대한 새로운 시장을 창출하는 비프 저키(beef jerky 미국식 육포) 회사는 새로운 소셜 미디어 앱을 개발하는 하이테크 회사만큼이나 스타트업이다.

스타트업들은 그들의 비즈니스 모델의 참신함의 정도에 차이가 있다. 일부는 기존 제품과 비교하여 더 단순하고, 더 효과적이며, 더 저렴한 버전을 개발하는 것을 목표로 한다. 다른 이들은 이전에는 시장에 존재하지 않았던 새로운 제품을 디자인하는 것을 목표로 한다. 그러나 또 다른 이들은 현재의 비즈니스 모델을 대체하기 위해 완전히 해체하여 새롭게 쌓는 와해적인 비즈니스 모델을 개발하는 것을 목표로 하기도 한다.

이러한 차이점에도 불구하고 스타트업은 많은 공통 기능을 공유한다. 특히, **대부분의 스타트업은 불확실성, 유연성 및 제한된 자원**이라는 세 가지 주요 특성이 있다.

- **불확실성** 스타트업은 불확실성이 높은 환경에서 새로운 비즈니스 모델을 만들어 낸다. 이러한 불확실성은 여러 영역에 걸쳐 있다. 시장에 대한 불확실성, 창출되는 오퍼링의 수용에 대한 불확실성, 오퍼링을 관리하는 팀을 위한 최상의 조직 구조에 대한 불확실성, 새로운 오퍼링을 창출, 홍보 및 배포하는 것과 관련된 과정에 대한 불확실성을 포함한다. 이러한 불확실성은 두 가지 일반적인 유형의 위험이 있다. 첫 번째는 오퍼링의 기술적 타당성에 대한 불확실성을 반영하는 *기술적 위험*(실제로 만들어질 수 있는가?)이다. 두 번째는 *오퍼링 매력도*(고객이 오퍼링을 매력적으로 여길 것인가?) 및 오퍼링의 *실행 가능성*(회사에 가치를 창출할 것인가?)을 포함하는 새로운 오퍼링에 대한 시장 반응을 반영하는 *시장 위험*이다.

- **유연성** 스타트업은 운영할 시장의 선택, 회사의 조직 구조, 오퍼링 디자인과 관련된 과정을 포함하여 비즈니스 모델의 거의 모든 측면에서 극적인 변화를 만들 수 있다. 기존 조직 구조, 과정 및 일정으로 인해 기존 비즈니스 수행 방식에서 벗어나기 어려울 수 있는 기존 회사와 달리 스타트업은 비즈니스 모델을 현재 시장 상황에 맞게 조정할 수 있는 더 큰 자유가 있다. 결과적으로, 스타트업은 새로운 시장 동향을 보다 신속하게 식별할 수 있

고, 새로운 오퍼링을 개발하여 이러한 시장 동향에 대응할 가능성이 높으며, 식별된 시장 기회에 더 잘 부합하도록 현재의 비즈니스 모델을 바꾸려는 경향이 있다.

- **한정된 자원** 대부분의 스타트업이 공통적으로 가지고 있는 또 다른 특징은 비즈니스 모델을 만들고 구현하는 데 필요한 자원이 제한적이라는 것이다. 이러한 자원은 가용 자본에 국한되지 않고 성공적인 시장 오퍼링 개발에 중요한 시설, 재료, 인력, 노하우, 브랜드, 커뮤니케이션 및 유통 채널에 대한 접근과 같은 다양한 자산을 포함한다. 결과적으로, 스타트업은 이러한 많은 자원에 쉽게 접근할 수 있는 기존 기업에 비해 매우 불리한 위치에 있으므로, 동종 시장에 진입을 모색하는 다른 기존 기업에게는 유리하다.

강점을 강화하고 한계를 극복하기 위해 스타트업은 올바른 시장 기회를 식별하고 핵심 역량 및 자산과 일치하는 시장을 표적으로 삼고 회사와 고객 모두를 위한 가치를 창출하는 오퍼링을 설계하는 데 전략적이어야 한다.

이를 위해 스타트업은 신제품 개발에 대한 체계적인 접근 방식을 채택하고 오퍼링이 시장 가치를 창출하고 포착하는 방법을 명확하게 설명해야 한다. 따라서, **스타트업의 성공은 실행 가능한 비즈니스 모델을 만들어 내는 능력**에 달려 있다.

▌기존 기업의 비즈니스 모델은?

일반적으로, 비즈니스 모델은 기존 기업은 필요하지 않고 스타트업 에게만 필요하다는 견해는 잘못된 것이다. 성공하려면 스타트업과 기존 기업 모두 실행 가능한 비즈니스 모델이 필요하다.

차이점은 스타트업은 새로운 비즈니스 모델을 만들어야 한다는 것이며, 기존 기업은 이미 비즈니스 모델이 있지만 새로운 비즈니스 모델이나, 또는 개선된 비즈니스 모델이 필요하다는 것이다.

그러나, 기존 기업이 이미 비즈니스 모델을 가지고 있다는 사실은 그들을 종종 현실에 안주하게 만들고 기존 비즈니스 모델을 지속적으로 재검토하고 재정립해야 할 필요성을 간과하게 만든다.

기존 기업들은 끊임없이 변화하는 시장 환경과 비즈니스를 혁신하려는 스타트업과 경쟁하기 위해, 비즈니스 모델을 개선하지 않고는 어떤 회사도 살아남을 수 없다.

보더스Borders, 서킷 시티Circuit City 및 블록버스터Block buster와 같은 회사는 아마존Amazon.com 및 넷플릭스Netflix와 같은 스타트업을 탄생시킨 새로운 기술을 접목한 비즈니스 방식을 재정립하지 못했기 때문에 문을 닫아야 했다.

스타트업과 기존 기업이 동일한 구조, 동일한 원칙을 따르고 동일한 기능을 수행하는 비즈니스 모델을 채택하더라도 비즈니스 모델 개발에 대한 접근 방식은 다를 수 있다.

스타트업과 기존 기업이 비즈니스 모델을 개발하는 방식의 차이는 상대적인 장단점에서 비롯되는 경우가 많다.

기존 회사는 지식, 경험 및 자원과 같은 부분이 풍부하므로 새로운 오퍼링을 개발할 때 스타트업보다 유리한 여러 특성을 가지고 있다.

- **지식** 기존 기업은 운영하는 산업과 제품 및 서비스 개발에 사용되는 기본 기술 및 비즈니스 프로세스에 익숙하기 때문에 새로운 오퍼링을 개발할 때 기술적 타당성, 고객 선호도 및 실행 가능한 오퍼링 생성의 경제성에 대한 불확실성이 적다.
- **경험** 기존 회사는 신제품 개발을 관리하기 위해 조직 구조와 비즈니스 및 기술 프로세스가 이미 마련되어 있어서, 오퍼링을 디자인하고 관리하는 데 있어 보다 효과적이고 비용 측면에서 효율적일 수 있다.
- **자원** 기존 회사는 새로운 오퍼링 개발에 투자할 수 있는 더 많은 자원을 보유하고 있으며, 실제로 이미 수익을 창출하는 기존 오퍼링을 보유하고 있기 때문에 이 수익의 일부를 신제품 개발에 투입할 수 있다. 또한, 자원을 즉시 사용할 수 있기 때문에 매출을 창출해야 하는 신규 오퍼링의 부담을 어느 정도 덜어주고, 시장 성공을 위한 장기적인 시간을 확보할 수 있어 성공 가능성을 올릴 수 있다.

이러한 장점에도 불구하고 기존 회사는 신제품을 개발할 때 관성과 레거시 legacy 제약이라는 두 가지 중요한 단점이 있다.
- **관성** 파괴적 혁신 이론의 설계자인 클레이튼 크리스텐슨Clayton Christensen에 따르면, '기존 기업이 직면한 주요 과제는 고객의 현재 니즈에 집중하고 미래 니즈를 충족하기 위한 신제품 개발을 소홀히 하는 경향으로 인해, 기존 기업은 비즈니스 모델이 중단되고 더 민첩하고 미래 지향적인 스타트업으로 대체될 때까지 시장 동향을 활용하지 못하는 경우가 많다'는 것이다. 위대한 하키 선수 웨인 그레츠키Wayne Gretzky는 이렇

게 말했다. '나는 퍽puck이 있는 곳이 아니라 퍽이 있을 곳에서 스케이트를 탔다.' 많은 기존 기업의 문제는 미래가 아닌 과거의 비즈니스 모델에 집착하여 결국 새로운 비즈니스 모델을 가진 스타트업에게 따라 잡히게 된다는 것이다.

- **레거시legacy 제약** 기존 기업의 또 다른 단점은 레거시 제약으로 인해 제품 개발팀의 자율성이 비교적 제한적이라는 것이다. 스타트업은 상대적으로 쉽게 전략적 방향을 전환하고 변경할 수 있는 반면, 기존 회사는 기존 자원, 조직 및 프로세스로 인해 전략적 방향을 변경하는데 더 큰 제약을 받는다. 결과적으로, 기존 기업은 시간이 지남에 따라 시장 기회를 식별하고 이러한 기회를 해결하기 위한 새로운 오퍼링을 개발하는데 있어 민첩성이 떨어지게 된다는 말이다.

이러한 한계를 극복하고 성공적인 시장 오퍼링을 개발하고 실행 가능한 비즈니스 모델을 수립하는 데 성공하려면, 기존 기업이 스타트업처럼 생각할 수 있는 방식으로 되어야 한다. 즉, 혁신을 포용하는 기업 문화를 조성하고, 시장 가치를 창출하고 시장 변화에 대응하는 새로운 방법을 발견하는 민첩성을 배양하고, 직원들이 시장 기회를 식별하고 이를 해결하기 위한 오퍼링을 개발하도록 동기를 부여하고 권한을 부여하는 것을 의미한다.

▌실행 가능한 비즈니스 모델이란?

비즈니스 모델은 필수 요소이지만 성공을 보장하지는 않는다. 비즈니스 모델은 실행 가능해야 한다. 회사가 경쟁하는 시장에서 가치를 창출하고 포착할 수 있어야 하며, 이를 위해 **비즈니스 모델은 집중**(focus), **구조**(structure) **및 민첩성**(agility)**의 세 가지 필수 요소**로 구성된다.

집중(focus)

일본 속담에 '행동 없는 비전은 백일몽이며 비전 없는 행동은 악몽이다'라는 말이 있다. 이것은 비즈니스에서 특히 그렇다. 회사가 달성하고자 하는 궁극적인 결과에 대한 명확한 비전을 가지고 있지 않는 한 성공할 가능성은 낮다. 집중과 명확한 목표를 갖는 것은 회사의 성공을 보장하는 실행 가능한 비즈니스 모델을 만들기 위한 전제 조건이다.

비즈니스 모델은 무엇보다 시장 가치 창출에 중점을 둔다. 가치는 이익에만 국한되지 않으며, 회사가 특정 시장에서 창출하고 확보하는 금전적 또는 비금전적 편익과 비용을 반영한다.

비즈니스 모델은 단순히 회사의 수익 공식이 아니며 돈을 버는 것만이 아니다. 비즈니스 모델은 금전적이든 아니든 무언가 새로운 가치를 창출하는 것이다. 비영리 기업은 궁극적인 목표가 돈을 버는 것이 아니지만 비즈니스 모델을 가지고 있다.

비즈니스 모델은 회사가 이해 관계자(주주, 동업자 등)를 위해 가치를 창출하는 방법에 관한 것만이 아니라, 고객과 협력자를 위해 가치를 창출하는 방법에도 관한 것이다. 회사가 이해관계자를 위한 가치를 창출할 수 있는 것은 고객과 협력자를 위한 가치를 창출하는 것과 같은 것이다.

구조(structure)

회사가 시장 가치를 창출하는 방식은 다양하지만, 시장 성공의 기반이 되는 비즈니스 모델은 많은 유사점을 가지고 있다. 이러한 유사점은 비즈니스 모델의 중추 역할을 하고 회사의 전략적 및 전술적 결정의 기반이 되는 공통 체계(framework)에 의해 알 수 있다.

체계는 여러 가지 방법으로 비즈니스 의사 결정을 용이하게 하는데, 시장 기회를 식별하는 일반적인 접근 방식을 설명한다.

이를 통해 관리자는 성공적인 시장 오퍼링을 개발하기 위한 전략을 개략적으로 설명함으로써 시행 착오 기반의 학습 프로세스를 피할 수 있으며, 의사 결정 과정에 참여하는 관리자들에게 공유된 용어를 통해 팀워크를 키울 수 있다.

체계는 구체적인 답변을 제공하지 않는다. 오히려, 기회를 식별하고 회사가 직면한 문제에 대한 실행 가능한 해결책을 제공하는 데 도움이 되는 일반적인 접근 방식을 제공한다.

체계를 따르면 관리자는 시장 기회를 평가하고, 비즈니스 문제를 구조화하고, 다양한 구성 요소를 분석하고, 건전한 해결책을 개발할 수 있다. 체계를 따르지 않고, 최고 경영진의 직관을 따르는 것만으로 성공한 회사가 있지만, 이는 예외적인 케이스이다. 명확하게 표현된 비즈니스 모델이 없는 회사는 성공하기보다 실패할 가능성이 더 크다.

새로운 비즈니스 모델을 개발할 때 체계를 따르는 것은 역설적으로 보일 수 있지만, 새로운 비즈니스 모델을 생성하려면 창의성과 틀(box)을 벗어난 사고가 필요하다.

체계는 바로 틀(box)이다. 이 명백한 모순은 다음과 같은 질문을 제기한다 : **체계를 따를 때 진정으로 창의적일 수 있을까?**

진정한 체계의 목적은 관리자의 창의성을 제한하는 것이 아니라 창의성을 시장에서 성공할 가능성이 가장 높은 형식으로 바꾸는 것이다. 창의성 자체는 비즈니스 모델의 궁극적인 초점이 아니며, 시장 가치를 창출하는 것이다. 가치 중심 체계는 창의성을 비즈니스 성공으로 전환하는 데 도움이 될 수 있다.

민첩성(agility)

기존의 통념에 따르면 어떤 비즈니스 모델도 시장과 처음 접한 후에는 살아남기 힘들다. 이 말에는 많은 진실이 있다. 신제품 개발과 관련된 불확실성과 끊임없이 진화하는 시장의 특성으로 인해 즉시 사용할 수 있는 비즈니스 모델을 만들기가 어렵다는 것이다.

많은 시장과 관련된 불확실성과 유동적인 특성은 다음과 같은 질문을 제기한다 : **끊임없이 변화하는 세상에서 민첩성의 필요성이 비즈니스 모델을 불필요하게 만드는가?**

시장 성공의 열쇠는 '실행 가능한 비즈니스 모델을 만드는 것뿐만 아니라 이 모델을 시장의 변화에 적응시키는 것'이다.

비즈니스 모델을 새로운 시장 현실에 적응하지 못하는 기업은 사라지고, 시장 가치를 창출할 수 있는 우수한 비즈니스 모델을 가진 기업은 그들의 비즈니스를 성공시킬 수 있게 한다.

민첩성은 '비즈니스 모델의 부재를 의미하는 것이 아니라 환경 변화에 적응하는 역동적인 비즈니스 모델을 갖는 것'을 의미한다.

민첩성은 시장 불확실성을 줄이기 위한 정보를 찾고 회사의 비즈니스 모델을 새로운 시장 상황에 맞게 조정함으로써 찾은 정보에 따라 행동하는 것과 관련된다. 민첩성은 비즈니스 모델을 대체하는 것이 아니라 비즈니스 모델의 필수 구성 요소이다. 집중과 구조가 없는 민첩성은 혼란만을 초래한다.

회사의 비즈니스 모델에서 민첩성은 무엇을 의미하는가?

민첩한 회사는 크게 생각하고 작게 시작하여 빠르게 확장한다. 시장 상황이 바뀌면 무너질 가능성이 있는 하나의 큰 프로젝트가 아니라 일련의 작은 성공과 작은 실패에 기반을 두고 있는 것이다.

민첩한 회사는 위험을 감수하고, 실패로부터 배우고, 시장 상황에 따라 비즈니스 모델을 업데이트하여 신속하게 전환한다.

민첩한 회사는 비즈니스에서 '유일하게 변함없는 것은 변화'라는 것을 이해하고 변화를 비즈니스 모델 설계에 반영하여야 한다.

꼭 알아야 할
비즈니스 모델 체계

THE BUSINESS MODEL FRAMEWORK

내가 해결한 각각의 문제는 나중에 다른 문제를

해결하는 데 사용되는 규칙이 되었다.

– 르네 데카르트, 프랑스 철학자, 수학자 및 과학자 –

각각의 비즈니스 모델은 독특하며, 특정 기업이 특정 시점에 특정 시장에서 특정 고객의 니즈를 해결하는 방법을 설명한다.

독특함에도 불구하고, 성공적인 비즈니스 모델은 동일한 핵심 원칙을 기반으로 구축된다. 이러한 원칙은 스타트업과 기존 기업, 개인 소유 기업과 상장 기업, 첨단 기술 및 저기술 기업, 제조 관련 기업 및 서비스 제공 기업 모두에게 적용된다.

비즈니스 모델의 주요 측면은 성공적인 시장 벤처에 공통적인 기본 개념을 설명하고, 이러한 개념 간의 관계를 명확히 하며, 비즈니스 기업이 시장 가치를 창출하는 방법을 설명하는 체계에서 알 수 있다.

시장가치 체계라고 하는 이 체계는 비즈니스 모델을 표적 시장, 가치 제안 및 시장 오퍼링이라는 세 가지 구성 요소로 이루어진다.

- **표적 시장**은 회사가 가치 창출을 목표로 하는 시장이며, 5가지 요소로 정의된다.

  1. 회사가 충족하고자 하는 니즈를 가진 고객.
  2. 동일한 표적 고객의 동일한 니즈를 충족시키려는 경쟁자.
  3. 표적 고객의 니즈를 충족시키기 위해 회사와 협력하는 협력자.
  4. 오퍼링을 관리하는 회사.
  5. 회사가 운영되는 상황이다.

- **가치 제안**은 회사가 표적 시장에서 창출하고자 하는 가치이며, 고객 가치, 협력자 가치 및 회사 가치의 3가지 요소로 구성되며, 이는 관련 시장 주체를 위해 회사가 창출한 가치를 반영한다. 의미 있는 가치 제안을 만드는 것은 실행 가능한 비즈니스 모델 개발의 핵심이며 시장 성공의 열쇠이다.

- **시장 오퍼링**은 표적 고객의 니즈를 충족시키기 위해 회사가 시장에 배포하는 실제 상품이며, 제품, 서비스, 브랜드, 가격, 인센티브, 커뮤니케이션 및 유통의 7가지 주요 속성으로 나타낸다.

비즈니스 모델의 구성 요소는 논리적으로 연결되어 있다. 즉, 회사는 고객,

협력자 및 회사를 위한 가치를 창출하기 위해 주어진 표적 시장을 위한 오퍼링을 개발한다. 비즈니스 모델의 주요 목적은 회사의 제품이 시장 가치를 창출하는 방법을 설명하는 것이므로, 가치 제안은 비즈니스 모델의 중추이다.

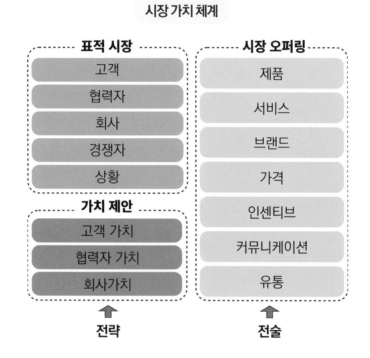

시장 가치 체계

비즈니스 모델의 세 가지 구성 요소(표적 시장, 가치 제안 및 시장 오퍼링)는 전략과 전술을 정의한다.

- **전략**은 경쟁할 시장에 대한 회사의 선택과 이 시장에서 창출하고자 하는 가치를 반영하므로, 표적 시장과 가치 제안은 비즈니스 모델의 전략적 측면의 두 가지 핵심 구성 요소이다.

• **전술**은 회사가 선택한 시장에서 가치를 창출할 구체적인 오퍼링을 반영하며, 회사의 전략을 논리적으로 따르며 회사가 이 전략을 시장 현실로 만드는 방법을 반영한다. 따라서 전술은 제품, 서비스, 브랜드, 가격, 인센티브, 커뮤니케이션 및 유통과 같은 시장 오퍼링의 7가지 속성으로 정의된다.

비즈니스 모델의 세 가지 주요 구성 요소인 표적 시장, 가치 제안 및 시장 오퍼링과 시장 가치 창출과 관련된 프로세스는 다음 장에서 자세히 설명한다.

표적 시장의
5-C

THE TARGET MARKET

보스는 고객 한 명뿐이다(고객은 왕이다).

고객(왕)은 단순히 돈을 다른 곳에 사용함으로써, 회장부터 말단 직원까지 회

사의 모든 사람을 해고할 수 있다.

– 샘 월튼, 월마트 창업자 –

앞에서 말한 표적 시장을 자세히 살펴보자.

5가지 시장 요소는 흔히 5C라고 하며, 그에 따른 결과 체계는 5-C 체계라고
한다. 5-C 체계는 일련의 동심 타원으로 시각적으로 나타낼 수 있다. 즉, 표적
고객은 중앙, 협력자, 경쟁자 및 회사는 중간, 상황은 외부이다.

표적 고객의 중앙 배치는 시장에서 그들의 정의적 역할을 반영하며. 회사, 협력자, 경쟁사 등 다른 세 주체는 이러한 고객을 위한 가치 창출을 목표로 한다. 상황은 고객, 회사, 협력자 및 경쟁자가 운영되는 환경을 정의하기 때문에 외부 계층이다.

표적 시장(5-C 체계)

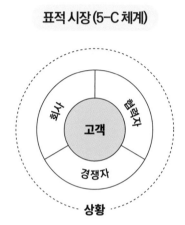

다섯 가지 C와 그들 사이의 관계는 다음 절에서 더 자세히 논의된다.

▮ 표적 고객

표적 고객은 회사가 충족하고자 하는 니즈를 가진 주체(기업 또는 개인)이다. B2C(Business기업-to-Consumer개인) 시장에서 표적 고객은 일반적으로 회사 오퍼링의 최종 사용자인 개인이며, B2B(기업-기업) 시장에서 표적 고객은 회사의 오퍼링을 사용하는 다른 비즈니스이다.

표적 고객은 **니즈**와 **프로파일**이라는 두 가지 요소로 정의된다.

• **고객 니즈**는 회사가 해결하고자 하는 고객이 직면한 특정 문제를 반영하며,

고객 니즈에 따라 고객이 회사의 오퍼링에서 기대하는 혜택이 결정된다. 고객 니즈는 관찰할 수 없기 때문에 특정 니즈를 가진 고객을 식별하는 것은 어려운 작업이 될 수 있다.

- **고객 프로파일**은 고객의 관찰 가능한 특성을 반영한다. 연령, 성별, 소득, 직업, 교육, 종교, 민족, 국적, 고용, 사회적 계층, 가구의 규모 및 가족들의 수명 주기와 같은 **인구 통계**(demographics), 고객의 영구 거주지 및 특정 시점의 현재 위치와 같은 **지리적 위치**(geolocation), 도덕적 가치, 태도, 관심사 및 라이프 스타일을 포함한 고객의 성격과 같은 **사이코그래픽스**(psychographics), 쇼핑 습관, 구매 빈도, 구매 수량, 가격 민감도, 판촉 활동 민감도, 충성도, 사회 및 여가 활동 등의 **행동**(behavior)을 포함한다.

표적 고객을 정의하는 데 있어 니즈와 프로파일이라는 두 요소가 모두 중요하다. 고객 니즈는 회사가 이러한 고객을 위해 창출해야 하는 가치를 결정하며, 고객 프로파일은 회사가 이러한 니즈를 가진 고객에게 접근하여 오퍼링을 전달하고 제공할 수 있는 효과적이고 비용 효율적인 방법을 식별해야 한다.

아이폰과 스타벅스라는 두 가지 인기 오퍼링의 고객 사례를 생각해 보자.

- **아이폰**은 일하고, 즐기고, 소통하고, 심지어 과시할 수 있게 해주는 일체형으로, 상시 작동하는 장치에 대한 고객들의 니즈를 충족시킨다. 이러한 니즈를 가진 고객들은 다양한 프로파일을 가지고 있다. 즉, 나이는 십대부터 성인까지이고, 사회 계층, 소득 그룹, 지리적 위치에 걸쳐 있으며, 직업, 취미, 생활 방식이 다양하나.

▸ **스타벅스**는 집과 직장 사이에서 개인 취향에 맞게 만든 커피 음료를 즐기고 휴식을 취하고 소통할 수 있는 장소에 대한 고객의 니즈를 충족시킨다. 이러한 니즈를 가진 고객들 역시 다양한 프로파일을 가지고 있다. 대부분은 상대적으로 높은 소득, 직업 경력 및 사회적 책임감을 가진 25~40세의 성인 도시인이며, 두 번째로 큰 고객층은 18세에서 24세 사이의 젊은 성인이며, 이들 중 다수는 대학생이거나 젊은 전문직 종사자이다.

표적 고객의 선택은, **경쟁 범위, 잠재적 협력자, 고객 니즈를 충족하는 데 필요한 회사 자원, 회사가 시장 가치를 창출할 상황을 포함**하여 시장의 다른 모든 측면을 결정한다. 표적 고객의 변화는 일반적으로 경쟁자와 협력자의 변화로 이어지고, 다른 회사 자원이 필요하며, 다른 상황 요인의 영향을 받는다. 회사가 가치를 창출하고 포착하는 시장의 전략적 중요성 때문에 올바른 표적 고객을 선택하는 것이 성공적인 비즈니스 모델을 구축하는 열쇠이다.

표적 고객을 식별하는 프로세스는 이 책의 비즈니스 모델 툴박스(Business Model Toolbox)에서 자세히 설명한다.

▌경쟁자들

경쟁자는 동일한 고객의 동일한 니즈를 충족시키는 것을 목표로 하는 다른 회사이다. 단순히 그들이 운영하는 산업을 기반으로 하는 것이 아니라 고객의 니즈와 관련하여 정의된다. 예를 들어, 디지털 카메라 제조업체들은 서로 경쟁할 뿐만 아니라, 디지털 카메라와 스마트폰 모두 한 순간을 캡처해야 하는 동일한 고객 니즈를 충족할 수 있기 때문에 스마트폰 제조업체와도 경쟁해야 한다.

회사는 동일한 고객의 동일한 니즈를 충족시키기 위해 개발하는 오퍼링을 통해 서로 경쟁하지만, 경쟁은 고객별로 다르기 때문에 한 시장에서 경쟁하는 기업이더라도 다른 시장에서는 협력할 수 있다.

예를 들어, 애플은 개인용 컴퓨터 및 태블릿 시장에서 마이크로 소프트와 경쟁하는 동시에 마이크로 소프트와 협력하여 워드 프로세싱 및 스프레드시트 프로그램을 포함한 생산성 소프트웨어를 개발하여 디지털 카메라 제조업체들과 경쟁해야 한다.

아이폰과 스타벅스의 주요 경쟁자는 다음과 같다.

‣ **아이폰**은 삼성, HTC, 소니, LG, 구글을 포함한 다른 제조사의 스마트폰과 경쟁한다. 또한, 캐논, 후지, 니콘, 소니, 파나소닉의 카메라, 소니, 파이오니어, 샌디스크, 애플(아이팟)의 휴대용 오디오 플레이어와 경쟁하고 있으며, 심지어 소비자들이 휴대전화로 게임을 할 수 있게 함으로써 휴대용 게임기와도 경쟁해야 한다.

‣ **스타벅스**는 던킨 도너츠, 맥도날드, 코스타 커피, 피츠 커피 등 드립 및 에스프레소 커피 음료를 제공하는 다른 체인점과 경쟁하고 있으며, 수제 커피 음료를 제공하는 부티크 커피숍과도 경쟁한다. 스타벅스는 또한 캡슐 기술을 통해 소비자가 집에서 드립 및 에스프레소 커피 음료를 쉽게 만들 수 있는 네스프레소Nespresso 및 큐리그Keurig와 같은 제품과도 경쟁한다. 마지막으로, 스타벅스는 폴저스Folgers 및 맥스웰 하우스Maxwell House를 포함한 전통적인 커피 생산자와도 경쟁한다.

▌협력자들

협력자는 회사와 협력하여 표적 고객을 위한 가치를 창출하는 주체이다. 협력자의 선택은 고객 니즈를 충족하는 데 필요한 자원의 상호 보완성에 따라 결정된다.

협업에는 회사에 부족하고 표적 고객의 니즈를 충족하는 데 필요한 자원을 개발하는 것 뿐만이 아니라 외주(아웃소싱outsourcing)하는 것이 포함되며, 회사는 부족한 자원을 구축하거나 획득하는 대신 이러한 자원을 보유하고 공유함으로써 이익을 얻을 수 있는 기업과 제휴하여 자원을 '빌려' 갈 수 있다.

협력자의 일반적인 유형에는 공급업체, 제조업체, 유통업체(딜러, 도매업체 및 소매업체), 연구 개발업체, 서비스 제공업체, 외부 판매 인력, 광고 대행업체 및 마케팅 조사 회사가 포함된다.

예를 들어, 프록터 앤드 갬블은 디자인 회사 아이데오IDEO와 협력하여 제품의 일부를 개발하고, 포장 회사인 다이아몬드 패키징Diamond Packaging은 포장을 제공하며, 유통을 위해 월마트와 협력한다. 월마트는 프록터 앤드 갬블과 협력하여 자사의 상품 진열대에 많은 제품을 조달하고, 소프트웨어 솔루션 제공업체 오라클과 협력하여 물류를 효율화하고, 해운 대기업 몰러-머스크Moller-Maersk와 협력하여 제품을 운송한다.

애플과 스타벅스의 협력자 네트워크를 생각해 보자.

‣ **아이폰**은 애플이 AT&T, 버라이즌, T-모바일, 스프린트와 같은 무선 서비스 제공업체와 협력하여 서로 다른 무선 네트워크 간에 아이폰의 호환성을

보장함으로써 이익을 얻는다. 애플은 또한 3M, 코닝, 인텔, 폭스콘, LG, 삼성, 퀄컴과 같은 수많은 부품 공급업체들과 협력하며, 아이폰을 대중들이 사용할 수 있게 만드는 월마트, 타겟, 베스트바이와 같은 다양한 소매업체들과 협력한다.

▸ **스타벅스**는 고품질의 원두를 제공하기 위해 전 세계의 수많은 커피 재배자들과 협력하며, 생수, 페이스트리, 스낵, 브랜드 상품과 같은 다양한 비커피 품목을 제공하는 공급업체들과도 제휴하고 있다. 또한, 식료품 체인점, 대량 상품 판매점, 창고형 클럽을 포함한 다양한 소매점들과 스타벅스 커피 원두, 인스턴트 커피, 스낵을 파는 편의점과도 협력한다.

▌회사

회사는 주어진 시장 오퍼링을 개발하고 관리하는 주체이며, 실제 판매되는 상품을 생산하는 제조업체(Procter & Gamble), 서비스 제공업체(American Express), 브랜드 구축에 종사하는 기업(Lacoste), 미디어 회사(Facebook) 또는 소매업체(Walmart)가 될 수 있어야 한다. 회사는 단일 활동에 국한되지 않고 여러 기능을 수행할 수 있다. 예를 들어, 소매업체는 자체 생산 시설을 보유하고, 자체 브랜드 구축에 참여하며, 다양한 부가가치 서비스를 제공할 수 있다.

다양한 전략적 역량과 시장 오퍼링을 보유한 기업의 경우, 회사라는 용어는 특정 오퍼링을 관리하는 조직의 특정 사업부(전략 사업부라고도 함)를 나타낸다.

예를 들어, 제네럴 일렉트릭, 알파벳(이전의 구글) 및 페이스북에는 여러 전략 사업부가 있으며, 각 사업부는 고유한 비즈니스 모델이 필요한 별도의 회사로 볼 수 있다.

회사는 프로파일과 목표라는 두 가지 핵심 요소로 정의된다.

• **프로파일**은 시장 가치 창출 능력과 지속 가능한 경쟁 우위를 결정하는 자원을 포함하여 회사의 특성을 반영한다. 회사의 자원에는 사업 시설, 공급 업체, 직원, 노하우, 기존 제품, 서비스 및 브랜드, 커뮤니케이션 및 유통 채널, 자본 접근 등의 요소가 포함된다.

• **목표**는 회사가 특정 오퍼링을 통해 달성하고자 하는 최종 결과를 반영한다. 회사 목표는 수익 극대화와 같은 금전적 목표일 수 있으며, 다른 회사 오퍼링과의 시너지 효과를 창출하고 사회 전반의 가치를 창출하는 것과 같은 전략적 목표일 수도 있다.

애플과 스타벅스의 프로파일과 목표는 다음과 같다.

▸ **아이폰의 프로파일**(애플)은 생산 시설, 공급업체, 제조업체 및 유통업체와의 관계, 기술에 정통한 직원, 노하우, 특허 및 상표를 포함한 지적 재산, 강력한 브랜드, 기존 제품 및 서비스 생태계, 충성 고객 기반, 막대한 현금 보유고가 특징이다. 아이폰의 목표는 애플의 주요 수익 및 이익 창조의 동인 動因(금전적 목표)이자 애플 제품 및 서비스 생태계의 초석(전략적 목표)이 되는 것이다.

▸ **스타벅스의 프로파일**은 수많은 소매점, 커피 재배자 및 유통업체와의 관계, 전문 교육을 받은 직원, 지적 재산, 강력한 브랜드, 충성도 높은 고객 기반, 자본 시장 접근성으로 정의된다. 주주를 위해 수익과 이익을 창출해야

하는 스타벅스의 금전적 목표는 사회에 혜택을 주고 사회적 책임을 증진하려는 전략적 목표로 보완된다.

▌상황

상황은 회사가 운영되는 환경을 설명하며, 다섯 가지 요소로 정의된다.

- **사회문화적 상황**에는 *사회적 및 인구학적 추세, 가치 체계, 종교, 언어, 생활 방식, 태도 및 신념이 포함된다.*
- **기술적 상황**에는 *시장 오퍼링을 설계, 제조, 커뮤니케이션 및 제공하기 위한 새로운 기술, 기량, 방법 및 프로세스가 포함된다.*
- **규제 상황**에는 *세금, 수입 관세, 금수 조치, 제품 사양, 가격 및 통신 규정, 지적 재산권법이 포함된다.*
- **경제적 상황**에는 *경제 성장, 화폐 공급, 인플레이션 및 이자율이 포함된다.*
- **물리적 상황**에는 *천연자원, 기후, 지리적 위치, 헬스케어 트렌드가 포함된다.*

아이폰과 스타벅스가 운영되는 상황을 예로 들어보자.

- ▸ **아이폰의 상황**은 이동 중에 검색, 공유 및 쇼핑을 할 수 있는 모바일 연결에 대한 사람들의 증가하는 니즈, 무선 연결의 가용성 및 속도, 향상된 배터리 수명 및 처리 속도, 향상된 이미지 처리를 포함한 급속한 기술 개발, 회사가 특허, 영업 비밀 및 상표를 보호할 수 있도록 하는 지적 재산권법, 고객의 가처분 소득을 결정하는 전반적인 경제적 조건 등이다.
- ▸ **스타벅스의 상황**은 수제 커피 음료의 인기 증가와 직접 만나서 사귀고 싶

은 욕구, 온라인 커뮤니케이션의 인기 증가, 회사가 고객을 더 잘 이해하고, 구매 행동을 추적하고, 일대일로 소통할 수 있게 해주는 기술 개발, 커피에 대한 수입 관세에 영향을 미치는 유리한 무역 협정, 지역 경제 상태와 커피에 대한 글로벌 원자재 가격을 포함한 다양한 경제적 요인, 다양한 지리적 위치의 기후와 날씨 패턴 등이다.

다양한
가치 제안들

The Value Proposition

좋은 기업은 필요(니즈)를 충족시키고,

위대한 기업은 시장을 창출한다.

– 필립 코틀러, 현대 마케팅 이론의 창시자 –

오퍼링이 성공하기 위해서는 시장 교환과 관련된 모든 관련 주체(표적 고객, 협력자 및 회사)를 위해 탁월한 가치를 창출해야 한다. 따라서 기업은 시장 오퍼링을 개발할 때 고객 가치, 협업자 가치, 기업 가치의 세 가지 가치를 모두 고려해야 한다. 이 세 가지 유형의 가치는 아래에서 자세히 논의된다.

▎고객 가치 제안이란?

고객 가치는 고객에게 제공하는 오퍼링의 가치이다. 즉, 오퍼링이 고객의 니즈를 충족시키는 정도에 대한 고객의 평가이다. 오퍼링이 고객을 위해 창출하는 가치는 세 가지 주요 요소에 의해 결정된다.

(1) 고객의 니즈,

(2) 회사 오퍼링이 창출하는 본질적 가치,

(3) 고객이 니즈를 충족하기 위해 사용할 수 있는 대체 수단(경쟁 오퍼링)에 의해 창출되는 가치이다.

간단히 말해서, 고객 가치 제안은 다음과 같은 질문에 답한다.

표적 고객이 사용 가능한 대안 대신 회사의 오퍼링을 선택하는 이유는 무엇인가?

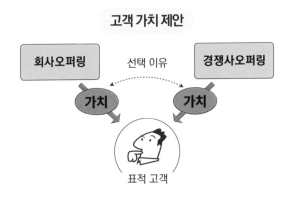

오퍼링의 고객 가치 제안은 경쟁 오퍼링과의 유사성 및 차이점에서 설명될 수 있다.

구체적으로, 가치 제안은 우위점(points of dominance), 동등점(points of parity), 타협점(points of compromise)의 세 가지로 정의할 수 있다.

- **우위점(PoD)**은 회사의 오퍼링이 경쟁 오퍼링보다 우수한 것이다. 예를 들어, 경쟁 오퍼링보다 더 높은 신뢰성, 더 큰 편안함 및 더 나은 성능을 제공하는 것이다.
- **동등점(PoP)**은 회사의 오퍼링이 경쟁 오퍼링과 동일한 수준이 되어야 한다. 예를 들어, 자사 오퍼링의 내구성이 경쟁 오퍼링의 내구성과 동일할 수 있어야 한다.
- **타협점(PoC)**은 회사의 오퍼링이 경쟁 오퍼링보다 열등한 경우이다. 이는 고객이 당신의 회사 오퍼링이 제공하는 고유한 혜택을 얻기 위해 타협해야 하는 속성이다. 예를 들어, 고객은 더 높은 수준의 신뢰성, 편안함 및 성능을 얻기 위해 가격을 타협할 수 있다.

위의 각 세 가지(우위점, 동등점, 타협점)는 고객이 실제 성능보다는 시장 오퍼링을 인식하는 방식이다. 예를 들어, 강력한 브랜드와 관련된 오퍼링은 기능적으로 동일한 일반 제품에 비해 우수한 성능을 가진 것으로 인식되어 우위를 점할 수 있다. 가치는 보는 사람의 눈에 있기 때문에 가치 제안은 고객이 오퍼링을 인식하는 방식에 따라 결정되며 반드시 실제 성능에 따라 결정되는 것은 아니다.

오퍼링은 기능적, 심리적, 금전적 세 가지 측면에서 고객 가치를 창출할 수 있다.

- **기능적 가치**는 성능, 신뢰성, 내구성, 호환성, 사용 용이성, 디자인 및 맞춤

화와 같은 오퍼링의 실용적인 유용성과 직접적으로 관련된 혜택 및 비용을 반영한다. 오퍼링의 기능적 가치는 다음 질문에 대한 답변에 의해 결정된다. 오퍼링의 기능이 표적 고객에게 어떤 혜택을 제공하는가?

- **심리적 가치**는 오퍼링이 제공하는 감정적 경험과 고객의 사회적 지위와 성격을 나타내는 오퍼링의 능력과 같은 오퍼링의 정신적 혜택과 비용을 반영한다. 오퍼링의 심리적 가치는 다음 질문에 대한 답변으로 정해진다. 표적 고객은 오퍼링에 대해 어떻게 느끼는가?

- **금전적 가치**는 오퍼링의 사용, 유지 및 처분과 관련된 다양한 금전적 비용뿐만 아니라 가격, 수수료, 할인 및 리베이트와 같은 오퍼링의 재정적 혜택과 비용을 반영한다. 오퍼링의 금전적 가치는 다음 질문에 대한 답변으로 결정 된다. 오퍼링이 표적 고객에게 미치는 금전적 영향은 무엇인가?

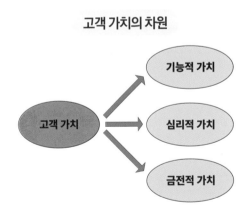

고객 가치의 차원

고객 가치의 세 가지는 다음과 같은 예를 통해 설명할 수 있다.

▸ **아이폰** 아이폰의 기능적 가치는 모바일 연결성(전화 걸기, 문자 메시지 보내기, 사진

^{찍기 기능)} 및 수백만 개의 생산성 및 엔터테인먼트 앱이 제공하는 혜택이다. 심리적 가치는 미적으로 만족하고 사용자 친화적인 기기를 사용하는 것의 만족, 아이폰이 설명된 대로 작동할 것이라는 마음의 안정, 그리고 개인의 성격과 사회적 지위를 전달하는 아이폰의 능력에서 비롯된다. 아이폰의 금전적 가치는 가격과 이용 가능한 판촉 인센티브이다.

▸ **스타벅스** 스타벅스의 기능적 가치는 에너지(카페인)를 제공하고 생산성을 촉진할 뿐만 아니라 휴식, 일 및 친목을 위한 물리적 공간을 제공하는 능력이다. 심리적 가치는 스타벅스 음료와 스낵을 소비하는 감각적 즐거움, 고객을 위해 만들어진 수제 음료를 선택함으로써 자신의 정체성을 표현할 수 있는 고객의 능력, 사회적 책임을 다하는 기업을 지원하는 데서 오는 도덕적 만족감에서 비롯된다. 스타벅스의 금전적 가치는 로열티 포인트, 1+1 판촉, 가격 할인 등 다양한 금전적 인센티브와 가격에 반영된다.

▸ **테슬라** 테슬라 전기 자동차의 기능적 가치에는 속도, 안전, 가속 및 편안함이 포함된다. 심리적 가치는 환경을 보전하는 만족감, 자동차의 가속을 경험하는 짜릿함, 고급 자동차를 소유하는 것과 관련된 자기 성취감에서 비롯된다. 금전적 가치는 자동차 가격, 유지비 및 연료 절약에 의해 결정된다.

▸ **질레트** 질레트 면도기의 기능적 가치는 고객에게 제공하는 깨끗하고 부드러우며 편안한 면도이다. 심리적 가치는 '남자가 얻을 수 있는 최고의 것'으로 홍보되는 기술적으로 진보된 면도 시스템을 사용하는 만족에서 비롯되며, 금전적 가치는 질레트 면도기와 카트리지의 가격에 따라 결정된다.

고객 가치의 측면은 보편적으로 긍정적인 것은 아니다. 가치는 혜택과 비용 모두에서 비롯되기 때문에 특정 측면에서는 비용이 혜택보다 클 수 있다. 대부분의 경우, 오퍼링의 핵심 혜택을 반영하는 기능적 가치와 심리적 가치는 긍정적인 반면, 소비자가 오퍼링에 대해 지불하는 가격을 포함하는 금전적 가치는 부정적이다. 고객 가치를 창출하려면 세 가지 측면 모두의 혜택이 해당 비용보다 커야 한다.

▮ 협력자 가치 제안이란?

협력자 가치는 회사의 협력자에게 제공되는 가치이며, 협력자에게 제공되는 모든 혜택과 비용의 합이다. 협력자 가치 제안은 대체 오퍼링보다 협력자 목표를 더 잘 달성할 수 있는 오퍼링의 능력을 반영한다. 간단히 말해, 협력자 가치 제안은 다음과 같은 질문에 답한다. 협력자들이 경쟁적 대안 대신 회사의 오퍼링을 선택하는 이유는 무엇인가?

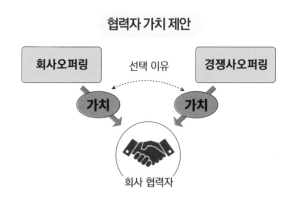

고객 가치 제안의 경우와 마찬가지로, 협력자 가치 제안은 세 가지 차원으로 정의할 수 있다. 즉, 우위점(회사의 오퍼링이 협력자에게 경쟁 오퍼링보다 우수한 혜택을 제공), 동등점(회사 오퍼링의 협력자 혜택이 경쟁 오퍼링과 동일) 및 타협점(회사의 오퍼링이 협력자에게 경쟁사

의 오퍼링보다 낮은 혜택을 제공)이 있다.

회사의 오퍼링은 금전적 및 전략적이라는 두 가지 유형의 협력자 가치를 창출
할 수 있다.

- **금전적 가치**는 오퍼링이 회사의 협력자를 위해 창출하는 금전적 혜택 및 비
  용(예: 순이익, 이윤 마진, 판매 수익, 주당 수익 및 투자 수익)을 포함한다.
- **전략적 가치**에는 회사 협력자에게 전략적으로 중요한 비금전적 혜택과 비
  용이 포함된다. 오퍼링은 협력자의 다른 오퍼링을 홍보하고, 협업자의 브
  랜드를 강화하고, 협업자에게 관련 시장 정보를 제공함으로써 전략적 가치
  를 창출할 수 있다. 예를 들어, 소매업체는 수요가 많은 제조업체의 제품을
  판매함으로써 이익을 얻을 수 있으며, 오퍼링은 회사의 협력자가 오퍼링의
  브랜드를 활용하여 자체 오퍼링을 강화할 수 있도록 함으로써 전략적 가치
  를 창출할 수 있다.

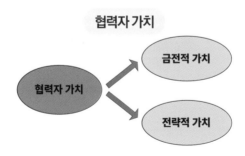

협력자 가치

협력자 가치 제안은 다음 예를 통해 설명할 수 있다.

‣ **아이폰** 무선 서비스 공급자는 수요가 많고 무선 서비스 사용을 촉진할 가능성이 높은 제품과 서비스를 연결하여 전략적 혜택을 얻고, 소매업체는 아이폰을 판매함으로써 금전적 이익을 얻을 뿐만 아니라 잘 팔리는 제품을 취급하는 전략적 혜택을 얻는다.

‣ **스타벅스** 커피 재배자는 커피 원두에 대한 대금 지불과 오퍼링에 대한 일관된 수요를 갖는 전략적 혜택을 받으며, 소매업체는 스타벅스 제품을 판매함으로써 금전적 혜택을 얻을 뿐만 아니라 잘 팔리는 제품을 취급하는 전략적 혜택을 얻는다.

▌회사 가치 제안이란?

회사 가치는 회사에 제공되는 오퍼링의 가치이며, 이는 오퍼링과 관련된 모든 혜택과 비용의 합계이다. 고객 및 협력자의 가치와 마찬가지로, 오퍼링의 가치는 기업이 이용할 수 있는 다른 기회와 비교하여 정의된다. 예를 들어, 새로운 오퍼링의 실행 가능성을 평가할 때, 그 가치는 일반적으로 회사가 출시할 수 있는 다른 오퍼링의 가치와 비교하여 벤치마킹 된다. 여기서 기업에 대한 가치를 평가하는 기준점은 대체 오퍼링 대신 주어진 오퍼링을 개발하는 데 드는 기회 비용이며, 기업 가치 제안은 다음과 같은 질문에 답해야 한다.

회사가 대체 옵션 대신 이 오퍼링을 선택한 이유는 무엇인가?

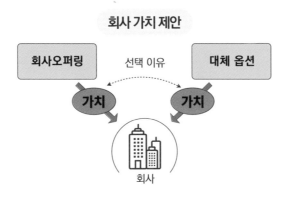

회사 가치 제안

고객 및 협력자의 가치 제안과 마찬가지로, 회사에 대한 오퍼링의 가치 제안은 우위점(오퍼링이 대안 옵션보다 우수), 동등점(오퍼링이 대안 옵션과 동등) 및 타협점(대체 옵션보다 오퍼링이 낮음)의 관점에서 설명될 수 있다.

또한 협력자 가치의 경우와 마찬가지로, 오퍼링은 금전적 가치와 전략적 가치라는 두 가지 유형의 가치를 회사에 창출할 수 있다.

- **금전적 가치**는 오퍼링의 금전적 혜택과 비용을 반영하며 일반적으로 순이익, 이익률, 판매 수익, 주당 수익 및 투자 수익과 같은 재정적 용어로 표현된다. 금전적 가치는 영리 기업이 추구하는 가장 일반적인 유형의 가치이다. 오퍼링이 회사에 금전적 가치를 창출하는 방식을 수익 공식(*profit formula*)이라고 하며 이 책의 비즈니스 모델 툴박스(*Business Model Toolbox*)에서 자세히 설명한다.

- **전략적 가치**에는 회사에 전략적으로 중요한 비금전적 혜택과 비용이 포함된다. 오퍼링은 회사 포트폴리오의 다른 오퍼링에 대한 수요를 촉진하고, 회사의 명성을 강화하고, 표적 고객에 대한 정보를 회사에 제공함으로써 전략적 가치를 창출할 수 있다. 예를 들어, 무료 소프트웨어 앱은 고수익 제

품을 개발하고, 회사 브랜드를 홍보하며, 고객의 선호도, 인구 통계 및 행동에 대한 정보를 얻기 위한 기술 플랫폼을 회사에 제공함으로써 회사에 가치를 창출할 수 있다.

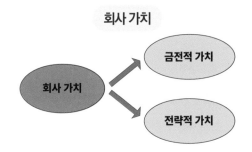

회사 가치는 다음 예를 통해 설명할 수 있다.

▸ **아이폰** 애플은 아이폰을 판매함으로써 금전적 보상(매출 및 수익)을 받으며, 아이폰은 또한 강력한 소비자 브랜드를 만들고, 애플의 다른 브랜드를 강화하며, 호환 가능한 제품 및 서비스의 생태계를 확장하는 전략적 혜택을 제공한다.

▸ **스타벅스**는 제품과 서비스를 고객에게 판매함으로써 금전적 혜택(매출 및 수익)을 얻으며, 강력한 소비자 브랜드를 창출하며, 시장 입지를 강화하고, 제품 포트폴리오를 확장하는 전략적 혜택을 얻는다.

▌시장 가치 원칙이란?

회사가 성공하려면 표적 고객, 회사 및 협력자라는 세 가지 시장 주체에 대한 가치를 창출해야 하며, 이를 위해 회사의 가치 제안은 시장 가치 원칙을 따라야 한다.

회사는 목표를 달성할 수 있는 방식으로
표적 고객과 협력자를 위해 우수한 가치를 창출해야 한다.

시장 가치 원칙은 비즈니스 모델의 실행 가능성이 세 가지 질문에 대한 답변으로 정의된다.

1. 오퍼링이 표적 고객에게 어떤 가치를 창출하는가? 표적 고객이 이 오퍼링을 선택하는 이유는 무엇인가? 이 오퍼링이 대체 옵션보다 나은 점은 무엇인가?
2. 오퍼링이 회사의 협력자에게 어떤 가치를 창출하는가? 협력자(공급업체, 유통업체 및 공동 개발자)로 식별된 주체가 회사와 파트너 관계를 맺는 이유는 무엇인가?
3. 오퍼링이 회사에 어떤 가치를 창출하는가? 회사가 다른 오퍼링이 아닌 이 오퍼링에 자원을 투자해야 하는 이유는 무엇인가?

시장 가치의 원칙

고객, 협력자 및 회사를 위해 탁월한 가치를 창출하는 능력은 시장 성공의 궁극적인 기준이다. 이러한 기업에 대한 탁월한 가치 창출에 실패하면 필연적으로 지속 불가능한 비즈니스 모델로 인해 창업의 실패로 이어진다.

시장 가치 원칙과 최적 가치 제안의 개념은 다음 예를 통해 설명할 수 있다.

‣ **아이폰** 고객들은 애플과 협력자들에게 금전적 보상을 제공하는 아이폰의 기능과 명성을 얻는다. 협력자(통신 서비스 제공자)는 자신의 서비스를 수요가 많고 통신 서비스의 더 많은 사용을 촉진할 가능성이 있는 제품과 연관시키는 전략적 혜택을 얻는다. 그 대가로, 이 협력자들은 그들의 서비스를 아이폰과 호환되도록 만들기 위해 자원을 투자한다. 또 다른 협력자(소매업자)들은 아이폰을 판매함으로써 금전적 혜택(이익)과 함께 잘 팔리는 제품을 취급하는 전략적 혜택을 얻는다. 그런 다음 소매업체는 아이폰이 고객에게 이용 가능하도록 금전적 및 전략적 자원(진열 공간, 재고 관리 및 영업 인력)을 투자한다. 회사(애플)는 아이폰을 개발, 광고, 유통하는 대가로 아이폰을 구매하는 소비자로부터 금전적 보상은 물론 소비자 브랜드 강화와 호환 가능한 애플 제품 생태계의 전략적 혜택을 받는다.

‣ **스타벅스** 고객은 다양한 커피 음료의 기능적 혜택과 함께 맞춤형 음료 선택을 통해 자신의 특정 개성을 표현하는 심리적 혜택을 누릴 수 있으며, 이에 대한 금전적 보상을 제공한다. 스타벅스의 협력자들(커피 재배자들)은 그들이 제공하는 커피 원두에 대한 대금 지불과 제품에 대한 지속적인 수요의 전략적 혜택을 받는다. 그 대가로 스타벅스의 표준을 준수하는 커피 원두를 재배하는데 자원을 투자한다. 회사(스타벅스)는 제품과 서비스를 개발하고 소비자에게 제공하는데 자원을 투자함으로써 금전적 혜택(매출 및 수익)과 소비자 브랜드를 구축하고 시장 입지와 오퍼링 포트폴리오를 향상시키는 전략적 혜택을 얻는다.

‣ **우버** 고객(승객)은 핵심 혜택(교통), 편의성 하나(짧은 대기시간), 편의성 둘(더 나은 서

비스)을 받으며 금전적 보상을 제공한다. 협력자(운전자)는 고객을 목적지까지 운송하는 금전적 보상과 유연한 근무 시간을 가진다. 회사(우버)는 고객 수익의 몫을 받고 그 대가로 운전자와 승객을 연결하는 정보, 물류, 판촉 및 법적 인프라를 제공한다.

‣ **구글** 고객은 자신의 니즈, 선호도 및 행동에 대한 정보를 공유하고 받은 정보(콘텐츠)에 포함된 광고를 보고 비용을 지불하는 정보를 받는다. 협력자(광고주)는 오퍼링을 홍보하고, 트래픽을 생성하며 고객 정보를 수집할 수 있으며 이에 대해 구글에 비용을 지불한다. 구글은 검색 엔진과 데이터 분석을 구축하고 관리하는 대가로 고객의 니즈, 선호도 및 행동에 대한 정보를 받고 협력자로부터 금전적 보상을 받는다.

시장 오퍼링은
전술의 핵심이다

The Market Offering

전술 없는 전략은 승리를 향한 가장 느린 길이다.

전략 없는 전술은 패배 전의 소음이다.

– 손자, 중국 군사 전략가 –

시장 오퍼링은 회사가 특정 고객의 니즈를 충족시키기 위해 배포하는 실제 상품이다. 회사의 비즈니스 모델의 근간을 이루는 전략을 정의하는 목표 시장 및 가치 제안과 달리, 시장 오퍼링은 회사가 시장 가치를 창출하는 특정 방식인 전술을 반영한다.

▌시장 오퍼링을 정의하는 7가지 속성들

회사의 오퍼링은 제품, 서비스, 브랜드, 가격, 인센티브, 커뮤니케이션 및 유통의 7가지 속성으로 정의된다. 이 7가지 속성은 비즈니스 모델 전술, 즉 오퍼링 전략을 실행하는 데 사용되는 특정 활동이며, 관리자가 시장 가치를 창출하기 위해 사용할 수 있는 수단이다.

오퍼링의 전략과 전술은 논리적으로 연결되어 있지만 비즈니스 모델의 두 가지 다른 측면이다. 전략은 표적 시장과 회사가 이 시장에서 창출하고자 하는 가치이며, 전술은 시장에서 교환되는 오퍼링의 속성이다. 대중이 관찰할 수 없는 전략과 달리, 전술은 회사의 고객과 경쟁자가 쉽게 관찰할 수 있다.

시장 가치 창출 : 전략과 전술

시장 오퍼링을 정의하는 7가지 속성은 다음과 같이 설명할 수 있다.

- **오퍼링의 제품 측면**은 회사가 시장 가치 창출을 목표로 하는 상품의 혜택을 반영한다. 제품은 유형(예 : 식품, 의류, 자동차) 및 무형(예 : 소프트웨어, 음악 및 비디오)일 수 있으며, 일반적으로 고객이 취득한 제품에 대한 영구적인 권리를 부여한다. 예를 들어, 자동차 또는 소프트웨어 프로그램을 구매하는 고객은 취득한 제품의 소유권을 갖는다.

- **오퍼링의 서비스 측면**은 회사가 고객에게 이 상품의 영구적인 소유권을 부여하지 않고 고객을 위한 가치 창출을 목표로 하는 상품의 혜택을 반영하며(예 : 영화 대여, 가전제품 수리, 의료 검진 및 세금 신고), 일부 오퍼링이 제품 또는 서비스로 포지셔닝될 수 있도록 제품 측면과 밀접하게 관련된다. 예를 들어, 소프트웨어는 고객이 프로그램 사본에 대한 권리를 구매하는 제품으로 제공되거나, 일시적으로 혜택을 받기 위해 프로그램을 임대하는 고객에게 서비스로 제공될 수 있다. 많은 오퍼링에는 제품 및 서비스 구성 요소가 모두 포함된다. 예를 들어, 휴대폰 서비스에는 고객이 구입하는 물리적 기기인 제품 구성 요소와 무선 연결 및 기기 수리를 포함하는 서비스 구성 요소가 포함된다.

- **브랜드**는 브랜드와 관련된 제품 및 서비스의 출처를 고객에게 알리는 것을 목표로 하는 마케팅 도구이며, 회사의 제품 및 서비스를 식별하고, 경쟁 제품과 차별화하며 오퍼링의 제품 및 서비스 측면을 넘어 고유한 가치를 창출하는 데 도움이 된다. 예를 들어 할리 데이비슨 브랜드는 자사 오토바이를 식별하고, 혼다, 스즈키, 가와사키 및 야마하에서 만든 오토바이와 구별하며, 할리 데이비슨 브랜드를 사용하여 자신의 개성을 표현하는 고객으로

부터 뚜렷한 감정적 반응을 이끌어 낸다.

- **가격**은 오퍼링에서 제공하는 혜택에 대해 회사가 고객과 협력자에게 청구하는 금액이다.

- **인센티브**는 비용을 줄이거나 혜택을 늘려 오퍼링의 가치를 높이는 도구이다. 일반적인 인센티브에는 대량 할인, 가격 인하, 쿠폰, 리베이트, 프리미엄, 보너스 제공, 콘테스트 및 보상이 포함되며, 개인 고객, 회사의 협력자 (예 : 유통 파트너에게 제공되는 인센티브) 및 회사 임직원에게도 제공될 수 있다.

- **커뮤니케이션**은 관련 시장 주체(표적 고객, 협력자, 회사 임직원 및 이해 관계자)에게 오퍼링의 세부 사항을 알려준다.

- **배포**는 표적 고객과 회사의 협력자에게 오퍼링을 제공하는 데 이용하는 유통을 말한다.

시장 오퍼링을 정의하는 7가지 속성은 관리자가 가치를 창출하는 데 사용하는 도구이며, 이는 회사 비즈니스 모델의 실행 가능한 측면이다. 오퍼링 속성은 관리자가 회사의 궁극적인 목표를 달성하기 위해 원하는 전략을 실행하는 데 사용하는 수단으로 생각할 수 있다.

오퍼링을 정의하는 주요 속성은 다음 예에서 설명된다.

- ▸ **아이폰** 제품은 물리적 특성과 기능으로 정의되는 실제 전화이고, 서비스는 전화 회사에서 제공하는 통신 연결과 애플에서 전화 사용 및 수리 지원을 제공하는 것이다. 브랜드는 아이폰의 정체성, 즉 이름, 로고, 사람들의 마음에 불러일으키는 연상이며, 가격은 애플이 아이폰에 부과하는 금액이다.

인센티브는 아이폰 고객에게 추가 가치를 제공하는 일시적인 가격 인하와 같은 판촉 도구이며, 커뮤니케이션은 아이폰에 대해 대중에게 알리는 기자회견, 언론 보도 및 광고를 통해 전달되는 정보이다. 배포에는 아이폰을 대중에게 제공하는 유통(애플 자체 매장 및 공인 대리점)이 포함된다.

▸ **스타벅스** 스타벅스 제품은 다양한 커피 및 기타 음료 뿐만 아니라 이용 가능한 식품을 말하고, 서비스는 구매 이전, 구매 중 및 이후에 고객에게 제공되는 지원이다. 브랜드는 스타벅스의 이름, 로고, 그리고 스타벅스가 고객의 마음에 불러일으키는 연상이다. 가격은 스타벅스가 오퍼링에 대해 고객에게 청구하는 금전적 금액이며, 인센티브는 고객에게 추가 혜택을 제공하는 로열티 프로그램, 쿠폰 및 일시적인 가격 인하와 같은 판촉 도구이다. 커뮤니케이션은 광고, 소셜미디어, 홍보 등 다양한 미디어 채널을 통해 대중에게 스타벅스에 대해 알리는 정보이다. 배포에는 스타벅스 오퍼링이 고객에게 전달되는 유통인 스타벅스 소유 매장과 스타벅스 제품 취급 허가를 받은 소매점이 포함된다.

▍가치 창출 수단으로서의 오퍼링이란?

제품, 서비스, 브랜드, 가격, 인센티브, 커뮤니케이션, 유통 등 시장 오퍼링을 정의하는 7가지 속성은 고객 가치를 설계하고, 소통하고, 제공하는 과정으로 볼 수 있다. 제품, 서비스, 브랜드, 가격 및 인센티브는 오퍼링의 가치 설계 측면이고, 커뮤니케이션은 가치를 소통하는 과정이며 배포는 오퍼링의 가치 제공 측면이다. 고객 가치는 가치 창출 과정에서 독특한 역할을 수행하는 다양한 속성과 함께 세 가지 측면 모두에서 창출된다.

고객 가치를 설계하고, 소통하고, 제공하는 과정으로서의 시장 오퍼링

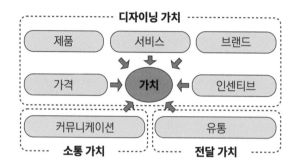

오퍼링의 주요 혜택과 비용을 정의하기 때문에 제품, 서비스, 브랜드, 가격 및 인센티브는 오퍼링의 핵심 가치 동인이다. 커뮤니케이션 및 유통은 처음 다섯 가지 속성으로 생성된 혜택이 표적 고객에게 소통되고 전달되는 통로이다. 따라서, 커뮤니케이션은 고객에게 제품 또는 서비스의 기능을 알리고, 브랜드 이미지를 구축하고, 가격을 공개하고, 구매자에게 판촉 행사를 알리고, 오퍼링의 가용성에 대해 조언한다. 마찬가지로, 유통은 회사의 제품과 서비스를 제공하고, 고객의 대금 지불을 회사에 전달하고, 오퍼링의 판촉 인센티브를 고객과 협력자에게 제공한다.

가치 창출 과정은 회사와 고객의 관점에서 모두 검토할 수 있다. 회사 입장에서 가치 창출은 가치를 설계하고 소통하며 제공하는 과정이다. 그러나, 고객의 관점에서 가치 창출 과정은 제품의 매력, 인지도 및 가용성 측면에서 볼 수 있다. 따라서, 고객 가치를 창출하는 오퍼링의 능력은 다음 세 가지 질문에 대한

답변에 의해 결정된다 :

- 오퍼링이 표적 고객에게 매력적인 이유는 무엇인가?
- 표적 고객이 오퍼링을 어떻게 알게 되는가?
- 표적 고객은 오퍼링을 어떻게 획득하는가?

첫 번째 질문에 대한 답변은 제품, 서비스, 브랜드, 가격 및 오퍼링의 인센티브 측면과 관련된 고객 혜택 및 비용을 간략하게 설명한다.

두 번째 질문에 대한 답변은 회사가 제품, 서비스, 브랜드, 가격 및 표적 고객에게 오퍼링을 알리기 위해 오퍼링의 인센티브 측면을 전달하는 방법을 설명한다.

세 번째 질문에 대한 답변은 회사가 표적 고객에게 오퍼링을 제공하는 방법을 설명한다. 따라서, 오퍼링의 매력, 인지도 및 가용성을 관리하는 고객 중심 접근 방식은 표적 고객에게 가치를 설계, 소통 및 제공하는 과정을 관리하는 회사 중심 접근 방식을 보완한다.

회사 활동 및 고객 영향

회사 조치	고객 영향
오퍼링 디자이닝 →	오퍼링의 매력
오퍼링 소통 →	오퍼링의 인지
오퍼링 전달 →	오퍼링의 가용

가치를 설계하고, 소통하고, 제공하는 과정을 설명하려면 다음 예를 고려해
보자.

▸ **아이폰** 애플 오퍼링 관리의 제품 측면에는 아이폰을 설계하고, 소비자에게
혜택을 알려준 다음, 구매자에게 물리적으로 제공하는 것이 포함된다. 아
이폰의 서비스 측면은 고객에게 제공하는 서비스의 주요 측면(애플 자체 서비
스 및 무선 통신 사업자의 서비스)을 설계하고, 이러한 서비스를 표적 고객에게 알리
고, 궁극적으로 이러한 서비스를 구매자에게 제공하는 것을 포함한다. 아
이폰 브랜드 구축에는 아이폰 이름 만들기, 로고 디자인, 사람들의 마음 속
에 애플이 아이폰과 연관시키고자 하는 이미지 정의, 그리고 이 브랜드를
소비자에게 알리고, 제공하는 작업이 포함된다. 뿐만 아니라, 애플은 아이
폰 가격을 정하고, 이 가격을 잠재 구매자들에게 알린 다음, 소비자들로부
터 대금을 받아 '지불'해야 한다. 마지막으로, 인센티브와 관련하여, 애플
은 사용할 판촉 유형을 결정하고, 잠재 구매자에게 알린 다음, 표적 고객에
게 제공해야 한다.

▸ **스타벅스** 스타벅스 오퍼링의 제품 측면에는 에스프레소, 라떼, 마끼아또,
프라푸치노 등의 제품 포트폴리오를 설계하여 고객에게 이러한 음료에 대
해 알린 다음, 물리적으로 고객에게 제공하는 것이 포함된다. 오퍼링의 서
비스 측면에는 스타벅스가 고객에게 제공하고자 하는 서비스 수준을 정의
하고, 서비스 정책(예 : 고객의 음료가 항상 완벽할 것이라는 약속)을 알리고, 궁극적으로
고객에게 서비스를 제공하는 것이 포함된다. 스타벅스 브랜드 구축에는 브
랜드 이름 선택, 로고 디자인, 스타벅스가 고객에게 원하는 의미를 정의(스
타벅스의 목표는 사람들의 일상생활에서 집과 직장 다음으로 '제3의 장소'가 되는 것)하고, 이 의미

84

를 표적 고객에게 알리고 제공하는 것이 포함된다. 가격과 관련하여, 스타벅스는 다양한 음료와 크기의 모든 가능한 조합에 대해 가격을 설정하고, 이러한 가격을 소비자에게 알리고(예 : 매장에 표시하여) 대금을 받아서 회사에 지불해야 한다. 마지막으로, 스타벅스는 무엇을, 언제, 얼마나 많이 제공할 것인지 인센티브(예 : 특정 음료 할인, 2+1 판촉, 로열티 프로그램)를 결정하고, 이러한 인센티브를 고객에게 알림으로써 인센티브에 대한 인식을 형성한 다음, 적절한 채널(예 : 신문 삽입물, 온라인 배너 광고 및 근접 기반 모바일 판촉)을 사용하여 표적 고객에게 제공한다.

시장 오퍼링 개발의 핵심 원칙은 오퍼링의 다양한 속성(제품, 서비스, 브랜드, 가격, 인센티브, 커뮤니케이션 및 유통)이 오퍼링의 전략과 일치하도록 하는 것이다. 이를 위해, 회사는 표적 고객에게 탁월한 가치를 창출하는 동시에, 고객과 협력자에게 혜택을 주는 방식으로 오퍼링을 설계, 소통 및 제공해야 한다.

시장 밸류 맵의
모든 것

The Market Value Map

혁신은 논리적 사고의 산물이 아니지만,

그 결과는 논리적 구조와 관련이 있다.

– 알버트 아인슈타인, 이론 물리학자 –

　실용적인 목적을 위해 회사의 비즈니스 모델은 오퍼링이 표적 고객, 협력자 및 회사를 위해 가치를 창출하는 특정 방법을 설명하는 밸류 맵으로 나타낼 수 있다. 밸류 맵의 주요 목적은 비즈니스 모델의 주요 측면을 시각적으로 설명하고 회사의 전략과 전술을 설명하는 워크북 역할을 하는 것이다. 시장 밸류 맵은 아래에 요약되어 있으며, 자세한 예는 이 책의 끝 부분에 있는 비즈니스 모델 예에 나와 있다.

▌밸류 맵이란?

시장 밸류 맵은 오퍼링이 관련 시장 주체(표적 고객, 회사 및 협력자)를 위해 가치를 창출하는 방식을 설명하는 실용적인 도구이다. 시장 밸류 맵은 비즈니스 모델을 개략적인 방식으로 제시하여 관리자가 회사 비즈니스 모델의 주요 측면을 명확하게 표현할 수 있도록 한다. 이를 위해 시장 밸류 맵은 관리자가 새로운 비즈니스 모델을 설계할 때와 기존 비즈니스 모델을 평가할 때 물어야 하는 질문에 대한 답을 한다.

시장 밸류 맵은 오퍼링의 전략과 전술을 정의하는 세 가지 핵심 개념(표적 시장, 가치 제안 및 시장 오퍼링)으로 구성되고, 매트릭스 형태이며. 왼쪽에는 비즈니스 모델 전략의 핵심 요소인 표적 시장(고객, 협력자, 회사, 경쟁자 및 상황)과 가치 제안(고객 가치, 협력자 가치 및 회사 가치), 오른쪽은 7가지 주요 속성(제품, 서비스, 브랜드, 가격, 인센티브, 커뮤니케이션 및 유통)으로 정의된 시장 제안을 설명한다.

시장 밸류 맵의 핵심은 오퍼링이 표적 고객, 협력자 및 회사를 위해 창출할 가치를 설명하는 오퍼링의 가치 제안이다. 가치 제안의 개발은 시장 가치 원칙에 따라 진행되며, 오퍼링은 회사와 협력자에게 이익이 되는 방식으로 표적 고객에게 우월한 가치를 창출해야 한다.

시장 밸류 맵의 구성 요소와 각 구성 요소를 정의하는 주요 질문은 아래 그림에 나와 있으며 다음 절에서 자세히 설명한다.

밸류 맵

표적 시장

고객
회사가 충족하고자 하는 고객의 니즈는 무엇인가?
이러한 니즈를 가진 고객은 누구인가?

협력자
식별된 고객 니즈를 충족하기 위해 회사와 협력할 다른 주체는 무엇인가?

회사
오퍼링을 관리하는 주체는 무엇인가?
식별된 고객 니즈를 충족할 수 있도록 하는 이 주체의 자원은 무엇인가?

경쟁
동일한 표적 고객의 동일한 니즈를 충족시키기 위한 다른 오퍼링은 무엇인가?

상황
회사가 운영되는 환경의 관련된 사회문화적, 기술적, 규제적, 경제적, 물리적 측면은 무엇인가?

가치 제안

고객가치
오퍼링이 표적 고객에게 어떤 가치를 창출하는가?

협력자가치
오퍼링이 회사의 협력자에게 어떤 가치를 창출하는가?

회사가치
오퍼링이 회사에 어떤 가치를 창출하는가?

↑
전략

시장 오퍼링

제품
회사 제품의 주요 특징은 무엇인가?

서비스
회사 서비스의 주요 특징은 무엇인가?

브랜드
회사 브랜드의 주요 특징은 무엇인가?

가격
오퍼링 가격은 무엇인가?

인센티브
오퍼링은 무슨 인센티브를 제공하는가?

커뮤니케이션
표적 고객과 협력자가 회사 오퍼링을 어떻게 알게 되는가?

유통
오퍼링이 표적 고객과 협력자에게 어떻게 전달 될것인가?

↑
전술

▌표적 시장이란?

표적 시장은 회사가 가치를 창출하고 포착하는 것을 목표로 하는 시장이며, 고객, 협력자, 회사, 경쟁사 및 상황의 다섯 가지 주요 구성 요소로 구성된다. 표적 시장을 정의하기 위해 관리자는 다섯 가지 질문을 해야 한다.

▸ 회사가 충족하고자 하는 고객의 니즈는 무엇인가? 이러한 니즈를 가진 고

객은 누구인가?

▸ 식별된 고객 니즈를 충족하기 위해 회사와 협력할 다른 주체는 무엇인가? 오퍼링을 관리하는 주체는 무엇인가?

▸ 식별된 고객 니즈를 충족할 수 있도록 하는 이 주체의 자원은 무엇인가?

▸ 동일한 표적 고객의 동일한 니즈를 충족시키기 위한 다른 오퍼링은 무엇인가?

▸ 회사가 운영되는 환경의 관련된 사회문화적, 기술적, 규제적, 경제적, 물리적 측면은 무엇인가?

▌가치 제안이란?

가치 제안은 3개의 관련 시장 주체인 표적 고객, 협력자 및 회사에 대한 회사의 오퍼링과 관련된 혜택 및 비용을 명시하며, 핵심 질문은 다음과 같다.

▸ 오퍼링이 표적 고객에게 어떤 가치를 창출하는가?

▸ 오퍼링이 회사의 협력자에게 어떤 가치를 창출하는가?

▸ 오퍼링이 회사에 어떤 가치를 창출하는가?

▌시장 오퍼링이란?

시장 오퍼링은 회사가 표적 고객, 협력자 및 회사 이해 관계자를 위한 가치를 창출하기 위해 주어진 시장에서 소개하는 실제 상품이며, 제품, 서비스, 브랜드, 가격, 인센티브, 커뮤니케이션 및 유통의 7가지 속성으로 정의된다. 시장 오퍼링을 정의하기 위해 관리자는 다음 질문을 해야 한다.

▸ 회사가 고객에게 제공하는 제품, 서비스, 브랜드, 가격 및 인센티브의 주요 특징은 무엇인가?

▸ 표적 고객이 오퍼링을 어떻게 알게 되는가?

▸ 오퍼링은 표적 고객에게 어떻게 제공되는가? 오퍼링의 다양한 속성이 어떻게 고객 가치를 창출하는가?

▌고객, 협력자 및 회사 밸류 맵은?

시장 밸류 맵은 오퍼링이 세 가지 관련 시장 주체(고객, 협력자 및 회사)에 대해 가치를 창출하는 방식에 대한 개요이다. 이러한 각 주체는 고유한 가치 제안이 필요하고 가치를 창출하기 위해 서로 다른 도구를 사용하기 때문에, 시장 밸류 맵은 고객 밸류 맵, 협력자 밸류 맵 및 회사 밸류 맵의 세 가지 맵으로 나타낼 수 있다.

이 세 가지 밸류 맵은 가치 창출 과정에 관련된 세 가지 시장 실체의 관점에서 회사의 비즈니스 모델을 묘사한다.

고객 밸류 맵은 오퍼링이 표적 고객을 위해 가치를 창출하는 방식을 반영하고, 협력자 밸류 맵은 오퍼링이 회사 협력자를 위해 가치를 창출하는 방식을 반영하며, 회사 밸류 맵은 오퍼링이 회사를 위해 가치를 창출하는 방식을 반영한다.

▌고객 밸류 맵이란?

고객 밸류 맵은 회사의 오퍼링이 경쟁사보다 표적 고객의 니즈를 더 잘 충족할 수 있는 방법을 설명한다. 고객 밸류 맵은 다음 질문을 해결하는 것을 목표로 한다.

회사는 표적 고객을 위해 어떻게 우월한 가치를 창출하는가?

고객 밸류 맵은 표적 고객, 경쟁, 고객 가치 제안, 고객 오퍼링의 4가지 요소로 구성된다. 고객 밸류 맵의 핵심 구성 요소는 아래 그림에 나와 있으며 다음 절에서 자세히 설명한다.

고객 밸류 맵

표적 고객	
회사가 충족하고자 하는 고객의 니즈는 무엇인가?	고객니즈
이런 니즈를 가진 고객은 누구인가?	고객프로필

경쟁	
동일한 고객 니즈를 충족시키려는 다른 오퍼링은 무엇인가?	주요 경쟁자
이러한 오퍼링은 표적고객에게 어떤 가치를 창출하는가?	가치제안
경쟁 오퍼링의 주요 측면은 무엇인가?	오퍼링 속성

고객 가치	
표적고객에게 오퍼링은 무슨 가치를 창출하는가? 왜 그들은 이 오퍼링을 선택했을까?	선택이유

고객 오퍼링	
회사가 표적고객에게 제공하는 제품의 주요 특징은 무엇인가?	제품
회사가 표적고객에게 제공하는 서비스의 주요 특징은 무엇인가?	서비스
오퍼링 브랜드의 특징은 무엇인가?	브랜드
표적고객에에 대한 오퍼링가격은 무엇인가?	가격
오퍼링은 표적고객에게 어떤 인센티브를 제공하는가?	인센티브
표적고객은 어떻게 회사 오퍼링을 알게될까?	커뮤니케이션
오퍼링이 어떻게 표적고객에게 전달될까?	유통

▌표적 고객이란?

표적 고객은 회사가 오퍼링을 개발하는 구매자이다. 표적 고객을 식별하는 것은 회사가 충족시키려는 충족되지 않은 고객 니즈를 식별하고, 이러한 니즈를 가진 고객의 인구 통계 및 행동 프로파일을 정의하는 것을 포함한다. 이 두 가지 측면은 아래에 요약되어 있으며 이 책의 비즈니스 모델 툴박스(Business Model Toolbox)에서 자세히 설명한다.

- **고객의 니즈**는 회사가 오퍼링을 통해 해결하고자 하는 고객이 직면한 문제를 알아내는 것이다. 여기서 핵심 질문은 다음과 같다.
  ‣ 오퍼링이 충족하려는 고객의 니즈는 무엇인가?
  ‣ 이 니즈는 얼마나 일반적인가?
  ‣ 고객은 이러한 니즈를 해결해야 할 문제로 보고 이를 충족하기 위한 대체 수단을 적극적으로 모색하고 있는가?

- **고객 프로파일**은 회사가 이러한 고객에게 오퍼링을 알리고 제공하는 데 사용할 수 있는 표적 고객의 관찰 가능한 특성을 알아낸다. 여기서 핵심 질문은 다음과 같다.
  ‣ 회사가 충족하려는 니즈를 가진 고객은 누구인가?
  ‣ 회사가 고객에게 도달하기 위해 사용할 수 있는 이러한 고객의 인구통계학적 특성 및 행동은 무엇인가?

▌경쟁

경쟁은 회사의 오퍼링과 동일한 고객의 동일한 니즈를 충족하는 대체 오퍼링으로 구성되며, 주요 경쟁자, 표적 고객에 대한 가치 제안 및 경쟁 오퍼링의 속성으로 정의된다.

- **주요 경쟁자**는 표적 고객이 목표를 달성하기 위해 사용할 수 있는 대안적 수단이다. 여기서 핵심 질문은 다음과 같다.
  - ▸ 표적 고객이 식별된 니즈를 충족하기 위해 현재 사용하고 있는 수단은 무엇인가?
  - ▸ 회사가 오퍼링을 소개하지 않는다면 이 고객들은 어떻게 할까?
  - ▸ 회사가 제공하는 오퍼링이 대체하려는 제품, 서비스 또는 행동은 무엇인가?
  - ▸ 고객이 회사의 오퍼링을 선택하는 경우 표적 고객이 선택하지 않는 것은 무엇인가?

- **경쟁력 있는 가치 제안**은 경쟁 오퍼링이 표적 고객에게 창출하는 혜택과 비용, 그리고 고객이 회사에서 만든 제품보다 경쟁 오퍼링을 선호하는 이유를 설명한다. 핵심 질문은 다음과 같다.
  - ▸ 경쟁 오퍼링이 표적 고객에게 어떤 혜택을 제공하는가?
  - ▸ 경쟁 오퍼링과 관련된 고객 비용은 얼마인가?

- **경쟁 오퍼링의 속성**에는 제품, 서비스, 브랜드, 가격, 인센티브, 커뮤니케이션 및 배포 구성 요소가 포함된다. 여기서 핵심 질문은 다음과 같다.

‣ 경쟁 오퍼링의 제품, 서비스, 브랜드, 가격, 인센티브, 커뮤니케이션 및 유통 측면은 무엇인가?

‣ 경쟁 오퍼링의 속성이 어떻게 고객 가치를 창출하는가?

▌고객 가치 제안이란?

고객 가치 제안은 표적 고객에게 제공되는 오퍼링의 가치를 정의하며, 고객 가치 영역, 회사 오퍼링의 경쟁 우위 및 고객이 회사 오퍼링을 선택하는 이유에 의해 알 수 있다.

- **고객 가치 영역**은 *고객 가치의 세 가지 차원(기능적, 심리적 및 금전적 측면) 각각에 대해 오퍼링이 창출하는 혜택과 비용을 알아낸다. 여기서 핵심 질문은 다음과 같다.*

  ‣ 오퍼링이 표적 고객에게 제공하는 기능적, 심리적, 금전적 혜택과 비용은 무엇인가?

- **경쟁 우위**는 *특정 고객의 니즈를 대체 옵션보다 더 잘 충족할 수 있는 오퍼링의 능력이다. 여기서 핵심 질문은 다음과 같다.*

  ‣ 표적 고객이 식별된 니즈를 충족하는 대체 수단을 사용하는 대신 회사의 오퍼링을 선택해야 하는 이유는 무엇인가?

  ‣ 경쟁 오퍼링과 비교하여 회사 오퍼링의 우위점, 동등점 및 타협점은 무엇인가?

- **선택 이유**는 고객이 회사의 오퍼링을 구매하고 사용하도록 동기를 부여하는 핵심 요소이다. 여기서 핵심 질문은 다음과 같다.
  ‣ 고객이 회사 오퍼링을 선택하는 주된 이유는 무엇인가?
  ‣ 고객이 회사의 제품 선택을 정당화하는 방법은 무엇인가?

█ 고객 오퍼링이란?

고객 오퍼링은 제품, 서비스, 브랜드, 가격, 인센티브, 커뮤니케이션 및 유통의 7가지 속성으로 정의되며 회사의 오퍼링과 이러한 속성이 표적 고객에게 창출하는 가치를 설명한다. 여기서 핵심 질문은 다음과 같다. 회사가 고객에게 제공하는 **제품, 서비스, 브랜드, 가격 및 인센티브의 주요 특징은 무엇인가?** 표적 고객이 **오퍼링을 어떻게 알게 되는가?** 오퍼링은 표적 고객에게 **어떻게 제공되는가?** 오퍼링의 다양한 속성은 **어떻게 고객 가치를 창출하는가?**

█ 협력자 밸류 맵 살펴보기

협력자 밸류 맵은 회사의 협력자가 경쟁 오퍼링보다 더 나은 목표를 달성하는 데 도움이 될 수 있는 방법을 설명하며, 다음 질문을 해결하는 것을 목표로 한다.

회사는 협력자를 위해 어떻게 우월한 가치를 창출하는가?

고객 밸류 맵과 유사하게 협력자 밸류 맵은 협력자, 경쟁, 협력자 가치 제안 및 협력자 오퍼링의 네 가지 요소로 구성된다. 협력자 밸류 맵의 핵심 구성 요소는 아래 그림에 나와 있으며 다음 절에서 자세히 설명한다.

협력자 밸류 맵

협력자

협력자 프로필
어떤 기업이 표적 고객을 위해
가치를 창출하기 위해 회사와 협력할 것인가?

협력자 목표
협력자가 회사와 협력하여
달성하려는 목표는 무엇인가?

경쟁

주요 경쟁사들
동일한 협력자의 목표를 달성하기 위해
어떤 다른 오퍼링은 무엇인가?

가치제안
이러한 오퍼링이 협력자를 위해
창출하는 가치는 무엇인가?

오퍼링 속성
경쟁 오퍼링의 주요 측면은
무엇인가?

협력자 가치

선택이유
오퍼링이 협력자를 위해 창출하는
가치는 무엇인가?
왜 회사와 파트너를 맺고자 하는가?

협력자 오퍼링

제품
회사가 협력자에게 제공하는 제품의
특성은 무엇인가?

서비스
회사가 협력자에게 제공하는 서비스의
특성은 무엇인가?

브랜드
오퍼링 브랜드의 특성은
무엇인가?

가격
협력자를 위한 오퍼링 가격은
무엇인가?

인센티브
오퍼링이 협력자를 위해 제공하는
인센티브는 무엇인가?

커뮤니케이션
협력자가 회사 오퍼링을 어떻게
알게될것인가?

유통
오퍼링이 협력자를 위해 어떻게
전달 될것인가?

▌주요 협력자

협업자는 표적 고객을 위한 가치를 창출하기 위해 회사와 협력하는 주체이다. 협력자를 식별하는 데에는 두 가지가 있다. 파트너 기업과 그 자원의 프로필을 정의하는 것과 이러한 기업이 회사와 협력하여 달성하고자 하는 목표를 알아내는 것이다.

- **협력자 프로파일**은 자원, 위치, 규모 및 산업과 같은 파트너 기업의 주요한 내역을 반영하며, 여기서 핵심 질문은 다음과 같다.
  - ‣ 회사가 아웃소싱하려는 표적 고객에게 우월한 가치를 창출하는 데 필요

한 자원은 무엇인가?

‣ 회사에 부족한 자원이 있고 아웃소싱을 고려 중인 주체는 무엇인가? 이러한 주체의 주요 특성은 무엇인가?

협력자 목표는 협력자가 공동 작업을 통해 달성하고자 하는 결과이며, 여기서 핵심 질문은 협력자가 회사와 협력하여 **달성하려는 금전적 및 전략적 목표는 무엇**인가?

▌경쟁

경쟁은 회사가 수행하는 동일한 협력자의 동일한 목표를 대상으로 하는 대체 오퍼링으로 구성된다. 경쟁은 **주요 경쟁자**, 협력자에 대한 **가치 제안** 및 **경쟁 오퍼링의 속성**으로 정의된다.

• **주요 경쟁자**는 회사 협력자가 목표를 달성하기 위해 사용할 수 있는 대안적 수단이며, 여기서 핵심 질문은 다음과 같다.

‣ 잠재적인 협력자가 목표를 달성하기 위해 현재 무엇을 하고 있는가?

‣ 그들이 회사와 협력하지 않는다면, 이 협력자들은 무엇을 하는가?

‣ 회사가 자사의 오퍼링으로 대체하려는 오퍼링은 무엇인가?

• **경쟁적 가치 제안**은 협력자를 위한 경쟁 오퍼링에 의해 창출된 혜택과 비용, 그리고 협력자가 회사에서 만든 오퍼링보다 경쟁 오퍼링을 선호하는 이유를 반영한다. 여기서 핵심 질문은 다음과 같다.

‣ 경쟁 오퍼링이 협력자에게 어떤 혜택과 비용을 제시하는가?

‣ 협력자가 회사 오퍼링보다 경쟁력 있는 오퍼링을 선호하는 주된 이유는 무엇인가?

- **경쟁 오퍼링의 속성**에는 *제품, 서비스, 브랜드, 가격, 인센티브, 커뮤니케이션 및 배포 구성 요소가 포함되며, 핵심 질문은 다음과 같다.*
  ‣ 경쟁 오퍼링의 제품, 서비스, 브랜드, 가격, 인센티브, 커뮤니케이션 및 유통 측면은 무엇인가?
  ‣ 경쟁 오퍼링의 속성이 어떻게 협력자 가치를 창출하는가?

▌협력자 가치 제안이란?

협력자 가치 제안은 회사 협력자에게 제공하는 가치를 정의하며, **협력자 가치 영역**, 회사 오퍼링의 **경쟁 우위** 및 협력자가 회사 오퍼링을 **선택하는 이유**에서 알 수 있다.

- **협력자 가치 영역**은 *금전적 및 전략적이라는 두 가지 가치 차원에서 오퍼링에 의해 창출된 혜택과 비용을 알아내며, 핵심 질문은 다음과 같다.*
  ‣ 협력자에게 제공되는 금전적 및 전략적 혜택과 비용은 무엇인가?

- **경쟁 우위**는 *다른 옵션보다 협력자의 목표를 더 잘 해결할 수 있는 회사의 오퍼링 능력을 반영하며, 핵심 질문은 다음과 같다.*
  ‣ 협력자가 목표를 달성하기 위해 대체 수단을 사용하는 내신 회사와 파트

너 관계를 맺어야 하는 이유는 무엇인가?

‣ 경쟁 오퍼링과 비교하여 회사 오퍼링의 우위점, 동등점 및 타협점은 무엇인가?

• **선택 이유**는 협력자가 회사와 협력하도록 동기를 부여하는 핵심 요소를 알아내며, 핵심 질문은 다음과 같다.

‣ 협력자가 회사와 파트너 관계를 맺는 주된 이유는 무엇인가?

‣ 협력자는 회사의 오퍼링 선택을 어떻게 정당화하는가?

▍협력자 오퍼링

협력자 오퍼링은 시장 오퍼링의 협력자 측면을 나타내며, 회사의 오퍼링과 이러한 각 속성이 협력자를 위해 창출하는 가치를 설명하는 7가지 속성으로 정의된다. 여기서 핵심 질문은 다음과 같다. 회사가 협력자에게 제공하는 **제품, 서비스, 브랜드, 가격 및 인센티브의 주요 특성은 무엇인가**? 오퍼링은 협력자에게 **어떻게 알려지는가**? 오퍼링은 협력자에게 **어떻게 제공되는가**? 오퍼링의 다양한 속성은 협력자 가치를 **어떻게 창출하는가**?

▍회사 밸류 맵 살펴보기

회사 밸류 맵은 오퍼링을 통해 회사가 대체 옵션보다 목표를 더 잘 달성할 수 있는 방법을 설명하며, 아래 질문을 해결하는 것을 목표로 한다.

오퍼링이 어떻게 회사에 우월한 가치를 창출하는가?

회사 밸류 맵은 고객 및 협력자 밸류 맵과 유사한 구조를 가지고 있으며 회사, 대체 옵션, 회사 가치 제안 및 회사 오퍼링의 네 가지로 구성된다. 회사 밸류 맵의 핵심 구성 요소는 아래 그림에 나와 있으며 다음 절에서 자세히 설명한다.

회사 밸류 맵

회사

오퍼링을 담당하는 주체는 무엇인가? 주요 자원은 무엇인가?	회사프로필
회사는 이 오퍼링을 통해 어떤 목표를 달성하려고 하는가?	회사목표

대체 옵션

동일한 회사 목표를 달성할 수 있는 대체옵션은 무엇인가?	주요대안
이런 옵션들이 회사를 위해 무슨 가치를 창출하는가?	가치제안
대체 옵션의 주요측면은 무엇인가?	옵션속성

회사 가치

표적고객을 위해 오퍼링이 무슨 가치를 창출하는가?	선택이유

회사 오퍼링

표적고객과 협력자를 위해 회사가 제공하는 제품의 특성은 무엇인가?	제품
표적고객과 협력자를 위해 회사가 제공하는 서비스의 특성은 무엇인가?	서비스
오퍼링 브랜드의 특성은 무엇인가?	브랜드
표적고객과 협력자를 위한 오퍼링 가격은 무엇인가?	가격
오퍼링은 고표적고객과 협력자에게 어떤 인센티브를 제공하는가?	인센티브
표적고객과 협력자가 어떻게 회사 오퍼링을 알수 있을까?	커뮤니케이션
오퍼링이 표적고객과 협력자에게 어떻게 전달 될것인가?	유통

▌회사

회사는 오퍼링을 담당하는 주체이며, 회사 프로파일과 오퍼링을 통해 회사가 달성하고자 하는 목표로 정의된다.

- **회사 프로파일**은 오퍼링을 담당하는 주체의 주요 측면을 설명하며, 핵심 질문은 다음과 같다.

  ‣ 오퍼링을 담당하는 주체는 무엇인가?

  ‣ 회사는 표적 고객의 식별된 니즈를 충족하기 위해 어떤 자원을 가지고 있는가?

- **회사 목표**는 회사가 오퍼링 통해 달성하고자 하는 전략적 및 금전적 결과이다. 여기서 핵심 질문은 다음과 같다.

  ‣ 회사가 오퍼링을 창출하여 추구하는 금전적 및 전략적 목표는 무엇인가?

▌대체 옵션이란?

회사의 관점에서 대체 옵션은 회사가 목표를 달성할 수 있는 다른 수단이며, **주요 대안, 회사에 대한 가치 제안 및 속성으로 나타낸다.**

- **주요 대안**은 회사 자원에 대한 중심 오퍼링과 경쟁하는 다른 옵션이며, 핵심 질문은 다음과 같다.

  ‣ 회사는 목표를 달성하기 위해 현재 무엇을 하고 있는가?

  ‣ 회사가 목표를 달성할 수 있는 대안은 무엇인가?

  ‣ 중심 오퍼링에 투자하기로 결정한 경우 회사는 무엇을 포기하는가?

- **대체 옵션의 가치 제안**은 회사가 중심 오퍼링에 투자하는 대신 추구할 수 있는 옵션에 의해 생성된 혜택과 비용을 반영한다. 여기서 핵심 질문은 다음과 같다.

‣ 대체 옵션이 회사에 어떤 혜택과 비용을 창출 하는가?

‣ 회사가 대체 옵션에 자원을 투자하기로 선택한 주된 이유는 무엇인가?

• **대체 옵션의 속성**은 *회사가 중심 오퍼링에 투자하는 대신 추구할 수 있는 옵션의 특성이며, 핵심 질문은 다음과 같다.*

‣ 대체 옵션의 제품, 서비스, 브랜드, 가격, 인센티브, 커뮤니케이션 및 유통 측면은 무엇인가?

‣ 대체 옵션의 속성이 어떻게 회사 가치를 창출하는가?

▎회사 가치 제안이란?

회사 가치 제안은 회사 이해 관계자를 위한 제안의 가치를 정의하며, **회사 가치 영역**, 대체 옵션에 비해 회사 오퍼링의 **상대적 이점**, 회사가 이 오퍼링에 투자하기로 **선택한 이유**에 의해 알 수 있다.

• **회사 가치 영역**은 *회사 가치의 두 가지 차원(금전적 및 전략적)에 대한 오퍼링으로 인해 창출된 혜택과 비용을 반영하며, 핵심 질문은 다음과 같다.*

‣ 오퍼링이 회사에 어떤 금전적 및 전략적 혜택과 비용을 창출 하는가?

‣ 이 오퍼링의 수익 공식(profit formula)은 무엇인가?

• **상대적 이점**은 *회사의 목표를 대체 옵션보다 더 잘 해결할 수 있는 중심 오퍼링의 능력을 반영하며, 핵심 질문은 다음과 같다.*

‣ 회사가 목표를 달성하기 위해 대체 수단을 사용하는 대신 중심 오퍼링에 자원을 투자해야 하는 이유는 무엇인가?

▸ 대체 옵션과 비교하여 중심 오퍼링의 우위점, 동등점 및 타협점은 무엇
인가?

• **선택하는 이유**는 *회사가 이 오퍼링에 투자하도록 동기를 부여하는 핵심 요
소이며, 핵심 질문은 다음과 같다.*
▸ 회사가 이 오퍼링을 추구하는 주된 이유는 무엇인가?
▸ 회사 경영진은 이 오퍼링을 선택하는 것을 어떻게 정당화하는가?

▌회사 오퍼링

회사 오퍼링은 시장 오퍼링의 회사 측면을 나타낸다. 제품, 서비스, 브랜드,
가격, 인센티브, 커뮤니케이션, 유통 등 7가지 속성으로 정의되며 이러한 각 속
성이 회사를 위해 창출하는 가치와 오퍼링을 설명한다.

여기서 핵심 질문은 다음과 같다.
▸ 회사가 고객과 협력자에게 제공하는 제품, 서비스, 브랜드, 가격 및 인센
티브의 주요 특징은 무엇인가?
▸ 표적 고객 및 협력자에게 오퍼링을 어떻게 알리는가?
▸ 표적 고객과 협력자에게 오퍼링이 어떻게 제공하는가?
▸ 오퍼링의 다양한 속성이 회사 가치를 어떻게 창출하는가?

비즈니스 모델의
모든 것

Business Model Archetypes

아직 조각되지 않은 대리석은 위대한 예술가가

가진 모든 생각의 형태를 담을 수 있다.

– 미켈란젤로, 이탈리아의 조각가, 화가 –

비즈니스 모델은 기업과 산업에 따라 다르며, 이러한 차이점에도 불구하고 비즈니스 모델에는 공통적이고 반복되는 주제가 있다. 바로 아키타입 archetype(원형)이라고 하는 주제이다. 이 주제는 반복되는데 기업이 시장 가치를 창출하는 특정 방식을 반영하며, 일반성 수준에 따라 두 가지 유형의 비즈니스 모델 원형이 있다.

전략적 원형은 회사 오퍼링의 전술적 측면을 명백하게 다루지 않고 **시장 가치 창출**에 중점을 둔다. 대조적으로, **전술적 원형**은 제품, 서비스, 브랜드, 가격, 인센티브, 커뮤니케이션 및 유통과 같은 오퍼링의 다양한 속성이 어떻게 **시장 가치를 창출하는지에 대해 초점**을 맞춘다.

▌전략적 비즈니스 모델 원형이란?

전략적 관점에서, 비즈니스 모델은 관련된 주체 유형과 이러한 주체 간의 가치 관계에 따라 다르다.

구체적으로, 비즈니스 모델에는 B2C(Business기업-to-Consumer소비자), B2B(기업-to-기업), B2B2C(기업-to-기업-to-소비자), C2C(소비자-to-소비자)의 네 가지 일반적인 유형의 비즈니스 모델이 있다.

B2C(Business-to-Consumer) 모델

B2C 비즈니스 모델에는 회사가 일반적으로 이러한 오퍼링의 최종 사용자인 개인을 대상으로 하는 오퍼링을 만드는 시나리오가 포함되며, 프록터 앤 갬블, 유니레버, 네슬레와 같은 소비재 회사와 은행, 호텔, 항공사와 같은 소비자 중심 서비스 회사에 일반적이다. B2C 모델에는 소비자를 위한 가치를 창출하기 위해 회사와 협력하는 협력자(공급업체, 유통업체 및 공동 개발자)도 포함된다.

B2C(Business-to-Consumer) 모델

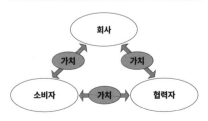

B2B(Business-to-Business) 모델

B2B 모델은 B2C 모델과 유사하지만 고객이 소비자가 아닌 사업체라는 주요 차이점이 있다. B2B 비즈니스 모델에는 회사(제조업체 또는 서비스 제공업체)와 그 협력자가 이러한 오퍼링의 최종 사용자인 비즈니스를 대상으로 하는 오퍼링을 만드는 시나리오가 포함된다. 이 모델은 다른 비즈니스의 요구를 충족하기 위해 제품과 서비스를 제공하는 비즈니스에 일반적이다.

B2B(Business-to-Business) 모델

B2B2C(Business-to-Business-to-Consumer) 모델

B2B2C 모델은 B2B 및 B2C 모델을 결합하고, 회사가 협력자와 협력하여 오퍼링을 다른 사업체에 제공하고, 다시 최종 사용자(소비자)에게 제공하는 시나리오를 말한다. B2B2C 모델은 중개자(딜러, 도매업체, 소매업체)를 통해 오퍼링을 배포하는 제조업체 및 서비스 제공업체와 다른 회사(인텔)에서 만든 오퍼링의 재료를 생산하는 비즈니스에 일반적이다. B2C 및 B2B와 마찬가지로 B2B2C 모델에는 회사 및 비즈니스 고객과 협력하여 최종 사용자를 위한 가치를 창출하는 협력자가 포함된다.

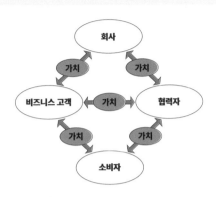

C2C(Customer-to-Customer) 모델

C2C 모델은 회사가 개별 고객 간의 상호 작용을 촉진하는 시나리오이다. 이러한 상호 작용에는 커뮤니케이션(페이스북, 링크드인, 인스타그램, 트위터), 금전 거래(이베이, 페이팔), 서비스(우버, 에어비앤비)가 포함될 수 있다. C2C 모델은 기업과 협력자가 고객 대 고객 상호작용을 가능하게 하는 플랫폼을 제공함으로써 고객에게 가치를 창출하는 B2C 모델의 특정 사례로 볼 수 있다.

Customer-to-Customer(C2C) 모델

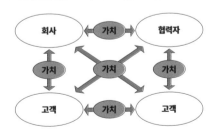

▌전술적 비즈니스 모델의 원형이란?

전술적 관점에서 비즈니스 모델은 제품, 서비스, 브랜드, 가격, 인센티브, 커뮤니케이션 및 유통과 같은 오퍼링 속성이 함께 작동하여 시장 가치를 창출하는 방식에 따라 다양하다.

인기 있는 전술적 비즈니스 모델 원형에는 임대(rent) 모델, 서비스형 소프트웨어(software-as-a-service) 모델, 크라우드 소싱(crowdsourcing) 모델, 라이선싱(licensing) 모델, 자체 상표(private-label) 모델, 성분 브랜딩(ingredient-branding) 모델, 구독(subscription) 모델, 제품 서비스 번들(product-service-bundle) 모델, 면도날(razor-and-blades) 모델, 부분 유료화(freemium) 모델, 손실 리더(loss-leader) 모델, 서비스별 요금제(fee-for-service) 모델, 1+1(buy-one-get-one) 모델, 1대1(one-for-one) 모델, 시장 침투(market-penetration) 모델, 시장 스키밍(market-skimming) 모델, 역동적 가격 책정(dynamic-pricing) 모델, 급등 가격 책정(surge-pricing) 모델, 경매(auction) 모델, 역 가격 책정(reverse-pricing) 모델, 원하는 만큼 지불(pay-what-you-want) 모델, 무료 체험(free-trial) 모델, 옴니 채널(omni-channel) 모델, 소비자 직판(direct-to-consumer) 모델, 온라인에서 오프라인(online-to-offline) 모델, 매장 내 매장(store-within-a-store) 모델, 푸시(push) 모델, 풀(pull)모델 및 프랜차이즈(Franchise) 모델 등이 있다.

렌트 모델

렌트(임대) 모델은 회사의 제품을 빌려주는 서비스로 제공하는 것을 말한다. 예를 들어, 넷플릭스는 제품(영화, 드라마) 소유권을 대체하는 것을 목표로 하는 영화 스트리밍 및 DVD 대여 서비스를 제공한다. 음악 스트리밍 서비스 아이튠즈, 판도라 및 스포티파이는 컴팩트 디스크 소유권을 대체하는 것을 목표로 한다. 짚카Zipcar, 리프트Lyft 및 우버Uber는 자동차 소유를 대체하는 것을 목표로 하는 렌탈 및 운송 서비스를 제공한다. 렌트 런웨이Rent the Runway와 같은 고급 렌탈 회사는 디자이너 의류 및 액세서리의 소유권을 대체하는 것을 목표로 한다.

렌트 모델

서비스형 소프트웨어(software-as-a-service) 모델

서비스형 소프트웨어(Saas) 모델은 렌트 모델의 소프트웨어별 버전이며, 회사의 소프트웨어를 독립된 제품으로 판매하는 것이 아니라 고객에게 임대(라이선싱)하는 것을 말한다. Saas는 Microsoft, SAP, Adobe 및 Salesforce.com을 비롯한 점점 더 많은 회사가 서비스 기반 제품으로 전환하면서 클라우드 컴퓨팅의 발전으로 인기를 얻었다.

서비스형 소프트웨어(software-as-a-service) 모델

크라우드소싱(crowdsourcing) 모델

크라우드 소싱 모델은 내부적으로 새로운 오퍼링의 모든 것을 개발하기보다는 대규모 개인 그룹으로부터 새로운 제품과 서비스를 개발하기 위한 투입(input)을 추구한다. 예를 들어, 콘텐츠 개발을 위해 전문 편집팀을 활용하는 기존 방식과 달리, 위키피디아 콘텐츠는 회사와 무관한 개인이 개발하고, 크라우드 소싱은 애플, 구글, 마이크로소프트와 같은 첨단 기술 회사부터 명품 기업인, 루이비통, 에르메스 및 티파니에 이르기까지 다양한 혁신 주도 기업에서 광범위하게 사용하고 있다.

크라우드소싱(crowdsourcing) 모델

라이선싱(licensing) 모델

라이선싱 모델은 법적으로 보호되는 오퍼링 속성에 대한 권리를 이러한 권리의 법적 소유자와 다른 법인에 대여하는 것을 포함한다. 라이선싱에는 특허, 저작권, 영업 비밀 또는 상표에 대한 권리 부여가 포함될 수 있다. 예를 들어, 디즈니, 캘빈 클라인, 마텔 및 라코스테는 다른 법인이 브랜드를 사용할 수 있도록 라이선스를 부여한다.

라이선싱(licensing) 모델

성분 브랜딩(ingredient-branding) 모델

성분 브랜딩 모델은 다른 오퍼링의 구성 요소인 제품 또는 서비스에 대한 브랜드를 만드는 것을 포함한다. 성분 브랜딩의 가장 두드러진 예 중 하나는 대부분의 구매자가 보거나 만지지 않는 제품에 대한 고객 충성도를 구축한 인텔이다. 다른 대표적인 예로는 고어텍스 및 테플론 코팅 기술과 설탕 대체물인 스플렌다 및 뉴트라스위트가 있다. 성분 브랜딩은 브랜드 성분이 다른 오퍼링의 필수적인 부분이며 일반적으로 독립형 제품이나 서비스로 사용되지 않는다는 점에서 전통적인 브랜딩과 다르다(설탕 대체물은 몇 안 되는 예외 중 하나임).

성분 브랜딩(ingredient-branding) 모델

자체 상표(private-label) 모델

자체 상표 모델에는 경쟁업체와 차별화하고 충성도 높은 고객 기반을 구축하며 수익을 늘리기 위해 소매업체가 만든 브랜드가 포함된다. 자제 상표는 일반적으로 특정 소매 유통 외부에서 광고되지 않으며 종종 주요 브랜드보다 가격이 저렴하다. 예를 들어, 선도적인 글로벌 브랜드인 바이엘 아스피린은 여러 종류의 유통 채널을 통해 제공되고 다양한 커뮤니케이션 채널을 통해 홍보되는 반면, 자체 상표인 커클랜드 시그니처 아스피린은 코스트코를 통해서만 제공되며 코스트코 외부에서는 홍보되지 않으며 더 낮은 가격대로 판매된다.

자체 상표(private-label) 모델

구독(subscription) 모델

구독 모델은 고객에게 회사의 제품과 서비스를 한 번에 하나씩 판매하는 것이 아니라 반복적으로 제공한다. 구독에는 일반적으로 동일한 제품 및 서비스를 개별적으로 구매하는 것과 비교하여 가격 할인이 포함된다. 구독 모델은 인쇄 및 디지털 미디어, 소매, 소셜 및 스포츠 클럽을 비롯한 여러 산업에서 인기가 있다.

구독(subscription) 모델

면도날(razor-and-blades) 모델

면도날 모델은 보완 제품의 판매를 촉진하기 위해 한 제품에 대해 낮은 가격을 책정(또는 무료로 제공)하는 것을 포함한다. 예를 들어, 질레트는 신규 고객이 면도 시스템을 채택하고 마진이 더 높은 카트리지를 구매하도록 장려하기 위해 종종 면도기의 가격을 원가에 가깝게 책정하고 무료로 제공하기도 한다. 마찬가지로, 휴렛팩커드(HP)와 삼성은 프린터에 대해 상대적으로 낮은 가격(개발 및 생산 비용에 비해)을 책정하고 잉크 카트리지에 대해 상대적으로 높은 가격을 책정했다.

면도날(razor-and-blades) 모델

제품 서비스 번들(product-service-bundle) 모델

제품 서비스 번들 모델은 구성 요소 중 하나가 다른 구성 요소에 보조금을 지급하는 두 부분으로 구성된 오퍼링이라는 점에서 면도날 모델과 유사하다. 고유하게 호환되고 일반적으로 장기 계약을 하지 않는 면도날 모델과 달리, 제품 서비스 번들 모델은 제품과 서비스를 결합하며 일반적으로 장기 서비스 계약이 필요하다. 예를 들어, 이동 전화 회사는 단말기에 낮은 가격을 책정(또는 무료 제공)하고 단말기 비용을 상쇄하기 위해 서비스에 대해 더 높은 가격을 청구한다.

제품 서비스 번들(product-service-bundle) 모델

부분 유료화(freemium) 모델

부분 유료화(freemium) 모델은 제품 또는 서비스의 기본 버전이 무료로 제공되는 동시에 고객에게 완전한 기능을 갖춘 유료 버전으로 업그레이드할 수 있는 옵션을 제공하는 2계층 오퍼링을 포함하며, 일반적으로 소비자가 무료로 제품을 경험할 수 있도록 하여 새로운 제품을 홍보하는 데 사용된다. 예를 들어, Amazon.com(킨들), Dropbox, Hulu 및 Pandora는 무료 기본 버전과 완전히 작동하는(무제한) 유료 버전을 제공한다. 부분 유료화 모델은 두 부분으로 가격이 책정된다는 점에서 면도날 및 제품 서비스 번들 모델과 유사하지만 두 구성 요소가 유사한 핵심 기능을 가지고 있으며 한 구성 요소가 다른 구성 요소의 프리미엄 버전이라는 점에서 다르다.

부분 유료화(freemium) 모델

손실 리더(loss-leader) 모델

손실 리더 모델은 다른 오퍼링에 대한 수요를 자극하기 위해 한 오퍼링의 가격을 제작 비용에 가깝거나 낮게 책정하는 것을 포함한다. 예를 들어, 소매업체는 매장 방문을 유도하기 위해 인기 있는 품목의 가격을 손실로 책정하여 저가 품목에 대한 손실(또는 손실된 이익)을 회수할 수 있으며, 제품 라인 가격 책정을 포함한다는 점에서 면도날 제품 서비스 번들 및 부분 유료화 모델과 유사하지만, 손실 리더가 일반적으로 혜택을 받는 오퍼링과 기능적으로 관련이 없다는 점에서 다르다.

손실 리더(loss-leader) 모델

서비스별 요금제(fee-for-service) 모델

서비스별 요금제 모델은 번들이 아닌 개별 주문 방식으로 서비스를 제공하는 것이며, 고객은 사용할 서비스를 선택하고 패키지가 아닌 개별 서비스에 대해서만 비용을 지불할 수 있다. 예를 들어, 의료 제공자는 포괄적인 서비스를 제공하는 대신 수행된 각 서비스(진료소 방문, 검사 또는 진료)에 대해 요금을 청구할 수 있다.

서비스별 요금제(fee-for-service) 모델

1+1(buy-one-get-one) 모델

1+1(Buy-one-get-one) 모델은 프로모션 품목 구매에 대한 인센티브로 무료 품목을 제공하는 것이다. 1+1 방식은 회사가 판매량을 빠르게 늘리려는 경우(예 : 재고를 줄이기 위해)에 특히 관련이 있다. 1+1 방식의 변형은 정가 품목을 구매할 때(무료가 아닌) 대폭 할인된 오퍼링을 제공하는 것이다(한 개 사면 절반 할인).

1+1(buy-one-get-one) 모델

1대1(one-for-one) 모델

1대1 모델(1대1 구매라고도 함)은 1대1 구매 모델의 변형이다. 그러나, 고객이 모든 품목을 구매할 때마다 무료 품목을 제공하는 대신 회사는 두 번째 품목을 기부하거나 두 번째 품목을 도움이 필요한 사람들에게 무료로 배포하기 위해 금전적 기부를 한다. 예를 들어, 톰스(Toms)는 한 켤레를 구매할 때마다 신발 한 켤

레를 기부하고, 비누 회사인 Soapbox Soaps는 제품이 판매될 때마다 도움이 필요한 사람에게 비누를 무료 제공하고, 와비 파커(Warby Parker)는 안경이 판매될 때마다 돈을 기부하여 저소득 소비자에게 안경을 제공한다.

1대1(one-for-one) 모델

시장 침투(market-penetration) 모델

시장 침투 모델은 회사가 낮은 이윤 마진에도 불구하고 높은 판매량을 창출하여 이익 목표를 달성하는 것을 목표로 하는 낮은 가격 전략을 포함한다. 예를 들어, 소프트웨어 개발자는 1개당 마진이 아닌 수량으로 수익을 창출하기 위해 앱 가격을 0.99불로 책정할 수 있다.

시장 침투 모델

시장 스키밍(market-skimming) 모델

시장 스키밍 모델은 회사가 일부 판매량을 희생하면서 높은 이윤을 창출함으로써 이익 목표를 달성하는 것을 목표로 하는 프리미엄 가격 전략을 포함한다. 물량보다는 마진에 초점을 맞춘 시장 스키밍 모델은 시장 침투 모델과 정반대의 철학을 가지고 있다. 예를 들어, 스위스 시계 제조사인 파텍 필립은 대부분의 시계를 2만 달러에서 시작하여 7자리 숫자(백만달러)에 이르는 가격으로 판매하여 수량보다는 마진으로 수익을 창출한다.

시장 스키밍(market-skimming) 모델

역동적 가격 책정(dynamic-pricing) 모델

역동적 가격 책정 모델에는 수요와 공급, 경쟁 제품, 전반적인 시장 환경과 같은 요인에 따라 다양한 가격이 적용된다. 가격이 상대적으로 안정적이고 인센티브에 의해 수요가 자극되는 전통적인 접근 방식과 달리, 역동적 가격 책정에는 일반적으로 시장 상황에 적응하기 위해 자주 변경되는 다양한 가격이 포함되며, 숙박업계, 여행 및 에너지 산업의 일반적인 모습이다.

역동적 가격 책정(dynamic-pricing) 모델

급등 가격 책정(surge-pricing) 모델

급등 가격 책정 모델은 역동적 가격 책정의 특정 사례이다. 차이점은 급등하는 가격 책정은 프리미엄 가격 책정(예: 가격 승수 사용)인 반면, 역동적 가격 책정은 양방향으로 가격 변동(가격 상승과 가격 하락)을 하는 것이다. 급등 가격 책정 모델은 수요가 많은 기간 동안 기본 요금의 승수로 급상승률을 부과하는 우버에 의해 가장 두드러지게 사용되어 왔다.

급등 가격 책정(surge-pricing) 모델

제품	서비스	브랜드
가격	가치	인센티브
커뮤니케이션		유통

옥션(Auction) 모델

옥션 모델은 특정 품목을 구매하기 위해 서로 경쟁하는 구매자들에 의해 결정되는 가격을 포함한다. 옥션 모델은 일반적으로 미술품, 고미술품, 희귀 유물과 같은 독특한 품목에 사용된다. 옥션 가격을 사용하는 회사로는 미술품 옥션회사 크리스티 앤 소더비와 온라인 옥션업체 이베이와 타오바오 등이 있다.

옥션(Auction) 모델

119

역 가격 책정(reverse-pricing) 모델

역 가격 책정 모델(Name-Your-Own-Price 모델이라고도 함)은 구매자가 구매하고자 하는 품목에 대해 입찰을 해야 한다는 점에서 옥션 모델과 유사하다. 구매자들이 서로 직접적으로 경쟁하는 경매와 달리, 역 가격 책정의 구매자들은 그들의 입찰 가격을 회사에 제출하고, 그 다음에 얼마나 많은 어떤 입찰을 받을 것인지 결정한다. 역 가격 책정을 활용하는 기업으로는 Priceline.com, Groupon, eBay 등이 있다.

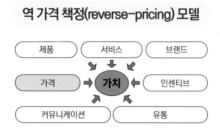

역 가격 책정(reverse-pricing) 모델

원하는 만큼 지불(pay-what-you-want) 모델

원하는 만큼 지불 모델은 구매자가 주어진 항목의 구매 가격을 설정한다는 점에서 역 가격 책정과 유사하며, 주요 차이점은 역 가격 책정에서 판매자는 최소 구매 가격 또는 수량과 같은 특정 기준을 충족하지 않는 입찰은 거부할 수 있다는 것이다. 반대로, 원하는 만큼 지불하는 방식에서는 판매자가 구매자가 설정한 가격을 통제하지 않고, 정보, 음악 및 비디오와 같은 디지털 콘텐츠의 경우와 같이 제공물의 한계 비용이 낮을 때 주로 사용된다. 원하는 만큼 지불하는 모델은 소비자가 지불하는 평균 가격이 오퍼링 비용보다 높을 가능성이 있어 재정적 손실 위험을 최소화하면서 추가 매출을 창출할 수 있는 잠재력이 있는 경우에도 사용된다.

원하는 만큼 지불(pay-what-you-want) 모델

무료 체험(free-trial) 모델

무료 체험 모델에는 표적 고객에게 무료로 제품을 경험할 수 있는 옵션을 제공하는 것이 포함된다. 식품 제조업체, 제약 회사, 소프트웨어 개발자 및 콘텐츠 제공업체(뉴스, 음악, 비디오)를 포함하는 다양한 산업 분야의 회사에서 인기가 있으며, 고객이 새로운 오퍼링을 시도할 위험을 줄이기 때문에 신제품 소개에서 특히 일반적이다. 무료 체험을 인센티브로 보는 일반적인 관점과는 달리, 실제로 커뮤니케이션의 한 형태, 즉 표적 고객에게 오퍼링의 혜택에 대해 알리는 유효한 수단이다(단지 혜택을 홍보하는 것이 아니라 오퍼링을 경험하게 함으로써).

무료 체험(free-trial) 모델

옴니 채널(omni-channel) 모델

옴니 채널 유통 모델은 오프라인(brick and mortar 전통 매장)과 온라인 소매점을 결합한다. 예를 들어, 베스트 바이, 월마트 및 타겟과 같은 대부분의 오프라인 소매업체는 온라인 소매의 성장을 활용하기 위해 온라인 부서를 만들었다. 오프라인 소매업체가 온라인에 진출하는 것 외에도 Amazon.com, 화장품 매장 버치박스Birchbox, 패션 소매업체 보노보스Bonobos와 같은 온라인 소매업체가 물리적 시장 입지를 구축하기 위해 옴니 채널 모델을 채택했다.

옴니 채널(omni-channel) 모델

소비자 직판(direct-to-consumer) 모델

소비자 직판 모델은 제조업체 또는 서비스 제공업체와 제품의 최종 사용자 사이에 딜러, 도매업체, 중개인 및 에이전트와 같은 중개자를 제거하여 유통 채널을 간소화한 것을 말한다. 아마존, 보노보스, 워비 파커는 소비자 직접 판매 모델의 좋은 예이다.

소비자 직판(direct-to-consumer) 모델

122

온라인에서 오프라인(online-to-offline) 모델

O2O(Online-to-Offline) 비즈니스 모델은 잠재 구매자를 온라인 공간에서 실제 소매점으로 끌어들이는 것을 목표로 하며, 기존 온라인 광고와 매우 유사하지만, 이미 온라인 상태인 고객을 온라인 아울렛으로 유도하는 대신 고객이 온라인 공간을 떠나 오프라인 소매점을 방문하도록 유도한다는 주요 차이점이 있다.

온라인에서 오프라인(online-to-offline) 모델

매장 내 매장(store-within-a-store) 모델

매장 내 매장(shop-in-shop이라고도 함) 모델은 소매점의 일부를 브랜드 제조업체에 할당하는 소매점을 포함한다. 예를 들어, 니먼마커스, 메이시와 같은 백화점은 아르마니, 라프로렌, 나투이카와 같은 라이프 스타일 브랜드 제조업체가 브랜드의 본질을 전달하고 더 나은 고객 경험을 위해 고객들을 전반적으로 관리하기 위해 사용한다. 라이프 스타일 의류 및 화장품 브랜드 외에도 매장 내 매장 개념은 브랜드 강화를 목표로 하는 기술 회사들 사이에서도 인기가 있다. 예를 들어, 베스트바이는 마이크로소프트, 애플 및 삼성과 같은 회사에 전용 소매 공간을 제공하여 이러한 회사가 제품 및 서비스의 전체를 진열하고 기능을 선보일 수 있도록 한다.

매장 내 매장(store-within-a-store) 모델

푸시(push) 모델

푸시 모델은 회사의 채널 파트너(유통업체, 소매업체 및 영업 인력)에게 오퍼링을 홍보하여 그들이 표적 고객을 대상으로 회사의 오퍼링을 홍보하도록 하는 것이다. 예를 들어, 제조업체는 소매업체에 인센티브를 제공하여 회사의 제품을 표적 고객들에게 적극적으로 홍보, 권유하도록 동기를 부여함으로써 해당 제품에 대한 수요를 창출할 수 있다.

푸시(push) 모델

풀(push) 모델

풀 모델은 회사의 오퍼링에 대한 수요를 창출하기 위해 회사의 고객에게 오퍼링을 직접 홍보하는 것이다. 예를 들어, 제조업체는 소비자에게 직접 광고하고 쿠폰, 리베이트 및 가격 할인을 제공하여 소비자가 소매업체의 진열대에서 제품을 구매하도록 유도하여 제품의 매출을 올릴 수 있다.

풀(pull) 모델

프랜차이즈(Franchise) 모델

프랜차이즈 모델은 이미 확립된 비즈니스 모델을 운영하는 데 필요한 자원에 대한 다른 협력자(가맹점주)의 접근을 제공한다. 프랜차이즈 모델에서 본사는 제공할 제품, 서비스 및 브랜드를 명시하고, 이러한 제품, 서비스 및 브랜드에 지적재산권을 부여하며, 가맹점 운영에 대한 물류, 재정 및 마케팅 지원을 제공한다. 프랜차이즈 비지니스 모델의 예로는 맥도널드, 코카콜라, 서브웨이, 던킨도너츠, 피자헛, 타코벨, KFC 등이 있다.

프랜차이즈(Franchise) 모델

성공으로의 여정

아이디어의 탄생 과정

컨셉 개발하기

비즈니스 모델 디자이닝 하기

비즈니스 모델 집행하기

2
비즈니스 모델
만들어보기

성공으로의
여정

The Path to Success

진정한 발견의 여정은 새로운 풍경을 찾는데

있는 것이 아니라, 새로운 눈을 갖는 데 있다.

– 마르셀 프루스트, 프랑스 작가 –

비즈니스의 성공은 단순히 발생하는 것이 아니라 궁극적으로 실행 가능한 시장 오퍼링으로 이어지는 일련의 시행착오 끝에 이루어지는 결과이다. 기업은 비즈니스 모델을 만드는 방법이 다양하다.

어떤 기업은 체계적인 접근 방식을 따르고, 또 어떤 기업은 충족되지 않은 시장 니즈를 해결하기 위한 효과적인 방법을 모색한다. 비즈니스 모델 개발을 위한 특별하고도 확실한 경로는 없지만, 지속 가능한 비즈니스 모델은 시장 성공을 결정하는 여러 가지 공통 요소를 가지고 있다. 이러한 시장 성공의 일반적인 원동력은 아래에 요약되어 있다.

▌혁신과 디자인적 사고(innovation and design thinking)란?

디자인적 사고(思考)의 개념은, 제품 개발 프로세스의 다운스트림 측면으로서 디자인을 보는 관점의 대안으로 탄생했다. 다운스트림이란 디자이너의 역할이 이미 개발된 아이디어나 제품을 고객에게 더 매력적으로 보이도록 만드는 것에 제한했다. 반면에, 디자인적 사고는 디자이너가 이미 개발된 아이디어나 제품을 최적화하는 데 중심적인 역할을 해야 할 뿐만 아니라, 이러한 아이디어와 제품을 만드는 데 적극적으로 참여해야 한다는 것이다.

디자인적 사고의 개념은 세계적인 디자인 회사인 IDEO의 데이비드 켈리와 팀 브라운에 의해 발전되었으며, IDEO는 디자인적 사고를 '디자이너의 감성과 방법을 사용하여 사람들의 니즈를 기술적으로 실현 가능하고 실행 가능한 비즈니스 전략이 고객 가치와 시장 기회로 전환될 수 있는 오퍼링과 일치시키는 분야'라고 정의한다.

디자인적 사고는, 제품의 기능적 성능만이 아니라 전반적인 고객 니즈에 초점을 맞춘 **신제품 개발에 대한 접근 방식**이며, 사람들이 삶에서 원하고 필요로 하는 것과 특정 제품이 만들어지고, 패키징되고, 판매되고, 지원되는 방식에 대해 고객들이 좋아하고 싫어하는 것에 대한 **철저한 이해를 통해 혁신을 요구한다.**

처음에 제품 디자인과 관련하여 사용되었던 디자인적 사고의 개념은, 이제 아이디어 발견과 제품 개발이 함께 고객의 니즈와 기술적으로 실현 가능한 솔루션을 결합하는 고객 중심 제품 개발에도 사용된다. 넓은 의미에서 디자인적 사고는 미학의 개념을 뛰어넘는 것이다. 즉, 디자인적 사고는 기업을 위한 고객 혜택과 가치를 창출하기 위한 기반이 될 수 있는 고객의 니즈를 파악하는 것을 목표로 한다.

디자인적 사고의 중요한 측면은 기본 아이디어의 개발을 용이하게 하기 위해 제품의 간단한 버전을 만드는 프로토타이핑(prototyping)이다. 디자인적 사고에서 프로토타이핑의 중요성은 MIT Media Lab의 신조인 'Demo or Die'에 잘 나타나 있다. 즉, 아이디어를 의미 있는 제품으로 변환하는 것은 제품 개발의 필수 구성 요소이며, 아이디어가 가시적인 형태로 표현되지 않는 한(디자인으로 표현되지 않는 한) 아이디어로서 가치가 거의 없다는 의미이다.

디자인적 사고는 시장 가치를 창출하고 비즈니스 모델의 성공을 달성하는 데 기본이 되는 일련의 원칙을 명시하기 때문에 비즈니스 모델 개발의 측면에서 아주 중요하다.

디자인적 사고는 프로토타이핑을 주요 수단으로 사용하여, 고객 니즈의 기능적 및 심리적 측면을 이해하는 데 중점을 두고, 제품 개발의 작은 실패와 초기 실패를 최종 오퍼링에 대한 개선의 기회로 생각한다. 이러한 사고 전환이야말로 바로 혁신이다.

▌비즈니스 모델 개발에 대한 Stage-Gate 접근 방식이란?

비즈니스 모델 개발은 일회성이 아니다. 회사가 시장 가치를 창출하는 최적의 방법을 식별하는 공식화, 테스트, 재정렬 및 방향 전환의 지속적인 과정이다.

비즈니스 모델 개발은 일반적으로 명확하게 정의된 비전으로 발전하는 대략적인 아이디어로 시작하고, 비즈니스 모델 개발 과정은 회사가 극복해야 하는 장애물(Gate)로 구분된 일련의 작업(Stage)으로 나타낼 수 있다. Stage-Gate 방식은 위험을 최소화하고 회사 자원 할당을 최적화하는 방식으로 비즈니스 모델을 설계하고 검증하는 과정이다.

비즈니스 모델 개발에 대한 간소화된 버전의 Stage-Gate 접근 방식에는 이전 단계에서 수행한 작업을 검증하는 것을 목표로 하는 장애물로 구분된 네 가지 주요 단계(**아이디어 발견, 개념 개발, 비즈니스 모델 설계 및 비즈니스 모델 집행**)가 포함된다.

비즈니스 모델 개발에 대한 Stage-Gate 접근 방식

- **아이디어 발견** *비즈니스 모델 개발은 충족되지 않은 시장 니즈를 발견하는 아이디어와 이러한 니즈를 해결하는 새로운 방법을 발견하는 것에서 시*

작된다. 발견 후에는 아이디어의 건전성 평가와 핵심 가정의 검증이 뒤따른다.

- **개념 개발** 검증된 아이디어는 오퍼링의 초기 버전(protype)을 생성하기 위해 더욱 정제되고 구체화된다. 개발된 개념은 기술적 타당성과 식별된 고객 니즈를 충족할 수 있는 잠재력과 관련하여 검증된다.

- **비즈니스 모델 설계** 검증된 개념은 회사의 목표 시장을 명확히 하고, 목표 시장에서 회사가 창출하고 포착한 가치를 정의하고, 회사 오퍼링의 주요 측면을 설명하는 비즈니스 모델로 발전한다. 비즈니스 모델은 회사와 협력자를 위한 가치를 창출하는 방식으로 식별된 고객 니즈를 충족시키는 능력과 관련하여 검증된다.

- **비즈니스 모델 집행** 검증된 비즈니스 모델이 시장에 배포된다. 즉, 오퍼링을 생성하는 데 필요한 자원 개발, 실제 오퍼링 개발, 선택된 시장에서 이 오퍼링의 배포 및 전체 대상 시장에서 오퍼링을 선택할 수 있도록 하는 시장 확장을 포함하는 과정이다.

위의 네 단계는 비즈니스 모델 개발 과정의 양식화된 버전이다. 많은 경우에 비즈니스 모델 개발은 미리 정의된 일련의 질서 있고 잘 표현된 단계를 따르지 않을 수 있지만, 대신 여기에 설명된 Stage-Gate 접근 방식의 선형 구조(linear architecture)를 따르지 않는 여러 상호 관련된 활동으로 구성될 수 있다. 개별 단계가 명확하게 정의되지 않은 경우에도, 비즈니스 모델 개발은 일반적으로 이 책에 제시된 Stage-Gate 접근 방식을 따른다.

▌반복 과정으로서의 비즈니스 모델 개발이란?

비즈니스 모델 개발은 초기 아이디어가 자연스럽게 성공적인 시장 오퍼링으로 발전하는 선형 과정이 아니다. 오히려, 참신한 아이디어를 발견하고 이를 지속 가능한 비즈니스 모델로 정착시키기 위해 계속하여 수정하고 보완하고 전환하는 반복적인 과정이다. 비즈니스 모델 개발에는 성공적인 시장 오퍼링 개발을 목표로 하는 일련의 반복(**재정렬 및 중심축**)이 포함된다.

- *재정렬은 핵심 가치 제안을 실질적으로 변경하지 않는 아이디어, 개념 또는 비즈니스 모델에 대한 비교적 사소한 변경이며, 일반적으로 표적 고객과 가치 제안을 변경하지 않고 전술적 변경을 수행하고 오퍼링의 특정 측면을 수정하는 작업이 포함된다.*
- *중심축은 처음부터 다시 시작하여 초기 아이디어, 개념 또는 비즈니스 모델의 주요 측면 중 일부(또는 전부)를 수정하는 것과 관련된 주요 변경 사항이다. 일반적으로 회사의 전략(표적 고객 및 가치 제안)의 변경에 이어 전술의 변경을 포함하며, 비즈니스 모델의 기본을 바꾸는* **전략적 변곡점***이다.*

비즈니스 모델 반복

재정렬
기존 전략 변경없이
전술 수정

중심축
전략 및
전술 변경

중심축을 활용한 가장 두드러진 사례 중 하나는 소셜 미디어 회사인 **더포인**

트(The Point)이다. 더포인트가 해결하고자 했던 문제는 기금 모금을 용이하게 하기 위해 고안된 비즈니스 모델이다.

기부의 사회적 타당성과 모금단체의 명성에 대한 우려 때문에 사람들이 기부를 꺼려한다는 점이었다. 이러한 문제를 해결하기 위해 회사는 모금 행사가 **프로그램 활성화에 필요한 일정 금액 또는 참가자 수**(전환점tipping point)를 설정할 수 있도록 했다. 실제 기부금은 정해진 목표가 달성될 때까지 모금되지 않았으므로 잠재적 기부자들은 다른 많은 기부자들이 지원하는 사회적 관련 대의에 기여하고 있음을 확신할 수 있었다.

타당한 고객 문제로 보이는 문제를 해결하는 유망한 아이디어였음에도 불구하고, 더포인트는 표적 기부자들의 관심을 끌지 못했다. 그러나 한 가지 긍정적인 부분은, 점점 더 많은 소비자가 웹사이트를 사용하여 더 낮은 가격과 판매를 찾았고, 가장 성공적인 캠페인은 소비자가 구매력을 결합하여 비용을 절약할 수 있게 한 캠페인(공동구매)이었다.

이제 고전적인 중심축에서, 더포인트는 기금 조성자가 아닌 사업주에게 초점을 맞추기 위해 전체 비즈니스 모델을 재정의하고 완전히 새로운 가치 제안을 생성하여 공급업체가 판촉 제안을 활성화할 전환점을 설정할 수 있도록 했다. 참여 공급업체는 그들의 제안이 충분한 고객 요구를 생성하지 않는 경우 아무것도 지불하지 않고 판촉 제안에 의해 생성된 새로운 비즈니스로부터 이익을 얻을 수 있었다.

(예1: 회사가 유모차 구매 고객 100명을 모집하고 여러 유모차 업체에게 가격을 제안한다. 예2: 회사가 유

모차 업체와 협의하여 100명분에 한하여 오늘 하루만 50% 할인 가격을 제안한다.)

고객을 위한 수정된 가치 제안(인하된 가격=깜짝 세일, 즉 불시의 시간에 최대 50%까지 할인을 진행한다)은 간단했고 많은 소비자가 재정적으로 어려움을 겪고 있는 경제 위기 상황에서 특히 매력적이었다. 비즈니스 모델을 재정의하기 위해 고군분투하던 소셜 미디어 기금 모금 회사인 더포인트는 수십억 달러 규모의 오늘의 거래(deal-of-the-day) 회사인 그로폰Groupon으로 바뀌었다.

▌ 시장 가치 창출 과정으로서의 비즈 모델 설계란?

비즈니스 모델의 궁극적인 목표는 시장 가치를 창출하는 것이다. 이를 위해, 초기 아이디어는 많은 중심축과 재정렬을 거쳐 지속 가능한 비즈니스 모델로 이어진다. 회사의 오퍼링을 설계할 때 중심축 및 재정렬은 **바람직함**(desirability), **실현 가능성**(feasibility) 및 **실행 가능성**(viability)이라는 세 가지 주요 원칙에 따라 진행된다.

- **바람직함**은 표적 고객이 오퍼링을 매력적으로 느끼는 정도를 반영한다. 고객 가치는 혜택과 비용의 함수이기 때문에 오퍼링의 바람직함은 고객이 원하는 혜택을 제공할 수 없거나 오퍼링과 관련된 높은 비용(돈, 시간, 노력)으로 인해 방해를 받을 수 있다. 예를 들어, 일반 콜라에 대한 명확한 무카페인 대안인 크리스털 펩시Crystal Pepsi는 대대적인 판촉 캠페인에도 불구하고 소비자들이 명확한 콜라의 개념을 매력적으로 여기지 않았기 때문에 실패했으며, 또 다른 제품의 예로는 고객이 지불하려는 의사보다 훨씬 초과한 가격표가 1만 불인 1980년대 초 애플이 설계한 개인용 컴퓨터인 리사

*Lisa*가 있다.

- **실현 가능성**은 회사가 고객이 원하는 기능을 갖춘 제품을 구축할 수 있는 능력의 정도를 반영하며, 현재 기술의 기능과 이러한 기술을 활용하는 회사의 능력이다. 예를 들어, **장거리 전기 자동차**는 배터리 용량이 제한되어 **현재 실현 불가능**하며, 실현 가능하지 않은 것으로 간주되는 프로젝트의 궁극적인 예는 영구 운동 기계(*perpetual motion machine*)와 타임머신이다.

- **실행 가능성**은 오퍼링이 회사를 위해 가치를 창출할 수 있는 정도를 반영한다. 이익 관점에서 오퍼링의 실행 가능성은 수익 창출 능력에 반영되며, 일반적으로 오퍼링 및 해당 비용 구조에서 예상되는 수익 흐름의 함수이다. 수익과 비용을 충분히 일치시키지 못하는 것은 종종 시장 실패의 원인이 된다. 예를 들어, 세간의 이목을 끄는 홍보 캠페인과 대중들에게 널리 알려졌음에도 불구하고 온라인 애완용품 소매업체인 *Pets.com*은 대부분의 매출에서 손실을 보았고 결국은 폐업을 해야 했다.

회사의 성공은 오퍼링의 바람직함, 실현 가능성 및 실행 가능성에 의해 결정되기 때문에, 비즈니스 모델의 지속 가능성은 다음 세 가지 질문에 대한 답변으로 결정된다.

- 오퍼링이 바람직한가? 표적 고객을 위한 가치를 창출하는가?
- 오퍼링이 실현 가능한가? 정말 계획대로 진행될 수 있는가?
- 오퍼링이 실행 가능한가? 그것을 관리하는 회사에 가치를 창출하는가?

오퍼링의 바람직함, 실현 가능성 및 실행 가능성 측면은 일반적으로 서로 관련이 있다. 고객에게 바람직하지 않은 오퍼링은 회사의 가치를 창출할 만큼 충분한 고객 수요를 창출하지 못하기 때문에 실행 가능한 것으로 입증되지 않을 가능성이 높다. 같은 맥락에서, 기술적으로 실현 가능하지 않은 오퍼링도 실제로 구축할 수 있는 오퍼링이 고객의 니즈를 충족시키지 못하기 때문에 테스트에 실패할 것이다.

1990년대 초 애플에서 만든 개인용 디지털 비서인 뉴튼Newton을 생각해 보자.

데이터 입력을 위한 터치스크린, 약속 일정, 할 일 목록, 주소록, 계산기, 메모 기능 등 다양하고도 참신한 기능에도 불구하고 높은 가격($700)과 결함이 있는 필기 인식 소프트웨어는 시장애서의 판매 성과에 장애가 되었다. 그 결과, 뉴튼은 출시 후 몇 년이 지나자 잠재 구매자들 사이에서 충분한 관심을 불러일으키지 못하고 사라지고 말았다.

뉴튼의 실패는 프로젝트의 낮은 실현 가능성(높은 개발 비용 및 초기 필기 인식 기술 실패)에 부분적으로 기인한 바람직함의 부족(높은 가격 및 열악한 성능)에서 비롯되었다. 낮은 바람직함과 실현 가능성은 결국 애플의 가치를 창출할 수 있는 뉴튼의 잠재력을 감소시켰고 회사의 관점에서 프로젝트를 실행 불가능하게 만들었다.

같은 맥락에서 모토롤라Motorola가 주도한 수십억 달러 규모의 벤처기업인 이리디움

Iridium은 해외 출장자들에게 지구상 어디에서나 하나의 번호, 하나의 전화, 하나의 사용료를 제공함으로써 모바일 통신에 혁명을 일으키겠다고 약속했지만, 이리디움의 개념은 세계 어디에서나 신뢰할 수 있는 연결을 보장하는 소형 위성 전화를 설계하는 것과 관련된 기술적 제약 때문에 실현 가능하지 않았다. 다른 지상파 네트워크를 통해 통화를 전송할 수 있는 77개의 위성군을 구축하는 높은 프로젝트 비용과 고객이 사용할 수 있는 대체 통신 수단이 결합되어 수익성 있는 비즈니스 기업으로서의 생존 가능성이 크게 제한되었다.

투자금을 회수하고 수익을 창출하기 위해, 이리디움은 단말기 가격이 약 3천 불이고 사용요금이 분당 3~8불에 달할 정도로 엄청나게 높은 가격을 책정해야 했다. 그러나 고객은 배터리 수명이 짧고 연결이 불안정하며 서비스가 불규칙한 매우 비싸고 부피가 큰 전화기의 가치를 찾지 못했다. 그 결과, 10년 이상의 개발과 투자자들의 자본금 50억 불을 소진한 후 이리디움은 시장 출시 후 1년도 안되어 파산 신청을 해야 했다.

뉴튼의 경우와 마찬가지로 이리디움의 실패는 이 프로젝트가 지상 무선 통신을 대체할 수 없었고 표적 고객인 해외 비즈니스 출장자에게 거의 설득력이 없다는 사실에서 비롯되었다. 고객의 바람직함이 부족한 이리디움은 투자를 회수하고 프로젝트를 유지하는 데 필요한 수익을 창출할 수 없었고, 결국 사업을 접을 수밖에 없었다.

비록 뉴튼과 이리듐은 실패했지만, 그들은 원래 비즈니스 모델을 중심으로 하고 실행 가능한 오퍼링을 만든 성공적인 오퍼링의 선구자였다. 뉴튼은 팜 파일럿Palm Pilot의 선구자로, 매우 성공적인 개인용 디지털 비서로서 뉴튼의 기본적인 기능을 훨씬 더 안정적인 방식으로 보강하여 저렴한 가격으로 제공했다. 하지만 성공할 수 있었던 팜 파일럿은 인터페이스를 개선하고 음성, 텍스트, 이메일로 통신할 수 있는 기능을 추가함으로써 기능을 확장한 아이폰에 의해 가려졌다.

마찬가지로 이리디움의 파산 이후 회사는 부유한 소비자뿐만 아니라 해양, 탐사, 군사 및 B2B 고객들을 포함하도록 목표 시장을 확장함으로써 회사의 오퍼링을 재배치한 투자자 그룹에 의해 인수되었다. 10년 후, 새로운 이리디움은 수년간 수익성 있는 성장을 한 후 상장되었다.

아이디어의
탄생 과정

Idea Discovery

혁신은 사람들이 삶에서 이미 하고 있는 일을
더 잘할 수 있도록 도와주는 경우에만 관심을 끌 것이다.

– 클레이튼 크리스텐슨, '혁신가의 딜레마' 저자 –

혁신은 실행 가능한 비즈니스 모델 개발의 핵심이며, 신제품 개발에만 국한되지 않고, 새로운 기술(3D 프린팅), 새로운 서비스(우버), 브랜드 구축에 대한 새로운 접근 방식(와비파커), 새로운 가격 책정 메커니즘(Priceline.com), 인센티브 관리를 위한 새로운 접근 방식(그루폰), 새로운 커뮤니케이션 수단(페이스북), 또는 새로운 유통 방식(Amazon.com)이 포함될 수 있다.

혁신적인 비즈니스 모델은 시장 가치를 창출하는 새로운 방법을 발굴하고, 기존 비즈니스 모델을 무너트리며, 적응하지 못하는 기업들을 망각 속으로 몰아넣음으로써 시장 운영 방식을 변화시킨다.

혁신은 충족되지 않은 시장 니즈를 식별하는 아이디어와 이 니즈를 해결하는 새로운 방법의 발굴로 시작된다. 발견 과정을 바탕으로 비즈니스 아이디어가 탄생하는 기본적인 방법은 **하향식**(top down)**과 상향식**(bottom up)의 두 가지이다.

▌하향식 아이디어 발굴이란?

하향식 아이디어 발굴은 시장 기회를 식별하는 것으로 시작하여 이 기회를 해결하기 위해 고안된 발명으로 이어진다. 시장 기회를 탐색할 때 회사는 잠재 고객이 직면한 중요한 문제 중 사용 가능한 대안보다 더 잘 해결할 수 있는 문제를 식별하려고 한다. 따라서, 하향식 아이디어 발굴은 기업이 경쟁사보다 더 잘 충족시킬 수 있는 미 충족 니즈를 파악하는 것을 목표로 하는 시장 분석에서 시작된다.

하향식(시장 주도형) 아이디어 발굴

하향식 아이디어 발굴을 통해 식별된 시장 기회를 포착하도록 설계된 수많은 비즈니스 모델은 성공적인 제품을 탄생하게 했다.

- ‣ **애플의 아이팟**은 사람들이 좋아하는 음악을 휴대할 수 있는 사용자 친화적인 기기에 대한 니즈를 해결했다.
- ‣ **애플의 아이폰**은 휴대폰, PDA, 뮤직 플레이어 및 카메라의 기능을 결합한 사용자 친화적인 장치에 대한 니즈를 해결했다.
- ‣ **애플의 아이패드**는 더 큰 화면으로 향상된 아이폰 기능을 제공하는 휴대 가능하고 사용자 친화적인 모바일 장치에 대한 니즈를 해결했다.
- ‣ **프록터 & 갬블**은 대걸레보다 더 효율적이고 청소 시간을 줄여주는 청소 도구의 니즈를 해결하기 위해 **스위퍼**Swiffer를 디자인했다.
- ‣ **허먼 밀러**는 편안하면서도 스타일리시한 사무용 의자에 대한 니즈를 해결하기 위해 **에어론**Aeron 의자를 디자인했다.
- ‣ **다이슨**은 사용함에 따라 흡입력을 잃지 않는 진공청소기의 니즈를 해결하기 위해 상징적인 **진공청소기**를 디자인했다.
- ‣ **테슬라**는 빠르고, 넓고, 스타일리시하며, 환경친화적이고, 연비가 좋은, 프리미엄 자동차에 대한 니즈를 해결하기 위해 **S클래스 세단**을 디자인했다.

▌상향식 아이디어 발굴이란?

상향식 아이디어 발굴은 발명에서 시작하여, 본 발명에 의해 충족될 수 있는 시장 니즈를 찾아낸다. 하향식 아이디어 발굴과는 달리, 여기서 발명은 식별된 시장 니즈에 의해 주도되는 것이 아니라 기술 혁신에 의해 주도된다. 이러한 맥락에서, 아이디어 발굴에 대한 상향식 접근법은 시장 연구 부서의 관리자보다 연구실의 과학자 영역인 경우가 더 많다.

상향식(발명 중심) 아이디어 발굴

상향식 아이디어 발굴은 기술 혁신에서 비롯된 수많은 성공적인 제품으로 이어졌다.

▶ **포스트잇 노트**(Post-It Notes)는 3M 화학자가 항공우주 산업에서 사용하기 위한 초강력 접착제를 개발하다가 매우 약한 압력에 민감한 접착제를 발견하면서 만들어졌다.

▶ **비아그라**는 제약회사 화이자가 심장에 혈액을 공급하는 혈관을 수축시키는 심장 질환인 협심증을 치료하기 위해 개발했다. 하지만 비아그라는 혈관을 이완시키는 데는 그다지 효과적이지는 않았지만 수십억 불의 매출을 자랑하는 발기부전 치료제가 되었다.

▶ **탈모 치료제**로 인기 있는 일반의약품인 '**로게인**'은 원래 고혈압 치료에 사용되었지만, 미녹시딜이 포함된 약물을 복용하는 환자는 신체의 다른 부분

뿐만 아니라 대머리 두피에서도 모발 성장이 증가하는 것을 발견하여 상품화되었다.

▸ **박테리아 감염**을 퇴치하는 데 사용되는 인류 역사상 최초의 항생제인 '**페니실린**'은 스코틀랜드의 생물학자 알렉산더 플레밍에 의해 발견되었다.

▸ **전자렌지**는 엔지니어가 마이크로웨이브를 생성하는 진공관 앞을 걸을 때 주머니에 있는 초콜릿 바가 녹는 것을 발견하면서 개발되었다.

▸ **벨크로**Velcro는 스위스 엔지니어 조르주 드 메스트랄(George De Mestral)이 개와 함께 사냥을 나갔다가, 사냥개의 털에 버burr의 고리가 달라붙는 것을 발견하고 연구하여 개발되었다.

▸ **테프론**은 조리기구 및 기타 응용 분야에서 일반적으로 사용되는 붙지 않는 코팅이다. 이 테프론은 더 나은 냉장고용 냉매를 찾고 있던 듀폰 엔지니어에 의해 발견되었다.

상향식 아이디어 발굴이 발명에서 시작되더라도, 그 발명이 성공적인 시장 오퍼링으로 발전하기 위해서는 실행 가능한 시장 기회를 만들어야 한다. 새로운 기술 자체가 곧 새로운 오퍼링을 개발하는 이유는 아니다. 신기술이 중요한 요소인 경우가 많지만, **시장 성공의 핵심 동인은 이 기술을 적용하여 충족되지 않은 시장 니즈를 해결하는 회사의 능력**이다. 하향식이든 상향식이든 아이디어 발굴은 항상 그것이 창출하는 시장 가치와 연결되어야 한다.

기술 발명을 실행 가능한 사업 아이디어로 전환하기 위해 회사는 이 발명이 해결할 수 있는 문제와 창출할 수 있는 시장 가치를 식별해야 한다. 따라서, 성공적인 비즈니스 아이디어는 기술적 발명에서 우연히 탄생할 수 있지만 비즈니스 모델 개발에서 선호하는 아이디어 발굴 방법은 하향식 접근 방식이다.

오퍼링의 성공은 궁극적으로 **시장 가치를 제공하는 능력**에 달려 있기 때문에, 시장에서 가치 창출 기회를 식별하는 것부터 시작하여야, 시장에서 성공을 누릴 발명품을 개발할 가능성이 높아질 수 있다.

▎가치 창출 과정으로서의 아이디어 발굴이란?

오퍼링이 가치를 창출하려면 고객의 충족되지 않은 니즈를 충족시켜 고객의 만족감을 채워 주어야 한다. 주어진 니즈가 대체 수단에 의해 이미 충족된 정도에 따라 이 니즈에 대한 고객의 평가는 **문제, 무관심,** 또는 **기쁨**으로 특징지을 수 있다.

- **문제** 고객은 중요한 니즈를 충족하기 위한 기존 수단에 만족하지 못할 때 문제로 인식한다. 이러한 고객은 자신에게 문제가 있음을 인식하고(미충족 니즈), 현상에 불만을 품고(아무것도 하지 않음), 미충족 니즈를 충족하기 위한 해결책을 적극적으로 모색한다. 예를 들어, 아이폰은 전화기, 전자수첩, 음악 플레이어, 카메라와 같은 여러 기기를 가지고 다녀야 하는 많은 소비자들의 문제를 해결했고, 달러 쉐이브 클럽(Dollar Shave Club)은 면도 카트리지 하나에 4불 이상을 지불하는 소비자들의 문제를 해결했다.
- **무관심** 고객은 현재 사용하고 있는 제품의 옵션에 합리적으로 만족하여 행동을 바꾸지 않고 기존 방식을 유지할 의향이 있을 때 무관심하다. 고객의 니즈가 완벽하게 충족되지 않고 더 나은 대안이 있을 수 있지만, 고객은 이

를 문제로 여기지 않으며 적극적으로 더 나은 옵션을 찾지 않는다. 예를 들어, 구글의 네스트Nest 학습 온도 조절기가 표적 고객에게 도움이 될 수는 있지만, 많은 소비자들은 집 안의 온도를 합리적으로 잘 조절하는 현재 사용하고 있는 온도 조절기에 만족한다. 마찬가지로, '초 고화질 TV'가 더 나은 시청 경험을 제공할 수 있지만, 대부분의 소비자들은 현재의 '고화질 TV'에 적당히 만족하고 있어 '초 고화질 TV'를 구매할 의사가 없다.

• 기쁨 고객은 주어진 요구를 충족시키는 현재의 수단에 극도로 만족하고 이러한 니즈가 완전히 해결되었다고 믿으며 대체 해결책을 무시하는 경향이 있을 때 기뻐한다. 예를 들어, 아마존의 고객 기대치를 충족하거나 능가하려는 **목표는**, 고객이 다른 옵션을 탐색하는 것을 막고 시장 진입을 고려하는 경쟁업체에 대한 장벽을 만들기 위해 고객을 **기쁘게 하는 것을 목표로** 한다. 같은 맥락에서, 리츠 칼튼은 고객을 기쁘게 하는 수준의 서비스를 제공하여 고객 충성도를 얻는 것을 목표로 한다.

주어진 니즈에 대한 고객의 인식을 문제, 무관심 또는 기쁨으로 여기는 두 가지 유형의 오퍼링이 있다.

하나는 특정 니즈를 충족시켜 고객 문제를 해결하도록 설계된 **문제 해결 오퍼링**이고, 다른 하나는 주어진 문제에 대한 기존 해결책을 개선하도록 설계된 **경험 향상 오퍼링**이다.

• 문제 해결(필수 must-have) 오퍼링은 고객이 적극적으로 충족하고자 하는 중요한 미 충족 니즈에 대한 해결책을 제공한다. 문제 해결 아이디어는 고객이

해결되지 않은 것으로 생각하는 필수 요구 사항을 다루기 때문에, 이러한 아이디어는 일반적으로 의사 소통하기가 쉽고, 요구 사항을 해결하는 제품은 고객이 빠르게 채택하는 경향이 있다.

- **경험 향상**(있으면 좋은 nice-to-have) **오퍼링**은 고객에게 훨씬 더 높은 수준의 만족을 제공하기 위해 주어진 니즈를 합리적으로 잘 충족하는 오퍼링을 개선하는 것을 목표로 한다. 경험 향상 오퍼링은 고객이 문제로 여기지 않는 요구 사항을 다루기 때문에 문제 해결 오퍼링보다 훨씬 느린 속도로 채택된다.

문제 해결 오퍼링과 경험 향상 오퍼링은 종종 고객의 고통과 이득이라는 측면에서 설명된다. 문제 해결 오퍼링은 불만의 주요 원인을 해결함으로써 **고객의 고통을 완화**하는 방법으로 간주되며, 경험 향상 오퍼링은 이미 만족스러운 오퍼링을 개선하여 **고객의 이익을 창출하는 수단**으로 설명된다.

고객은 단순히 경험을 향상시키는 것보다 인식된 문제를 해결하는 오퍼링에 더 큰 가치를 두기 때문에 문제 해결 오퍼링과 경험 향상 오퍼링 간의 구분이 중요하다. 또한, 문제 해결 오퍼링과 비교하여 경험 향상 오퍼링의 이점을 잘 전달하려면 일반적으로 더 많은 회사 자원이 필요하며 고객이 이러한 이점을 이해하고 그 가치를 인식하는 데 훨씬 더 많은 시간이 필요하다.

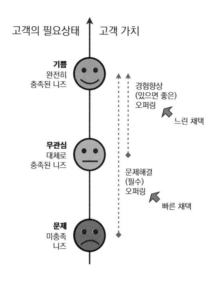

문제 해결 및 경험 향상 오퍼링

고객의 필요상태 / 고객 가치

기쁨
완전히
충족된 니즈

무관심
대체로
충족된 니즈

문제
미충족
니즈

경험향상
(있으면 좋은)
오퍼링

느린 채택

문제해결
(필수)
오퍼링

빠른 채택

많은 회사들이 고객을 쉽게 이해시키고 고객의 고충(pain point)를 해결하지 못한 오퍼링의 이점을 인식하도록 행동을 바꿀 수 있다는 잘못된 믿음 때문에 성장 예측을 달성하지 못했다.

예를 들어, 티보TiVo는 금세기 초에 최초의 디지털 비디오 레코더를 도입하여 고객의 빠른 채택을 얻고 소비자가 TV를 시청하는 방식을 혁신할 것으로 기대했다. 그렇게 TV 시청에 혁명을 일으켰지만 티보가 예상한 것보다 훨씬 느린 속도였고, 회사는 곧이어 비슷한 제품을 들고 쫓아온 다른 회사와의 경쟁이 시작된 후 디지털 비디오 녹화 시장에서 아주 작은 점유율을 차지할 수 있었다.

티보 팀이 고려하지 않은 것은 소비자가 TV를 시청하는 방식에 이미 합리적으로 만족하고 티보 오퍼링의 가치를 쉽게 알아채지 못한 것에 있었다. 티보는 갖고 있으면 좋은 제품으로 인식되었지만, 고객이 꼭 필요하다고 느끼는 제품은 아니었다.

같은 맥락에서, 질레트의 **5중날 면도기 퓨전**은 이미 자사의 **3중날 마흐3**에 매우 만족한 소비자들의 관심을 끌지 못했다. 마찬가지로, 마이크로 소프트, 아도비 및 인튜이트를 포함한 많은 소프트웨어 회사들은 그들의 이전 버전이 고객의 요구를 완벽하게 충족할 수 있었기 때문에 그들을 최신 버전으로 업그레이드하도록 유도하는 데 어려움을 겪었다. 애플, 삼성, LG를 포함한 많은 가전업체들의 제품 업그레이드 주기가 느려지고 있는 것은 소비자들이 현재의 오퍼링에 대해 합리적으로 만족하고 있기 때문이다.

그러나 고객의 경험을 아주 약간 향상시키는 정도의 오퍼링은 시장의 관심을 끌지 못했지만, 고객이 직면한 중요한 문제에 대한 해결책을 제공하는 오퍼링은 시장을 강타했다.

▸ **아이폰**은 고객에게 전화, 음악 플레이어, 카메라 및 연락처 관리자 역할을 할 수 있는 단일 기기를 갖는 편리함을 제공하여 여러 기기를 휴대할 필요가 없게 했다.

▸ **우버**는 더 빠르고 편리하며 예측 가능한 서비스를 제공하여 고객의 운송 니즈를 해결했다.

▸ **이베이**는 구매자와 판매자를 연결하는 P2P(peer-to-peer) 거래 플랫폼을 제공하여 고객에게 불필요한 항목을 처분하고 원하는 항목을 얻을 수 있는 편리한 방법을 제공했다.

‣ **페이스북**은 개인이 다른 사람과 연결하고 소셜 네트워크를 기하급수적으로 확장할 수 있는 간단한 방법을 제공했다.

‣ **달러쉐이브클럽**은 시장선도업체 질레트의 가격에 불만을 가진 많은 고객들의 고충을 해결하기 위해 저렴한 면도기 시스템을 제안했다.

▌아이디어 검증이란?

아이디어 검증은 제안된 오퍼링에 대한 아이디어의 건전성과 핵심 가정의 타당성을 평가한다. 일반적으로, 아이디어 검증에는 오퍼링의 **바람직성**과 **실행 가능성**에 대한 예비 평가, 즉 이 아이디어를 기반으로 한 오퍼링이 충족되지 않은 고객 니즈를 충족하고 회사에 이익이 되는 방식으로 수행할 가능성이 있는지의 여부가 포함된다.

• **아이디어를 검증하기 위해 관리자는 다음과 같은 질문을 해야 한다.**

‣ 해결되고 있는 충족되지 않은 고객 니즈는 무엇인가?

‣ 이 충족되지 않은 니즈를 가진 고객이 많은가?

‣ 고객은 이러한 요구를 고객이 적극적으로 해결하고자 하는 문제로 인식하고 있는가?

‣ 아이디어가 이러한 니즈를 충족시킬 해결책을 제시하는가?

컨셉 개발의 다음 단계로 진행하기 위해서는 회사가 위의 질문에 답할 수 있어야 하며, 이러한 질문을 만족스럽게 해결할 수 없다면 아이디어를 재정의해야 한다.

▌아이디어 발굴을 위한 시장 조사 도구란?

아이디어는 하향식이든 상향식이든 해결하고자 하는 고객의 요구에 대한 이해를 포함해야 하며, 이러한 이해는 시장 조사를 통해 얻어진다.

아이디어 발굴 및 검증에는 일반적으로 충족되지 않은 고객 니즈를 식별하고 연구 질문(가설)을 공식화하고 아이디어를 생성하는 것을 목표로 하는 **탐색적 연구**가 포함된다. 탐색적 연구는 일반적으로 비즈니스 모델 개발의 초기 단계에서 얻은 통찰력을 정량화하거나 인과 관계를 설정하지 않고 시장 기회에 대한 일반적인 이해를 얻기 위해 사용된다. 일반적인 탐색 방법에는 **관찰, 개인 인터뷰, 포커스 그룹 인터뷰 및 활동 기반 연구**가 포함된다.

- *관찰은 일상적인 환경에서 사람들의 행동을 조사하여 그들의 니즈와 이러한 니즈를 해결하는 방법에 대한 통찰력을 얻는다. 많은 관찰 방법은 사람들의 삶의 사회문화적 측면을 조사하는 인류학의 한 분야인 **앤트로폴리지** antropology(관찰적 연구 방법론: 사회과학 분야에서 현상을 관찰하고 기록하여 이해하고 분석하는 방법). 에서 파생된다. 관찰에는 니즈를 충족시키기 위해 제품과 서비스를 평가, 구매 및 소비하는 방식을 포함하여 사람들의 신체적 행동을 모니터링하는 것이 포함될 수 있으며, 사람들이 방문하는 웹사이트, 집중하는 콘텐츠, 온라인에서 공유하는 정보 등 사람들의 온라인 행동을 모니터링하는 것도 포함될 수 있다.*
- *개인 인터뷰는 사람들의 충족되지 않은 니즈를 밝히고, 의사 결정 방법을 이해하고, 행동에 영향을 미치는 요인을 식별하기 위해 사람들의 견해, 경험,*

신념 및 동기를 심층적으로 탐구하는 것을 목표로 하며, 수행되는 방식에 따라 인터뷰는 **구조화, 비구조화 및 반구조화**될 수 있다. **구조화된 인터뷰**는 설문지와 유사하다. 모든 참가자는 후속 질문 없이 미리 정의된 동일한 질문을 받는다. **구조화되지 않은 인터뷰**는 미리 정해진 의제를 따르지 않고 응답자의 답변이 인터뷰 과정을 결정하는 대화와 유사하다. **반구조화된 인터뷰**는 구조화된 인터뷰와 구조화되지 않은 인터뷰의 특징을 결합하며, 질문에 대한 포괄적인 설명이 있지만 응답이 추가 정교성을 필요로 하는 경우 후속 질문을 허용한다. 인터뷰는 우편 또는 온라인으로 관리되는 설문지를 사용하여 직접 또는 간접적으로 수행할 수 있다.

- **포커스 그룹**은 개별 인터뷰가 아닌 그룹 인터뷰이다. (신제품 개발 시, 특정 제품 영역에 대해 심층적 토론을 유도하면서 시장의 수요를 충족시키는 제품의 아이디어를 구상하고 대안을 모색하는 대표적인 질적 연구 방법의 하나로, 5~10명의 사람들을 동시에 인터뷰하는 방법) 포커스 그룹 연구는 주어진 주제에 대한 집단적 의견을 밝히는 것을 목표로 하는 자유로운 토론에 참가자를 참여시키는 것을 포함한다. 이러한 그룹의 참가자는 일반적으로 회사가 대화형 소셜 컨텍스트에서 탐색하고자 하는 관점, 통찰력 및 아이디어를 가진 회사의 표적 고객이다. 포커스 그룹은 일반적으로 토론의 요점을 유지하고 참가자가 제안한 잠재적으로 흥미로운 아이디어를 탐색하고 모든 참가자가 통찰력을 공유할 수 있는 기회를 갖도록 하는 역할을 하는 전문 진행자가 조정한다. 또한 진행자는 토론에 대한 의미 있는 해석을 제공하고 이를 회사가 해결하고자 하는 관리 문제와 관련시킬 수 있다. 일대일 인터뷰에 비해 포커스 그룹의 주요 이점은 그룹 토론의 사회적 상호 작용 특성에서 비롯된 더 광범위한 통찰력, 아이디

어 및 의견을 제공한다는 것이다. 포커스 그룹은 개인의 아이디어가 다른 사람에게 어떻게 받아들여질 수 있는지를 나타내는 사회적 역동성을 조명하며, 개별 인터뷰보다 빠르고 비용면에서도 매우 효율적이다. 단점은, 그룹 상호작용이 일부 아이디어를 지나치게 강조하고 다른 아이디어를 간과하는 방식으로 토론에 영향을 미칠 수 있다는 점이다.

• **활동 기반 연구**는 이야기를 만들기 위해 그림을 그리거나 일련의 이미지를 배열하는 것과 같은 특정 작업을 수행하도록 요청하여 사람들의 마음에 대한 통찰력을 얻으려고 한다. 이러한 방법은 사람들의 신념, 감정 및 동기가 말보다 행동으로 더 잘 포착된다는 생각에 근거를 두고 있다. 예를 들어, 연구 참가자는 자신의 삶의 특정 측면과 관련된 자신의 생각과 감정을 나타내는 그림을 수집하도록 요청받을 수 있다. 그런 다음, 이 사진은 심층 인터뷰의 기초로 사용되어 개인의 신념, 필요 및 선호도에 대한 더 나은 통찰력을 얻는데 사용된다. 이러한 연구는 표적 고객을 이해하기 위한 대안적 접근 방식을 제공하기 때문에, 활동 기반 연구는 종종 관찰 연구 및 인터뷰를 보완하는 데 사용된다.

컨셉
개발하기

Concept Development

나는 실패한 것이 아니라,

작동하지 않는 10,000가지 방법을 찾았을 뿐이다.

– 토머스 에디슨, 미국의 발명가이자 사업가 –

컨셉 개발은 잠재적으로 실행 가능한 아이디어를 구체화하여 회사 오퍼링의 초기 버전을 만드는 것을 목표로 한다.

실제 오퍼링을 개발하기 전에 오퍼링의 개념을 먼저 정리하는 궁극적인 목표는 시장의 성공 가능성을 개선하는 것이다. 이를 위해 컨셉 개발은 오퍼링의 핵심 이익에 대한 사람들의 반응을 평가하고, 그것의 시장 잠재력을 극대화하는 방식으로 오퍼링을 형성하는 것을 포함한다.

▌ 리스크 관리 프로세스로서의 컨셉 개발은?

신제품 개발의 주요 과제 중 하나는 신제품 출시와 관련된 불확실성을 관리하는 것이다. 불확실성은 실패의 위험을 증가시키기 때문에 리스크를 최소화하는 것이 신제품 개발의 핵심 중 하나이다.

신제품 개발에 수반되는 리스크는 크게 시장 리스크(market risk)와 기술 리스크(technology risk)로 구분할 수 있다:

- **시장 리스크**는 회사가 경쟁하고자 하는 표적 시장과 관련된 불확실성을 반영하며, 표적 시장을 정의하는 *5가지 C(고객, 협력자, 회사, 경쟁자 및 상황)* 중 일부 또는 전부를 포함할 수 있다. 따라서, 고객은 회사의 오퍼링이 매력적이지 않거나 고객 세그먼트가 오퍼링의 개발, 생산, 판촉 및 유통 측면에서 충분히 크지 않을 수 있다. 마찬가지로, 회사의 **협력자(공급업체, 유통업체 및 공동 개발자)**는 성공을 보장하는 데 필요한 지원을 할 만큼 개발할 오퍼링이 충분히 매력적이라고 생각하지 않을 수 있다. **회사**는 오퍼링을 개발하고 출시하는 데 필요한 자원을 확보하지 못할 수 있으며, **경쟁자**는 시장에 가장 먼저 진출하여 선도적인 이익을 얻거나, 경쟁자 회사의 기술을 모방하여 더 저렴하거나 기능적으로 더 우수한 오퍼링을 디자인할 수 있다. 또한 개발하고자 하는 오퍼링의 성공 여부는, 우수한 기술의 가용성, 변화하는 사회 문화적 추세, 제품 사양, 관세, 세금 및 수수료와 관련된 새로운 규정과 같은 **시장 상황**의 변화에 의해 부정적인 영향을 받을 수 있다.

• **기술적 리스크**는 새로운 제품의 기술적 실행 가능성과 관련된 불확실성이다. 예를 들어, 현재 사용 가능한 기술로는 원하는 제품 성능을 달성할 수 없고, 제품 설계가 원하는 기능과 호환되지 않을 수 있으며, 입증되지 않은 새로운 기술을 사용하면 제품 안정성이 저하될 수 있다. 기술적 리스크는 또한 새로운 오퍼링의 개발을 지연시킬 수 있으며, 이는 다시 고객의 니즈 및 선호도 변화, 새로운 경쟁자의 출현, 새로운 규정의 도입과 같은 시장 상황의 변화 위험을 증가시킬 수 있다. 컨셉 개발은 가장 효과적이고 자원 효율적인 방식으로 오퍼링을 디자인하여 시장 및 기술 리스크를 줄이는 것을 목표로 하며, 이를 위해 컨셉 개발은 오퍼링이 복잡할수록 오퍼링을 시장에 출시하는 데 더 많은 자원(시간, 자금, 노력)이 필요하다는 생각을 기반으로 해야 한다. 따라서, 위험을 최소화하기 위해 컨셉 개발에는 최종 오퍼링 개발에 추가 자원을 투자하기 전에 바람직함, 실현 가능성 및 실행 가능성을 결정하기 위해 상대적으로 적은 자원 투자가 필요한 단순화된 버전의 오퍼링 창출이 포함되는 경우가 많다.

▌ 프로토타이핑Prototyping이란?

컨셉 개발은 일반적으로 오퍼링의 핵심 기능에 대한 설명으로 시작하여, 보통 프로토타입(기본 형태를 의미하는 그리스어 $\pi\rho\omega\tau\square\tau\upsilon\pi\sigma\nu$에서 유래)이라고 하는 축소된 버전에서 끝이 난다. 프로토타입 개발은 최소한의 시간, 비용 및 노력 투자로 잠재적으로 실행 가능한 아이디어를 구체화하는 것을 목표로 하며, 회사 오퍼링의 축소 버전이기 때문에 프로토타입은 일반적으로 오퍼링의 핵심 기능(최소 실행 가능한 오퍼링)으로 제한되며 개념의 가장 중요한 측면을 다룬다.

성공적인 프로토타입 개발은 다섯 가지 기본 원칙을 따른다 : 작게 시작하고 (start small), 집중하고(stay focused), 단순하게 유지하고(keep it simple), 빠르게 실패하고(fail fast), 앞으로 실패한다(fail forward).

- **작게 시작하자** 일부 회사는 여러 고객의 니즈(때로는 관련이 없는 경우도 있음)를 해결하기 위해 설계된 웅장한 아이디어의 프로토타입을 시도하는 것으로 시작한다. 이 접근 방식의 문제는 복잡한 프로토타입을 개발하는 데 일반적으로 시간이 걸리고 상당한 자원이 필요하다는 것이다. 아이디어가 복잡할수록 프로토타입으로 디자인하고 테스트하는 것이 어렵고 비용이 많이 들며, 제작하는 데 시간이 오래 걸린다. 따라서, 기본 아이디어의 복잡성에 관계없이, 초기 프로토타입은 가장 중요한 고객 니즈를 충족하는 데 초점을 맞추어야 한다. 아이디어의 모든 측면을 구현하려고 하기보다는 이러한 니즈를 기반으로 구축해야 한다.

- **집중하자** 아이디어를 프로토타이핑하면 일반적으로 이를 수행할 수 있는 다양한 가능성이 열린다. 그러한 가능성이 제시되면 관리자는 집중력을 잃고 때로는 상호 배타적인 다양한 아이디어를 추구하게 될 수 있다. 결과적으로는 상대적으로 단순한 아이디어가 미미하게 관련된 프로젝트로 확장되면서 스위스 군용 칼과 유사한 제품으로 발전할 수 있다. 성공적인 컨셉 개발은 한 번에 하나의 아이디어를 프로토타이핑해야 한다.

- **단순하게 유지하자** 간단한 아이디어로 시작하여 계속 집중하면 프로토타입이 지나치게 복잡해질 수 있다. 위험을 최소화하기 위해 회사 오퍼링의 축소 버전을 개발하려는 프로토타입의 주요 목적보다 완벽에 대한 열망이 더 클 수 있기 때문이다. 다양한 부가 기능을 포함하여 프로토타입을 지나치게 복

잡하게 만드는 것은 일반적으로 역효과를 낳고 자원을 낭비하게 된다.

- **빠르게 실패하자** 실패를 목표로 삼는 것은 직관에 반하는 것처럼 보일 수 있지만, 결국 기업의 궁극적인 목표는 성공하는 것이다. 그러나, 프로토타입을 개발할 때 실패가 반드시 부정적인 결과는 아니다. 프로토타이핑의 목표는 완전히 실패하는 것을 피하는 것이 아니라 빠르게 실패하는 것이다. 즉, 회사가 오퍼링을 개발하기 위해 상당한 자원을 투입하기 전에 프로세스 초기에 실패하는 것을 의미한다. 실패를 통해 회사는 생각처럼 되지 않는 오퍼링의 측면을 식별하고 개선할 수 있다. 사실, 때때로 실패는 성공보다 훨씬 더 유익하다. 다시 한 번 오퍼링의 핵심 개념을 확인한 후, 회사는 오퍼링이 시장에서 제대로 작동하지 않는 사례를 파악하여 오퍼링의 성공 범위를 테스트함으로써 이익을 얻을 수 있다. 물론 핵심은 프로세스 초기에 충분히 실패하여 실패에서 얻은 통찰력을 바탕으로 더 나은 버전의 오퍼링을 개발하는 데 사용할 수 있도록 하는 것이다.

- **앞으로 실패하자** 신제품을 개발할 때 실패는 불가피한 부분이 있다. 실패 관리의 핵심은 실패를 오퍼링 개선에 도움이 될 수 있는 학습 경험으로 간주하여 실패를 극복하는 것이다. 토마스 에디슨의 말을 빌리자면, **'단지 어떤 것이 당신이 계획했던 대로 되지 않는다고 해서 그것이 쓸모없다는 것을 의미하지는 않는다'**는 것이다. 앞으로 실패한다는 것은 미래에 성공하기 위해 실패의 원인을 분석하고 실수로부터 배우는 것을 의미한다. 실수를 활용하기 위한 체계적인 접근법은 다음 장에서 논의하는 검증된 학습 방법을 보자.

▌최소 실행 가능 오퍼링이란?

컨셉 개발에는 종종 최소 실행 가능 오퍼링(핵심 고객 니즈를 충족하는 데 없어서는 안 될 핵심 기능만 포함하는 간소화된 버전의 오퍼링) 창출이 포함된다. 최소 실행 가능 오퍼링은 표적 고객이 찾는 주요 혜택을 제공할 수 있는 오퍼링의 가장 단순한 버전이다.

최소한의 실행 가능한 오퍼링 개발에 대한 대안(단순화된 버전을 이전에 테스트하지 않고 완전한 기능을 갖춘 전체 규모의 제품 개발)은 시장 및 기술 불확실성이 가장 높은 수준인 프로젝트 초기 단계에서 상당한 투자가 필요하다. 결과적으로, 회사는 시장에 대한 가설과 오퍼링의 기술적 타당성이 잘못된 것으로 판명될 경우 상당한 자원을 잃을 위험이 있다.

전체 규모 오퍼링 및 최소 실행 가능 오퍼링 개발의 리스크 및 자원

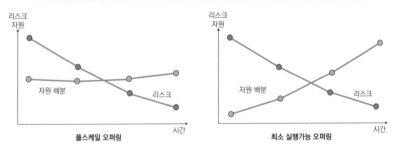

최소 실행 가능 오퍼링 방식은 불확실성과 실패 위험이 높은 프로젝트 초기 단계에서 자원 투자를 최소화하고 불확실성과 이에 상응하는 실패 위험이 감소함에 따라 오퍼링에 대한 투자를 점진적으로 늘리는 것을 목표로 한다. 전체 규모의 제품이나 서비스를 구축하는 위험을 감수하기보다는 상대적으로 단순한 버전의 오퍼링부터 시작하여 최종 버전을 개발하기 전에 이 버전의 유효성

을 검사하면 신제품 출시와 관련된 불확실성이 줄어든다.

위험을 최소화할 수 있는 잠재력 외에도 최소 실행 가능한 오퍼링을 개발하는 것의 중요한 혜택은 최종 오퍼링이 출시되기 훨씬 전에 수익 흐름을 제공할 수 있다는 것이다. 따라서, 최소 실행 가능 오퍼링은 수익을 창출하는 데 사용할 수 있는 최종 오퍼링의 핵심 모듈로 생각할 수 있으며, 이러한 수익원은 자금이 부족한 신생 기업에 생명선을 제공하고 대규모 조직에서 일하는 팀에는 더 큰 독립성을 제공할 수 있다.

실행 가능한 최소 오퍼링을 디자인하려면 표적 고객이 추구하는 주요 혜택을 이러한 혜택을 창출하는 데 필요한 자원과 비교하여 평가해야 한다. 이상적인 시나리오에서 고객이 찾는 주요 혜택은 가장 적은 자원이 필요한 것이지만, 대부분의 경우, 회사는 이러한 혜택을 창출하는 데 필요한 자원과 비교하여 혜택의 우선 순위를 지정해야 하며, 이를 위해 최소 실행 가능한 오퍼링의 개발은 **바람직함**(고객 매력), **실현 가능성**(달성 가능성) **및 실행 가능성**(기업 가치)을 최적화하는 것을 목표로 한다.

▌컨셉 검증이란?

컨셉 검증은 제안된 오퍼링의 기초가 되는 핵심 컨셉의 건전성을 평가한다. 컨셉 검증은 일반적으로 **오퍼링의 기술적 실현 가능성**과 **표적 고객의 눈에 보이는 바람직함**이라는 두 가지 요소를 다루며, 컨셉을 검증하기 위해 관리자는 다음과 같은 질문을 해야 한다:

- 오퍼링이 기술적으로 실현 가능한가?
- 오퍼링의 기능적 프로토타입을 구축할 수 있는가?
- 오퍼링의 완전한 기능 버전을 구축할 수 있는가?

- 오퍼링의 핵심 컨셉이 표적 고객에게 어필하는가?
- 식별된 고객 니즈를 대체 옵션보다 더 잘 처리하는가?
- 오퍼링의 다양한 속성이 고객 가치 창출에 최적화되어 있는가?

컨셉 검증은 일반적으로 이 컨셉을 수정하기 위해 제안된 컨셉의 주요 가설을 테스트하는 작업이 포함되며, 이를 검증된 학습이라고 한다. 검증된 학습은 시장을 관찰하고 충족되지 않은 니즈를 식별하는 것으로 시작하여 특정 아이디어(가설)를 공식화하고 오퍼링의 핵심 컨셉을 알아내는 프로토타입을 개발 및 테스트한 다음, 이 프로토타입을 테스트한다. 만족스럽지 못한 결과에 대해서는, 실패 원인을 분석하고 만족스러운 결과를 얻을 때까지 과정을 반복한다.

검증된 학습 방식

검증된 학습은 직감이 아닌 데이터를 기반으로 한다. 일반적으로 오퍼링의 다양한 속성을 변경하고 해당 속성이 실현 가능성과 바람직함에 미치는 영향을 평가하여 초기 개념을 최적화하는 것을 목표로 하는 **경험적 테스트**를 포함

한다. 예를 들어, 검증된 학습에는 가격을 변경하고 고객의 반응을 관찰하여 오퍼링의 최적 가격대를 식별하는 것이 포함될 수 있다.

개발 프로세스를 가이드하는 주요 가설을 검증하기 위한 실험과 결합된 단계별 오퍼링 개발은 검증된 학습 접근 방식의 특징이다. 많은 회사에서 선호하는 전형적인 접근 방식인 오퍼링을 개발하기 전에 모든 시장 조사를 수행하는 대신 검증된 학습은 오퍼링의 다양한 측면을 설계, 테스트 및 수정하는 반복 과정이다.

비즈니스 모델 개발의 다음 단계로 진행하려면, 회사는 회사 오퍼링의 기본 컨셉을 검증해야 한다. 컨셉을 검증할 수 없는 경우 회사는 컨셉을 중심으로 재정의해야 하고, 여러 번 반복한 후에도 컨셉을 확인할 수 없는 경우 회사는 한 걸음 물러나 기본 아이디어를 재평가해야 한다.

▌컨셉 개발의 시장 조사 도구란?

컨셉 개발 및 검증은 초기 가설(비즈니스 모델 개발의 아이디어 생성 단계에서도 사용됨)을 산출하는 **탐색적 연구**와 이러한 가설을 테스트하는 **실험적 연구**가 있다.

실험적 연구는 시장에서 인과 관계를 식별하는 것을 목표로 하고, 오퍼링 프로토타입의 하나 이상의 측면을 변경하고 이러한 변경이 오퍼링의 바람직함에 미치는 영향을 관찰한다. 관찰자가 수동적으로 정보를 수집하는 탐색적 연구와 달리, 실험적 연구는 다른 요인(예 : 바람직함 오퍼링)에 인과적 영향이 있는지 여부를 확인하기 위해 한 요인(예: 제품 디자인)을 변경하는 것을 포함한다. 실험은 인과 관계를 확립하는 데 사용되는 주요 방법이기 때문에, 인과 연구와 실험 연구라는 용어는 종종 같은 의미로 사용된다.

실험은 거짓 관계와 인과 관계를 구별하는 데 도움이 될 수 있기 때문에 중요하다. 인과 관계는 한 요인의 변화가 필연적으로 다른 요인의 변화로 이어지는 관계를 포함한다. 예를 들어, 대부분의 제품에서 가격을 낮추면 고객 수요와 판매량이 증가한다.

대조적으로, 거짓 관계는 이 관계가 인과적이라고 주장하지 않고 두 개 이상의 요인이 동일한 패턴을 따른다는 것을 나타낸다. 예를 들어, 회사는 새로운 광고 캠페인을 시작한 후 오퍼링에 대한 수요가 극적으로 증가했음을 관찰할 수 있지만, 이것은 새로운 캠페인이 고객 수요의 증가를 야기했다고 결론을 내리기에는 불충분하며, 이는 새로운 광고 캠페인과 동시에 발생한 가격 하락으로 인해 발생했을 수 있다. 따라서, 하나의 이벤트가 다른 이벤트보다 선행한다는 단순한 사실(예: 광고 캠페인의 시작이 고객 수요 증가에 선행함) 자체만으로는 인과 관계를 주장하기에는 불충분하다. 실험만이 관심 요인 간의 관계에 영향을 줄 수 있는 다른 변수를 통제함으로써 인과 관계를 증명할 수 있다.

실험은 적어도 두 가지 조건, 즉 비교의 기준으로 사용되는 통제 조건과 관심 요인의 영향을 측정하는 데 사용되는 실험 조건을 포함하기 때문에 실험 연구를 종종 A/B 테스트라고 한다.

비즈니스 모델
디자이닝 하기

Business Model Design

창의성은 새로운 것을 생각하는 것이다.

혁신은 새로운 일을 하는 것이다.

– 테오도버 레빗, 마케팅 근시 저자 –

실행 가능한 컨셉의 개발 다음에는 오퍼링이 시장 가치를 창출하고 포착하는 방법을 설명하는 비즈니스 모델의 디자인이다. 기술적 실현 가능성과 오퍼링의 바람직함에 초점을 맞추는 컨셉 개발과 달리 비즈니스 모델 디자인은 오퍼링의 실행 가능성, 즉 회사를 위해 가치를 창출하는 오퍼링의 능력에도 초점을 맞춘다.

▎비즈 모델 디자이닝이란?

비즈니스 모델 디자이닝에는 표적 시장을 식별하고, 해당 시장에서 제공하는 가치 제안을 설명하고, 시장 오퍼링의 주요 속성을 기술하는 것이 포함된다.

- **표적 시장**은 회사가 제공하는 오퍼링이 가치 창출을 목표로 하는 시장을 식별한다. 표적 시장을 정의하는 것은 **표적 고객, 경쟁자, 협력자, 회사 및 이러한 주체들**이 상호 작용하는 상황을 식별하는 것과 관련된다.
- **가치 제안**은 회사가 표적 시장에서 창출하고 확보하고자 하는 가치를 정의한다. 가치 제안을 정의하는 것은 회사가 포착한 가치 뿐만 아니라 **표적 고객 및 협력자를 위해 회사가 창출하는 가치를 식별하는 것**과 관련된다.
- **시장 오퍼링**은 회사가 시장에 도입하려는 실제 상품의 주요 속성을 설명한다. 시장 오퍼링을 정의하는 것은 오퍼링의 **제품, 서비스, 브랜드, 가격, 인센티브, 커뮤니케이션 및 유통 측면**을 설명하는 것과 관련된다.

비즈니스 모델 디자인은 회사가 경쟁하고자 하는 시장과 회사 오퍼링이 선택한 시장에서 가치를 창출하고 포착하는 방법을 식별하는 밸류 맵을 개발해야 한다. 시장 밸류 맵에는 회사의 오퍼링이 고객, 협력자 및 이해 관계자를 위한 가치를 창출하는 방식을 설명하는 일련의 특정 밸류 맵이 포함될 수 있다.

비즈니스 모델 디자이닝

표적 시장
- 고객
- 협력자
- 회사
- 경쟁자
- 상황

시장 오퍼링
- 제품
- 서비스
- 브랜드
- 가격
- 인센티브
- 커뮤니케이션
- 유통

가치 제안
- 고객 가치
- 협력자 가치
- 회사가치

↑
전략

↑
전술

가치 제안 개발과 고객, 회사 및 협력자 밸류 맵 작성 프로세스와 관련된 주요 원칙은 이 책의 앞부분에서 자세히 설명했다.

▌비즈 모델 검증이란?

비즈니스 모델 검증은 오퍼링이 시장 가치를 창출하는 능력을 평가한다. 오퍼링의 성공은 표적 고객, 협력자 및 회사를 위해 가치를 창출할 수 있는 정도에 따라 결정되기 때문에 비즈니스 모델 검증은 세 가지 질문을 해결해야 한다.

- 오퍼링이 표적 고객을 위한 가치를 창출하는가? 오퍼링이 대체 옵션보다 고객 니즈를 더 잘 충족하는가?
- 오퍼링이 회사의 협력자를 위한 가치를 창출하는가? 오퍼링이 회사의 협력자가 다른 옵션보다 목표를 더 잘 달성할 수 있도록 지원하는가?

- 오퍼링이 회사에 가치를 창출하는가? 오퍼링을 통해 회사는 대체 옵션보다 목표를 더 잘 달성할 수 있는가?

오퍼링이 세 시장 주체 중 어느 하나에 대해 우수한 가치를 창출하지 못하는 경우, 비즈니스 모델을 거부하고 재정의해야 한다. 여러 번 반복한 후에도 모델을 검증할 수 없으면 기본 개념을 다시 정의해야 한다.

세그웨이Segway, 개인 운송 수단은 비즈니스 모델 검증의 중요성을 보여준다. 도시 지역에서 궁극적인 운송 수단으로 설계된 이륜, 자동 균형, 배터리 구동 전기 자동차는 수동 조향 장치가 아닌 라이더의 신체 움직임에 의해 제어된다.

세그웨이(그 이름은 순조로운 전환을 의미하는 segue라는 단어에서 파생됨)는 기술적 경이로움이었다. 두 개의 전기 모터와 컴퓨터가 제어하는 여러 자이로 센서로 추진되는 세그웨이는 보행자보다 4배 빠른 속도로 앞으로 나아가면서 거의 완벽한 균형을 유지할 수 있었다.

세그웨이는 언론의 큰 화제 속에 소개되었다. 스티브 잡스는 그것이 PC만큼 큰 비지니스라고 말한 것으로 알려졌고, 아마존과 구글 뒤에 있는 영리한 벤처 투자가인 존 도어는 세그웨이가 역사상 어떤 회사보다 더 빨리 10억 불의 매출에 도달할 수도 있다고 예측하면서 인터넷보다 더 클 수도 있다고 추측했다. 세그웨이의 설립자인 딘 카멘은 일주일에 1만 대의 판매를 예상했는데, 이는 첫해에 50만 대의 세그웨이 수송기를 판매하는 것을 의미했다.

하지만 이 두 예측 모두 실현되지 않았다. 선보인 지 6년 만에 세그웨이는 당초 예상과 크게 다른 3만 대를 판매했고, 2015년 경쟁사 중 하나인 중국의 교통 로봇 스타트업 나인봇Ninebot에 인수되었다.

뭐가 잘못됐는가? 세그웨이의 실패 이유는 비즈니스 모델의 근본적인 결함으로 볼 수 있다.

세그웨이는 초기에 홍보는 잘했지만, 그것을 어디에 사용해야 할지가 분명하지 않았다. 보도에서 타는 것은 많은 보행자들을 위협했고 거리에서 타는 것은 라이더에게 위험을 초래했다.

세그웨이를 어디에 주차할지도 불분명했다. 게다가, 개인용 교통수단으로 불렸음에도 불구하고 100파운드 무게는 운반하기에는 너무 무거웠고 자동차 트렁크에 넣기에도 너무 크고 번거로웠다. 세그웨이는 또한 사용하기에 익숙하지 않아서 때때로 사람들을 넘어지게 했다(조지 W. 부시 전 미국 대통령, 토크쇼 진행자 엘렌 드제너러스와 저널리스트 피어스 모건 등이 넘어졌으며, 그리고 세그웨이 회사의 소유주는 세그웨이의 통제력을 잃고 절벽에서 떨어져 죽었다).

처음에 멋진 참신함으로 여겨졌던 세그웨이는 곧 많은 사람들에게 조롱거리가 되었다. 사람들은 그것을 어떻게 받아들여야 할지 몰랐다. 자전거와 달리 라이더의 활동이 전혀 필요 없고, 자동차에 비해서는 속도가 너무 느렸다. 세그웨이는 가장 게으른 교통수단으로 여겨져 많은 소비자들의 공감을 받았으며, 세그웨이를 타는 것은 어떤 사람들을 괴짜처럼 느끼게 했고, 또 다른 사람들은 그러한 화젯거리가 되는 것을 불편하게 생각했다.

세그웨이의 가격도 인기에 기여하지 않았다. 괜찮은 중고차 가격인 약 5,000불에 달하는 세그웨이는 상대적으로 단순해 보이는 장치가 왜 그렇게 비싼지 이해할 수 없는 대부분의 소비자에게 너무 비쌌고, 대부분의 표적 고객에게 손이 닿지 않는 고가의 장난감으로 간주되었다.

요약하면, 세그웨이는 세 가지 주요 차원에서 고객 가치를 창출하지 못했다. 그것은 위험한 것으로 인식되었고 주변을 돌아다니는 어리석은 방법으로 조롱 당했다(심리적 가치 창출에 실패함). 일반 소비자에게는 너무 비쌌으며(금전적 가치 창출 실패), 꼭 가지고 있어야 하는 이동 수단이 아니라 가지고 있으면 좋은 장난감으로 여겨졌다. 경찰, 경비원, 창고 직원 및 여행사에 의해 산업 및 차량 응용 프로그램에 사용되었지만, 세그웨이는 제작자가 예측한 대량 판매를 달성하지 못했다.

혁신적인 기술과 연구 개발에 1억 불 이상의 투자에도 불구하고 세그웨이는 사업 실패로 끝났다. 세그웨이가 실패한 것은 기술이 아니라, 고객에게 실행 가능한 가치 제안을 제공하지 못한 결함이 있는 비즈니스 모델이었다는 점이다. 세그웨이 사례는 건전한 비즈니스 모델이 없으면 가장 독창적인 혁신도 시장에서 실패할 수밖에 없다는 것을 다시 한번 보여준다.

▌비즈니스 모델 디자이닝의 시장 조사 도구란?

비즈니스 모델 검증에는 **탐색적, 실험적**(둘 다 비즈니스 모델 개발의 아이디어 생성 및 개념 개발 단계에서도 사용됨) 및 **서술적**(descriptive)의 세 가지 유형의 시장 조사가 포함될 수 있다.

서술적 연구는 표적 시장에 대한 정량화 가능한 정보와 회사의 고객, 협력자 및 경쟁자가 회사의 오퍼링에 반응할 가능성이 있는 방식을 제공하기 위해 탐색적 및 실험적 연구를 기반으로 한다.

서술적 연구는 비즈니스 모델 개발의 초기 단계에서 사용되는 탐색적 및 실험적 연구와 유사하다. 그러나, 시장에 대한 질적 정보를 수집하거나 다양한 시장 요소 간의 인과 관계를 확립하는 것을 목표로 하는 탐색적 및 실험적 연구와 달리, 서술적 연구는 양적 정보를 수집한다. 따라서, 서술적 연구는 **주어진 시장의 규모, 회사의 표적 고객의 인구통계학적 특성, 경쟁 오퍼링의 시장 위치, 회사가 달성할 수 있는 판매량에 대한 정보**를 제공할 수 있다.

수행되는 방식에 따라 서술적 연구가 일차적일 수도 있고 이차적일 수도 있다. 1차 연구는 회사가 관심 있는 특정 질문을 해결하기 위한 자료를 수집하기 위해 회사에서 수행하는 독창적인 연구이다.

대조적으로, 2차 연구는 다른 주체(시장 조사 회사, 학술 기관 또는 정부 기관)에서 이미 수집한 기존 데이터를 검색하고 분석하는 것이다.

1차 연구를 수행할 때 얻을 수 있는 주요 이점은 회사의 요구 사항에 따라 다르고 회사에 특히 관심이 있는 질문을 해결하는 데 도움이 될 수 있는 최신 정보를 제공한다는 것이다. 단점은 기본 연구를 수행하는 데 상대적으로 비용이 많이 들고 시간이 많이 걸리는 경향이 있다는 것이다.

반면에, 2차 연구는 상대적으로 저렴하고 빠르며, 구식이거나 회사가 해결하려는 특정 질문과 직접적인 관련이 없는 자료를 사용하는 비용으로 얻을 수 있다는 이점이 있다.

　진정으로 참신한(세상에 새로운) 오퍼링을 출시할 때 특히 중요한 사항은 시장 규모와 고객이 제품을 채택할 가능성이 높은지, 낮은지를 예측하는 것이다. 이러한 경우, **유추에 의한 예측**을 사용하여 채택을 추정할 수 있다.

　이 접근 방식은 기능적으로 유사한 기존 제품과 새로운 제품을 비교하는 접근 방식이다. 예를 들어, 평면 스크린, 고화질, 3D 텔레비전과 같은 아날로그 제품의 채택을 검토하여 4K 텔레비전의 채택을 예측할 수 있다. 유추에 의한 예측의 핵심은 새로운 오퍼링과 기능적으로 유사하고 동일한 시장 규모와 채택 속도를 가질 가능성이 있는 기존 오퍼링을 식별하는 것이다.

비즈니스 모델
집행하기

Business Model Implementation

생각은 쉽고, 행동은 어렵고, 자신의 생각을
행동으로 옮기는 것이 세상에서 가장 어려운 일이다.

– 요한 볼프강 폰 괴테, 독일 철학자 –

비즈니스 모델 집행은 비즈니스 모델을 시장 현실로 전환하는 과정이며, 이 과정에는 비즈니스 모델을 실행하는데 필요한 **자원 개발, 오퍼링 개발**, 선택한 시장에서 **오퍼링 배포,** 전체 표적 시장에서 **오퍼링 가용성 확장**의 네 가지 주요 단계가 포함된다.

▌자원 개발은?

기업의 시장 성공은 비즈니스 모델을 구현하는 데 필요한 자원을 확보하는 데 달려 있다. 비즈니스 모델을 설계할 때 회사는 일반적으로이 모델이 성공하는 데 필요한 자원들을 보유하고 있지만 일부는 보유하지 않을 수 있다. 비즈니스 모델이 완성되고 나면 다음 단계는 필요한 자원을 개발하는 것이다.

자원 개발에는 비즈니스 모델의 실행 가능성을 보장하는 것을 목표로 하는 다양한 활동이 포함될 수 있다.

- 제조(예 : 생산 장비), 서비스(예 : 콜 센터) 및 정보 기술 인프라를 포함한 비즈니스 시설 개발.
- 회사가 오퍼링을 만드는 재료의 조달을 보장하기 위한 공급망 개발.
- 관련 기술, 운영 및 비즈니스 전문 지식을 갖춘 숙련된 직원을 채용, 교육 및 유지.
- 회사 비즈니스 모델의 다양한 측면을 구현하기 위한 관련 지식(노하우) 개발.
- 플랫폼 역할을 할 수 있는 관련 제품, 서비스 및 브랜드를 개발하고 새로운 오퍼링을 위한 생태계를 만들기.
- 표적 고객에게 회사의 오퍼링을 알리는 커뮤니케이션 채널을 개발.
- 오퍼링을 고객에게 제공할 유통망 개발.
- 비즈니스 모델의 집행을 수행하는데 필요한 재원의 가용성을 보장하기 위해 자본에 대한 접근성을 제공.

대부분의 회사는 비즈니스 모델을 집행하는 데 필요한 모든 자원을 가지고 있지 않으며, 두 가지 전략을 추구할 수 있다. 이러한 자원을 스스로 개발(확보)하거나, 다른 기업과 관계를 구축하여 자원를 얻을 수 있다. 이때 다른 기업은 필요한 자원을 보유하고 있으며 자사의 오퍼링을 개발, 조달, 제조, 유통 및 홍보하기 위해 협력할 의향이 있는 기업을 말한다.

▌오퍼링 개발은?

오퍼링 개발에는 오퍼링 컨셉(프로토타입)을 시장 준비 오퍼링으로 전환하는 작업이 포함되며, 실제 제품 및 서비스 생성, 브랜드 구축, 소매 및 도매 가격 설정, 판매 촉진, 커뮤니케이션 및 유통망 구축이 포함된다.

새로운 오퍼링 개발은 일반적으로 회사의 비즈니스 모델을 구현하는 데 필요한 자원 개발을 따르며, 제품을 개발, 조달, 제조, 홍보 및 유통하기 위해 회사 자원(자체 및 협력자)의 전개(deployment)가 포함된다.

시장 오퍼링 개발

관련 자원	자원 배치	자원 배치		
오퍼링 디자이닝	회사 활동	제품	서비스	브랜드
오퍼링 커뮤니케이션	협력자 활동	가격	인센티브	
		커뮤니케이션	유통	

오퍼링 개발의 중요한 측면은 회사 및 협력자 자원의 전개를 조정하고 자원 전개 시기를 최적화하여 시장 영향을 최대화하는 것이다. 오퍼링 개발의 핵심 구성 요소는 자원 속도(회사 오퍼링의 개발 및 관리를 지원하기 위해 자원을 전개해야 하는 속도)를 관리하는 것이며, 회사가 경쟁하는 시장이 역동적일수록 이 시장에서 성공하는 데 필요한 자원 속도가 높아진다.

▌시장 전개(market deployment)는?

시장 전개에는 표적 고객에게 회사의 오퍼링에 대해 알리고 이러한 고객이 오퍼링을 사용할 수 있도록 하는 것이 포함된다. 대규모적인 출시는 더 큰 불확실성과 더 높은 비용과 관련이 있기 때문에, 회사는 모든 표적 고객에게 오퍼링을 소개하기 전에 일부 선택된 시장에서 제품을 먼저 출시하는 경우가 많다.

선택적 시장 전개는 자연 환경에서 오퍼링을 테스트하고 표적 고객, 경쟁사 및 회사 협력자가 오퍼링에 어떻게 반응하는지 관찰하는 것을 목표로 한다. 규모가 작기 때문에, 선택적인 시장 전개를 통해 회사는 시장 영향을 극대화하기 위해 오퍼링의 다양한 측면을 보다 빠르게 조정할 수 있다.

오퍼링의 초기 전개의 초점이 되는 표적 고객의 하위 집합을 **주요 표적** (primary target)이라고도 하며, 일반적으로 회사가 처음에 비즈니스 모델의 실행 가능성을 입증하고, 오퍼링을 미세 조정하며, 수익 흐름을 생성하기 위해 쉽게 달성할 수 있는 목표이다.

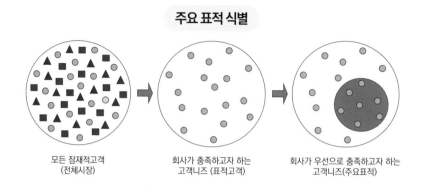

주요 표적 식별

모든 잠재적고객
(전체시장)

회사가 충족하고자 하는
고객니즈 (표적고객)

회사가 우선으로 충족하고자 하는
고객니즈(주요표적)

주요 표적의 선택은 **표적의 매력, 자원 효율성 및 규모의 충분성**이라는 세 가지 핵심 요소에 의해 좌우된다.

- **표적 매력도**는 특정 시장의 고객이 회사의 오퍼링을 채택할 가능성이 있는 정도를 나타낸다. 오퍼링을 채택할 가능성에 따라 고객의 우선순위를 지정하는 것은 일반적으로 저항이 가장 적은 경로를 따른다. 따라서, 고객이 회사의 오퍼링을 가장 먼저 채택할 가능성은 고객이 *(1)오퍼링이 해결하려는 요구를 가지고 있는지, (2)이 요구를 해결이 필요한 문제인 고충으로 보는지, (3)이 문제를 해결할 방법을 적극적으로 모색하는지* 여부에 따라 달라진다. 세 가지 조건이 모두 충족되는 고객은 회사의 오퍼링을 채택할 가능성이 가장 높으므로, 주요 표적으로 선택될 가능성도 가장 높다. 첫 번째 조건만 충족되는 고객, 즉 회사 오퍼링의 혜택을 누릴 수 있지만, 현재 상황에 만족하는 고객은 주요 표적으로 선정될 가능성이 가장 낮다.

저항이 가장 적은 경로

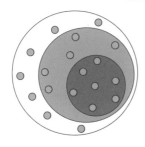

□ 미충족니즈를 가진 고객
(모든 표적고객)

■ 충족되지 않은 니즈를
해결해야 할 문제로 인식하는 고객

■ 문제에 대해 적극적으로
해결책을 모색하는 고객

저항이 가장 적은 경로

- **자원 효율성**은 표적 고객에게 오퍼링을 알리고 제공하는 데 필요한 회사 자원이다. 주요 표적을 선택할 때 회사는 종종 이러한 고객에게 오퍼링을 효과적이고 비용 효율적으로 알리고 제공할 수 있는 회사의 능력에 따라 **최소 자원 경로**를 따른다. 예를 들어, 회사는 고객이 회사 브랜드를 이미 알고 있고 회사가 이러한 고객에게 도달할 수 있는 유통망을 가지고 있다는 사실을 기반으로 주요 표적을 선택할 수 있다.

저항이 가장 적은 자원

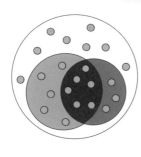

□ 미충족니즈를 가진 고객
(모든 표적고객)

■ 충족되지 않은 니즈를
해결해야 할 문제로 인식하는 고객

■ 문제에 대해 적극적으로
해결책을 모색하는 고객

자원이 가장 적은 경로

- **규모 충분성**은 회사의 관점에서 표적 시장이 실행 가능하도록 보장하는 데 필요한 주요 시장의 최소 크기이다. 주요 시장의 선택은 최소한의 **실행 가**

능한 표적(제품의 생산, 판촉 및 유통에 드는 회사의 비용을 상쇄하는 데 필요한 수익을 창출하기에 충분한 규모의 표적 고객의 가장 작은 하위 집합)의 평가를 통해 용이해질 수 있다.

주요 표적은 저항이 가장 적은 경로, 자원이 가장 적게 드는 경로 및 실행 가능한 최소 규모 사이의 중복이다. 따라서, 새로운 오퍼링을 전개하기 위한 주요 표적을 선택할 때, 회사는 **(1)고객이 적극적으로 해결하고자 하지만 해결되지 않은 문제가 있는 시장, (2)회사에서 쉽게 도달할 수 있는 시장, (3)회사가 목표를 달성할 수 있을 만큼 충분히 큰 시장**에 초점을 맞추어야 한다.

▌시장 확장은?

시장 확장에는 회사의 오퍼링이 가치 창출을 목표로 하는 모든 고객을 포함하기 위해 주요 표적을 넘어서는 것이다. 시장 확장은 주요 표적 시장에서 오퍼링을 성공적으로 전개한 후의 논리적인 다음 단계이다.

주요 표적 시장을 넘어 확장하려면 회사는 **(1)오퍼링의 생산과 관련된 작업을 확장하고, (2)모든 표적 고객에게 오퍼링을 홍보하고, (3)오퍼링을 전체 표적 시장에 걸쳐 사용할 수 있는지 확인**해야 한다. 시장 확장 과정에서 회사는 일반적으로 저항이 가장 적은 경로와 자원이 가장 적은 경로를 따라 위쪽 upstream으로 이동한다. 즉, 오퍼링의 가치를 즉시 인식할 가능성이 적고 도달하기가 더 어려운 고객에게 다가가는 것을 목표로 한다. 결과적으로, 시장 확장에 관련된 시간, 노력 및 자원은 초기 시장 전개에 관련된 시간을 초과할 가능성이 있다.

더 넓은 시장은 다양한 니즈와 선호도를 가진 고객을 포함하는 경향이 있기 때문에, 시장 확장은 종종 단일 오퍼링에서 고객의 다양한 니즈와 선호도에 맞춘 오퍼링을 포함하는 제품 라인으로의 전환을 포함한다. 따라서, 회사는 가장 가능성이 높은 사용자를 대상으로 하는 단일 오퍼링으로 시작하고 시간이 지남에 따라 더 넓은 시장으로 확장하면서 표적 시장 내의 다른 고객에게 어필할 가능성이 있는 오퍼링의 변형을 도입할 수 있다.

여기에는 시장 확장과 관련된 회사 오퍼링의 종류가 증가함에 따라 더 넓은 시장에서 이러한 오퍼링의 성공을 보장하기 위한 추가 자원이 필요하다.

3

실용적인 툴 박스 살펴보기

표적 고객 식별은
가치 창출이다

Identifying Target Customers

당신의 재능과 세상의 필요가 교차하는 곳에

당신의 소명이 있다.

– 아리스토텔레스,그리스 철학자 –

타겟팅은 회사가 오퍼링을 맞춤화할 고객을 식별하는 것을 목표로 하고, 개별 고객, 공동 결정을 내리는 고객 그룹, 또는 유사한 니즈를 가진 여러 고객으로 구성된 시장 세그먼트[2]가 포함될 수 있다. 표적 고객을 식별하는 과정의 기

---

2 **세그먼트** : 분할. 전체 길이를 같은 크기의 여러 개 구간 또는 부위로 나누었을 때 한 개 구간 또는 부위. 분할(구분)하다, 가르다, 나누다 등에 쓰인다.

본 원칙은 **가치 창출**이다. 회사는 표적 고객을 위해 가치를 창출할 수 있어야 하며, 표적 고객은 회사를 위해 가치를 창출할 수 있어야 한다.

▌전략적 및 전술적 타겟팅이란?

표적 고객을 식별하는 데는 **전략적 및 전술적**이라는 두 가지 구성 요소가 있다. 전략적 타겟팅은 회사가 고객을 위해 창출하고 포착하려는 가치를 기반으로 서비스를 제공해야 하는 고객을 식별하는 것이고, 전술적 타겟팅은 오퍼링을 전달하고 제공하기 위해 회사가 전략적으로 실행 가능한 고객에게 도달할 수 있는 방법을 식별하는 것이다.

전략적 타겟팅

전략적 타겟팅은 회사가 오퍼링을 통해 충족하려는 구체적인 **고객의 니즈를 식별**하는 것이다. 예를 들어, 우버는 편리한 교통에 대한 고객의 요구를 충족시키는 것을 목표로 하고, 그루폰은 비용 절감에 대한 고객의 요구를 충족시키는 것을 목표로 하며, 스타벅스는 고객의 니즈에 맞는 다양한 고품질 커피 음료를 제공하고, 와비 파커는 고객의 패션 감각에 어필하는 저렴한 디자이너 안경테를 제공하는 것이 목표다.

전략적 타겟팅에는 오퍼링의 혜택과 고객의 니즈에 더 잘 맞도록 시장 규모를 조정하는 것이 포함된다. 다양한 니즈를 가진 다양한 고객에게 어필하려는 오퍼링으로 전체 시장을 포용하려고 시도하는 대신, 구체적인 니즈에 맞게 오퍼링을 조정하여 일부(표적 고객) 고객에게 더 나은 서비스를 제공하기 위해 잠재적 고객(표적 고객이 아닌)을 무시하는 결정을 해야 하는 경우를 말하는 것이다.

의도적으로 일부 잠재 고객을 포기하기로 결정하는 것은 회사가 내려야 하는 가장 중요하면서도 동시에 가장 어려운 결정 중 하나이다. 많은 기업들이 시장의 폭을 희생하지 않고 자사 제품이 우수한 가치를 창출할 수 있는 고객에게만 집중하기 때문에 실패한다.

의미 있는 타겟팅의 핵심은 회사가 서비스를 제공하고자 하는 고객 뿐만 아니라 제공하지 않는 고객도 식별하는 것이다. 다른 고객에게 더 나은 서비스를 제공하기 위해 일부 고객을 희생하지 않고서는 실행 가능한 비즈니스 전략이 불가능하다는 사실을 알아야 한다.

전략적 타겟팅 : 고객의 니즈 파악

고객 니즈 — 전략적으로 실행 가능한 고객

고객 니즈 — 회사가 타겟으로 삼지 않은 구매자

전략적 타겟팅은 고객 가치를 창출하고 포착하는 회사의 능력을 반영하기 때문에 전략적으로 실행 가능한 고객을 식별하는 것이 제품 성공의 열쇠이지만, 니즈를 기반으로 표적 고객을 식별하는 것은 심각한 단점이 있다. 고객 니즈는 쉽게 파악할 수 없다. 때문에, 회사의 오퍼링을 알리고 제공하기 위해 조치를 취하기가 어렵다.

예를 들어, 특정 시점에 편리한 교통이 필요한 고객(우버), 비용을 절약하기 위해 기꺼이 노력하는 고객(그루폰), 특정 장소에서 카페인 음료를 원하는 고객(스타벅스), 디자이너 안경에 관심이 있는 고객(와비파커)을 정확하게 식별하기는 매우 어렵기 때문이다.

특정 요구 사항이 있는 고객을 식별하는 것을 종종 **식별 문제**라고 한다. 여기서 쟁점은 회사가 오퍼링을 통해 충족하고자 하는 니즈를 가진 전략적으로 실행 가능한 고객에게 도달할 수 있는 방법을 식별할 수 없으면, 오퍼링을 알리고 모든 고객이 이용할 수 있도록 해야 한다는 것인데, 대부분의 경우 효과적이지도 비용 효율적이지도 않은 접근 방식이다. 식별 문제를 해결하기 위해, 회사는 관찰할 수 없는 고객 니즈를 관찰 가능한 특정 고객 특성과 연결하여 효과적이고 비용 효율적인 방식으로 오퍼링을 알리고 제공할 수 있도록 해야 하며, 이 프로세스를 **전술적 타겟팅**이라고 한다.

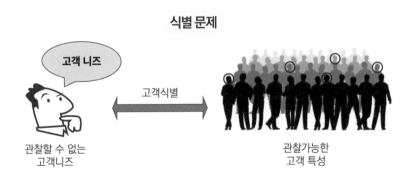

식별 문제

고객 니즈

고객식별

관찰할 수 없는
고객니즈

관찰가능한
고객 특성

전술적 타겟팅

전술적 타겟팅은 회사가 관찰 가능한 고객 특성을 충족시키려는 필요성을 연결함으로써 전략적으로 실행 가능한 고객에게 오퍼링을 알리고 제공하는 효과적이고 비용 효율적인 방법을 식별하며, 이러한 관찰 가능한 요인(고객 프로파일이라고 함)은 **인구 통계, 지리적, 행동 및 심리**(사이코그래픽)의 네 가지 유형의 서술자(descriptors)를 포함한다.

- **인구 통계학적 요인**에는 연령, 성별, 소득, 직업, 교육 수준, 종교, 민족, 국적, 고용 상태, 인구 밀도(도시 또는 농촌), 사회 계층, 가구 규모 및 삶의 단계와 같은 고객의 서술적 특성이 포함된다. 예를 들어, 일반적으로 사용되는 인구통계학적 요인 중 하나는 베이비 붐 세대(1946~1964) : X세대(1965~1981) : 밀레니얼 세대라고도 불리는 Y세대(1982~2000) : Z세대(2001~현재)이다. 표적 고객이 개인이 아닌 회사인 경우 규모, 조직 구조, 산업, 성장, 매출 및 수익성과 같은 기업 통계라고 하는 요소로 식별할 수 있다.

- **지리적**(지리적 위치) **요인**은 고객의 물리적 위치를 반영한다. 표적 고객이 누구인지 설명하는 인구 통계 자료와는 다르게, 지리적 자료는 이 고객이 어디에 있는지를 설명한다. 고객이 거주하는 국가 및 지역을 포함하여 고객의 거주지와 같은 일부 지리적 지표는 더 오래 지속되는 반면, 특정 시점에서 고객의 현재 위치와 같은 다른 지표는 동적이며 시간이 지남에 따라 자주 변경된다. 개별 고객과 고유하게 연결되어 있고 고객의 위치를 정확히 파악할 수 있는 모바일 기기의 확산으로 인해 타겟팅에서 지리적 요소의 중요성이 크게 증가했다.

- **행동적 요인**은 고객의 행동을 반영한다. 일반적인 행동적 요인에는 회사 오퍼링에 대한 고객의 이전 경험(예 : 해당 범주에 새로운 고객, 경쟁사의 고객, 현재 고객 또는 충성도가 높은 고객), 오퍼링을 구매하는 빈도, 일반적으로 구매하는 수량, 가격 민감도, 회사 판촉 활동에 대한 민감도, 충성도, 구매 방식(온라인 또는 오프라인), 자주 사용하는 소매점, 결정 과정에서의 역할(예 : 개시인, 영향력 행사자, 결정자, 구매자 또는 사용자), 고객 의사 결정의 단계가 포함된다. 또한 고객이 신제품에 대해 배우고, 친목 도모 활동을 하며, 여가 시간을 보내는 방식도 포함될 수 있다.

- **심리적 요인**은 도덕적 가치, 태도, 관심사 및 생활 방식을 포함하여 개인의 성격 측면을 반영한다. 사이코그래픽은 표적 고객의 관찰 가능한 특성과 관찰 불가능한 특성을 연결한다는 점에서 인구통계학적, 지리적, 행동적 요인과 다르다. 가치관, 태도, 관심사 및 라이프 스타일은 개인에게 직접 물어봄으로써 확인할 수 있지만, 사이코그래픽은 쉽게 관찰할 수 없으며 대신 고객의 관찰 가능한 특성 및 행동에서 추론된다. 예를 들어, 스포츠에 대한 고객의 관심(심리학적 요인)은 스포츠 잡지 구독, 스포츠 프로그램 시청, 헬스클럽 회원권, 스포츠 장비 구매와 같은 고객의 행동을 관찰하여 추론할 수 있다.

사이코그래픽은 쉽게 관찰할 수 없기 때문에, 회사가 달성하고자 하는 고객의 요구와 유사하다. 그러나, 회사가 오퍼링을 통해 충족하고자 하는 특정 고객 요구와 달리, 사이코그래픽스는 대부분의 경우 회사 오퍼링과 직접적인 관련이 없는 개인의 태도에 대한 보다 일반적인 서술이다. 예를 들어, 스포츠에 대한 고객의 선호도가 반드시 이 고객이 새 테니스 라켓을 필요로 한다는 것을 의미하지는 않는다. 따라서, 사이코그래픽스는 표적 고객(인구 통계, 지리적 위치 및 행동)을 설명하는 쉽게 관찰할 수 있는 요소와 회사의 오퍼링이 충족하고자 하는 관찰할 수 없는 고객 요구 사이의 가교(bridge)로 볼 수 있다.

온라인 커뮤니케이션과 전자 상거래의 확산으로 고객의 도덕적 가치, 태도, 관심사 및 라이프 스타일에 쉽게 접근할 수 있게 되면서 사이코그래픽스의 중요성이 높아졌다.

페이스북, 구글 및 트위터와 같은 소셜 미디어 회사는 고객의 인구 통계, 지리 및 행동 자료를 사용하여 실행 가능한 사이코그래픽 고객 프로파일을 구성할 수 있게 됐다. 개인의 인구통계학적, 지리적, 행동적 프로파일을 도덕적 가치, 태도, 관심사 및 라이프스타일과 연결하는 자료를 보유한 전통적인 미디어 회사, 신용 카드 업체 및 온라인 소매업체도 마찬가지이다.

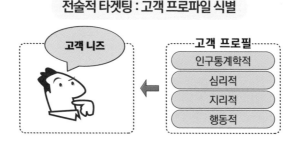

전술적 타겟팅 : 고객 프로파일 식별

고객 니즈

고객 프로필
인구통계학적
심리적
지리적
행동적

▌고객 페르소나[3]persona란?

대규모 고객 그룹을 타겟팅으로 하면 관리자가 문제를 해결해야 하는 실제 사람으로 생각하기 어려울 수 있다. 따라서, 타겟팅을 용이하게 하기 위해, 회사는 **고객 페르소나**라고 하는 프로토타입 표적 고객의 가상 표현을 사용한다.

페르소나는 관리자가 공감할 수 있는 일반적인 표적 고객을 생생하게 표현하여 타겟팅을 보다 구체적으로 만든다. 예를 들어, 고객이 에너지 요금을 절약할 수 있도록 도와주는 스마트 온도 조절기를 개발하는 회사를 생각해 보자. 회사의 표적 고객은 모두 에너지 요금을 낮추는 데 관심이 있는 주택 소유자이다.

반면에, 고객 페르소나는 회사의 표적 고객을 구체적으로 대표하고, 에너지 비용을 절약하는 데 관심이 있는 보브Bob라는 개인일 수 있다(회사가 충족하고자 하는 니즈를 가지고 있다). 보브는 40대이고, 결혼했으며, 가계 소득이 약 8만 불이고, 대학 학위를 가지고 있으며, 도시 지역에 거주하며, 자신의 거주지(인구학적 및 지리적 프로파일)를 소유하고 있으며, 또한 온라인 쇼핑을 선호하고, 기술에 정통하며, 다양한 에너지 절약 옵션을 자주 검색했으며, 소셜 미디어(행동 프로파일)에서 활동한다.

고객 페르소나

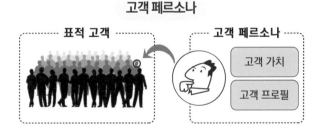

---

3 **페르소나** [Persona]: 이성과 의지를 가지고 자유로이 책임을 지며 행동하는 주체.

분명히, 고객 페르소나는 모든 표적 고객을 대표하지는 않지만, 표적 세그먼트를 대표 개인으로 좁히면 회사의 표적 고객을 더 쉽게 시각화하고 그들이 회사의 오퍼링에 어떻게 반응할 것인지 더 잘 이해할 수 있다. 고객 페르소나는 매우 구체적이기 때문에, 모든 표적 고객의 니즈, 인구 통계, 지리적 위치, 심리 통계 및 행동을 적절하게 반영하지 못할 수도 있다. 이러한 경우, 회사는 표적 고객 간의 차이를 설명하기 위해 여러 페르소나를 사용할 수도 있다.

주요 타겟팅 원칙 : 전략적 관점에서

전략적 타겟팅은 경쟁업체보다 고객의 니즈를 더 잘 충족하고 회사에 이익이 되는 방식으로 오퍼링을 개발할 수 있는 회사의 능력에 따라 결정된다. 특정 고객 세그먼트의 생존 가능성을 평가할 때, 관리자는 두 가지 주요 질문을 해결해야 한다.

- 회사는 표적 고객을 위해 어떤 가치를 창출하는가?
- 표적 고객은 회사를 위해 어떤 가치를 창출하는가?

전략적 타겟팅 : 핵심 원칙

첫 번째 질문에 대한 답은 회사의 자원이 표적 고객의 니즈와 호환되는 정도에 따라 결정된다. 두 번째 질문에 대한 답은 표적 고객이 회사에 매력적인 자원을 가지고 있는 정도에 따라 결정된다. 따라서, **표적 호환성과 표적 매력도**는 전략적 타겟팅의 **두 가지 핵심 원칙**이다.

표적 호환성

표적 고객의 선택은 회사의 자원이 표적 고객의 니즈와 호환되는 정도에 달려 있다. 즉, 표적 호환성은 회사의 고객 가치를 창출하는 능력이며, **비즈니스 시설, 신뢰할 수 있는 공급 업체, 숙련된 직원, 노하우, 확립된 생태계, 커뮤니케이션 및 유통망 및 자본 접근**을 포함한 회사의 자원에 의해 결정된다.

- **비즈니스 시설**에는 회사의 오퍼링을 만드는 데 필요한 제조, 서비스 및 정보 기술 인프라가 포함된다.
- **신뢰할 수 있는 공급 업체**는 회사 오퍼링의 구성 요소를 제공하는 실체이다.
- **숙련된 직원**은 기술, 운영 및 비즈니스 전문 지식을 갖춘 회사의 인적 자원이다.
- **노하우**는 회사 비즈니스의 다른 측면을 운영하는 데 필요한 관련 전문 지식이다.
- **확립된 생태계**에는 표적 고객의 오퍼링 채택을 용이하게 할 수 있는 관련 제품, 서비스 및 브랜드가 포함되어 있다.
- **커뮤니케이션 채널**은 회사의 오퍼링에 대해 표적 고객에게 알리는 과정 및 실체이다.

- **유통망**은 회사의 오퍼링을 표적 고객에게 제공하는 과정 및 실체이다.
- **자본에 대한 접근**에는 표적 고객에게 오퍼링을 디자인하고, 만들고, 알리고, 제공하는 데 필요한 자금 조달에 대한 접근을 말한다. 즉, 캐피탈이나 투자 펀드, 엔젤펀드 등을 통한 투자 유치를 말한다.

회사 자원에 의해 주도되는 것 외에도, 표적 호환성은 회사 자원이 경쟁업체 자원과 어떻게 비교되는지에 따라 달라진다. 지속 가능한 가치 제안을 창출하려면, 회사의 자원이 경쟁업체보다 우월해야 한다. 회사가 표적 고객의 니즈를 충족할 수 있는 고유한 자원을 보유한 시장은 지속 가능한 비즈니스 모델을 만들 수 있는 블루오션이다.

이와는 대조적으로, 경쟁업체가 고객의 니즈를 충족할 수 있는 비슷한 자원을 가지고 있는 시장은 지속 가능한 비즈니스 모델을 개발할 가능성을 낮추는 치열한 경쟁으로 특징지어지는 레드오션이 될 것이다. 전략적 타겟팅의 목표는 우리 회사가 경쟁사보다 더 잘 충족할 수 있는 자원을 가지고 있는 고객을 식별하고, 경쟁업체가 할 수 없는 방식으로 이러한 고객에게 서비스를 제공함으로써 **경쟁을 무의미하게** 만드는 것이다.

표적 매력도

회사 자원과 고객 니즈의 호환성을 보장하는 것 외에도 효과적인 타겟팅은, 표적 고객의 매력에 따라 달라지며, 이는 고객이 회사 가치를 창출할 수 있는 자원(돈, 정보, 사회적 영향력 및 시간)를 가지고 있는 정도를 반영한다. 목표 매력도를 결정하는 요소에는 **고객 수익, 고객 영향력, 고객 충성도, 고객 비용**이 포함된다.

- **고객 수익**은 고객이 회사를 위해 창출할 가능성이 있는 돈을 반영하고, 고객 세그먼트의 규모와 성장률, 고객의 구매력, 고객이 회사 오퍼링을 구매하는 수량과 빈도 등 여러 요인의 영향을 받는다.

- **고객 영향력**은 다른 잠재 구매자에게 영향을 미칠 수 있는 고객의 능력을 반영한다. 실제로 일부 고객은 회사를 위해 창출할 수 있는 판매 수익뿐만 아니라 소셜 네트워크와 다른 구매자에게 영향을 미칠 수 있는 능력 때문에 매력적일 수 있다. 예를 들어, 회사는 회사의 오퍼링을 홍보하고 보증하는 능력 때문에 오피니언 리더, 인플루언서 및 전문가들을 표적으로 할 수도 있다.

- **고객 충성도**는 회사 오퍼링에 대한 고객의 헌신과 경쟁 오퍼링으로 전환하지 않을 가능성을 반영하며, 회사 비즈니스 모델의 지속 가능성을 보장하는 데 매우 중요하다. 때문에, 일반적으로 타겟팅은 단기 인센티브 및 판촉에 의해 동기가 부여되는 고객보다는 회사에 장기적인 가치를 창출할 가능성이 있는 고객에게 더욱 초점을 맞추어야 한다.

- **고객 비용**은 표적 고객을 확보하고 유지하는데 드는 비용을 말한다. 이러한 비용에는 오퍼링의 혜택을 고객에게 알리는 커뮤니케이션 비용, 오퍼링의 가치를 높이는 인센티브 비용 및 표적 고객에게 오퍼링을 제공하는 유통 비용 등이 포함된다. 회사가 오퍼링의 혜택을 알리고 특정 고객 세그먼트에 이 오퍼링을 제공하는 것이 더 쉬울수록, 해당 세그먼트는 더 매력적이 될 것이다.

▌주요 타겟팅 원칙 : 전술적 관점에서

전술적 타겟팅은 회사가 달성하려는 관찰 불가능한 고객 니즈를 이러한 고객의 관찰 가능한 특성(프로파일)과 연결하여 전략적으로 실행 가능한 고객에게 도달하는 방법을 식별하는 것을 목표로 한다.

회사가 직면한 과제는 회사가 제공하는 오퍼링에서 혜택을 받을 가능성이 없거나 회사를 위한 가치를 창출할 가능성이 없는 고객에게 자원을 낭비하지 않고 전략적으로 바람직한 모든 고객에게 도달하는 것이다.

너무 좁은 타겟팅은 전략적으로 중요한 고객을 간과할 수 있기 때문에 비효율적이고, 지나치게 광범위한 타겟팅은 회사의 오퍼링에 호의적으로 반응할 것 같지 않은 고객에게 도달하는 데 자원을 낭비하기 때문에 효율적이지 않다. 따라서, 다양한 전술적 타겟팅 옵션을 평가할 때 관리자는 두 가지 핵심 질문에 답해야 한다:

- 회사는 오퍼링을 알리고 제공하기 위해 모든 표적 고객에게 도달하는가?
- 회사는 오퍼링을 알리고 제공하기 위해 표적 고객에게만 도달하는가?

위의 두 가지 질문은 **전술적 타겟팅**의 두 가지 주요 원칙인 **효과**(회사가 모든 표적 고객에게 도달할 수 있는지 여부) 및 **비용의 효율성**(회사 자원이 표적 고객에게만 도달하는 방식으로 전개되는지 여부)을 반영한다.

▌타겟팅 효과는?

'효과 원칙'이란 회사의 커뮤니케이션 및 유통 활동이 모든 표적 고객에게 도달해야 함을 의미한다. 효과적인 타겟팅을 통해 전략적으로 실행 가능한 모든 고객(회사에 이익이 되는 방식으로 오퍼링을 통해 니즈를 충족할 수 있는 고객)이 회사 오퍼링을 인식하고 접근할 수 있도록 해야 한다.

스나이퍼sniper **타겟팅**이라고도 하는 이상적인 시나리오에서, 회사는 전략적으로 실행 가능한 모든 고객과 해당 고객에게만 제공되는 오퍼링을 알리고 제공한다. 그러나, 이는 특히 다수의 개별 고객으로 구성된 시장에서는 거의 발생하지 않는다.

비효과적인 타겟팅으로 이어지는 두 가지 일반적인 오류는 범위가 좁거나 기준에서 벗어난(off-base) 고객 세그먼트를 선택하는 것과 관련이 있다. 좁은 타겟팅 또는 **단편적인**(slice-of-the-pie) **타겟팅**은, 표적 고객의 하위 집단에만 도달하므로 더 많은 시장 점유율을 확보할 기회를 놓치게 된다. 회사가 전략적으로 실행 가능하지 않고 회사의 오퍼링에 호의적으로 반응할 가능성이 없는 고객에게 회사가 오퍼링을 알리고 제공하려고 할 때 **오프 베이스**off-base 또는 **샷 인 더 다크**shot-in-the-dark **타겟팅**이 발생한다.

전술적 타겟팅 : 효과

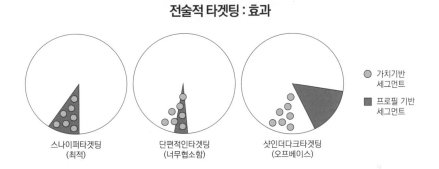

스나이퍼타겟팅
(최적)

단편적인타겟팅
(너무협소함)

샷인더다크타겟팅
(오프베이스)

● 가치기반
세그먼트

■ 프로필 기반
세그먼트

▌비용 효율성 타겟팅이란?

비용 효율성 원칙은 회사의 커뮤니케이션 및 유통 활동이 **표적 고객에게만 도달해야 함**을 의미한다. 비용 효율성 원칙은 회사의 오퍼링으로 고객의 니즈를 해결할 수 없거나 회사를 위한 가치를 창출할 수 없는 고객의 자원 지출을 최소화(이상적으로는 제거)하기 위해 자원 관리에 중점을 둔다.

비효율적인 타겟팅으로 이어지는 가장 일반적인 오류는 원하는 표적 고객 세그먼트보다 더 넓은 커뮤니케이션 및 유통망을 선정하는 것이다. **샷건 타겟팅**shotgun targeting이라고도 하는 이 접근 방식의 문제는 회사의 전략적 목표와 일치하지 않거나 회사의 오퍼링을 구매 및 사용할 가능성이 없는 고객에게 제품을 홍보하고 배포함으로써 시간, 노력 및 비용과 같은 회사 자원을 낭비한다는 것이다.

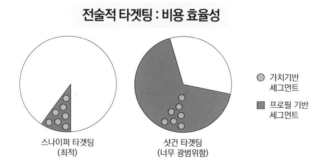

전술적 타겟팅 : 비용 효율성

스나이퍼 타겟팅
(최적)

샷건 타겟팅
(너무 광범위함)

● 가치기반 세그먼트

■ 프로필 기반 세그먼트

▌일반적인 타겟팅 오류

표적 고객을 식별하는 것이 회사 전략의 핵심 구성 요소이기 때문에, 잘못된 타겟팅은 회사의 비즈니스 모델에 큰 영향을 미칠 수 있다.

표적 고객을 식별하는 체계적인 접근 방식은 회사가 일반적인 타겟팅 오류를 피하는 데 도움이 될 수 있다.

세 가지 가장 일반적인 타겟팅 오류에는 **고객 프로파일에만 집중하는 것, 고객 가치를 잘못 식별하는 것, 표적 고객에게 도달하는 방법을 잘못 식별하는 것** 등이 포함된다.

- 고객 프로파일에만 집중하는 것. *일반적인 타겟팅 실수는 고객이 원하는 니즈와 가치를 고려하지 않고 연령, 성별, 소득을 포함한 인구 통계와 같은 표적 고객의 **관찰 가능한 특성에만 초점을 맞추는 것**이다. 고객 프로파일에만 집중하는 것은, 동일한 프로파일을 가진 고객의 니즈와 선호도가 다를 수 있다는 사실을 고려하지 않는다. 결과적으로, 프로파일만을 기준으로 고객을 선택하면 회사가 가치를 창출할 수 없거나 회사를 위해 가치를 창출할 수 없는 고객을 타겟팅 할 수 있다. **의미 있는 타겟팅은 고객 니즈와 고객 프로파일 모두에 초점을 맞춰야** 한다.*
- 고객 가치를 잘못 식별하는 것. *또 다른 일반적인 타겟팅 실수는 회사 자원과 호환되지 않거나 회사를 위한 가치를 창출할 수 없는 고객을 선택하는 것이다. 회사가 충족할 자원이 부족한 고객의 니즈를 선택하면 회사가 이러한 고객을 위한 가치를 창출할 수 없다. 마찬가지로, 고객이 회사에 가져올 수 있는 가치를 잘못 식별하는 것은*(구매력이 부족하거나, 고객 세그먼트가 회사 목표를 달성하기에 너무 작거나, 표적 고객이 서비스를 제공하는데 너무 비용이 많이 들기 때문에) *이러한 고객의 가치를 회사가 포착할 수 없기 때문에 문제가 된다.*
- 표적 고객에게 도달하는 방법을 잘못 식별하는 것. *세 번째 일반적인 타겟팅*

실수는 회사의 오퍼링을 표적 고객에게 알리고 제공하는 방법을 잘못 식별하는 것이다. 전략적으로 실행 가능한 고객에게 도달하는 방법을 잘못 식별하는 것은 잘못된 고객에게 도달하고 올바른 고객을 무시함으로써 회사 자원을 낭비하는 비효과적이고 비용 효율적이지 못한 커뮤니케이션 및 유통 활동으로 이어질 수 있기 때문에 문제가 된다.

▌시장 세분화 하기

많은 시장은 수천, 때로는 수백만 명의 고객으로 구성되어 있으며, 그중 일부는 동일한 오퍼링으로 충족될 수 있는 유사한 니즈를 가지고 있다. 이러한 경우, 각 고객에 대한 개별 오퍼링을 개발하는 대신, 회사는 유사한 특성을 공유하는 고객 그룹(일반적으로 고객 세그먼트라고 함)을 위한 오퍼링을 개발할 수 있다.

▌고객 세그먼트란?

세분화는 회사의 오퍼링과 관련된 차이점에 초점을 맞추고 관련이 없는 차이점은 무시함으로써 개별 고객을 그룹화(세그먼트)하는 것을 말한다. 고객을 세그먼트로 그룹화하면 회사는 주어진 시장을 위해 개발해야 하는 다양한 오퍼링을 크게 줄일 수 있으므로 효과를 희생하지 않고 오퍼링의 비용 효율성을 향상시킬 수 있다.

이상적인 세분화에서, 각 세그먼트 내의 고객은 회사의 오퍼링과 관련하여 마치 단일 고객인 것처럼 행동하지만 세그먼트 전반에 걸쳐 고객은 회사의 오퍼링에 대한 반응에서 상당한 차이를 보일 가능성이 높다.

시장 세분화 및 타겟팅

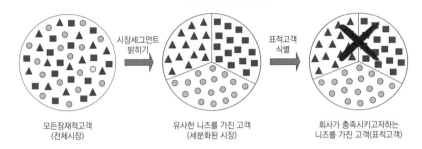

모든잠재적고객
(전체시장)

시장세그먼트
밝히기

유사한 니즈를 가진 고객
(세분화된 시장)

표적고객
식별

회사가 충족시키고자하는
니즈를 가진 고객(표적고객)

시장 세분화 및 타겟팅은 위의 그림과 같이 설명할 수 있다. 여기서 개별 고객은 기본 니즈의 차이에 따라 다양한 모양과 색상으로 표시된다. 예를 들어, 노란색 원은 품질에 중점을 둔 고객을 나타내고, 적갈색 삼각형은 가격에 민감한 고객을 나타내고, 파란색 사각형은 가격과 품질 사이의 타협점을 찾는 고객을 나타낼 수 있다.

이러한 맥락에서, 위의 그림은 회사가 세 가지 뚜렷한 고객 세그먼트를 식별하고 고급 오퍼링을 개발할 품질 지향적 고객을 목표로 삼고 다른 두 세그먼트는 무시하는 시나리오를 만들 수 있다.

대부분의 비즈니스 결정과 마찬가지로 세분화에는 혜택과 비용이 소요된다. 세분화의 주요 혜택은 각 개별 고객에게 맞춤형 오퍼링을 설계, 알리기 및 제공해야 하는 회사의 필요성을 줄이고, 대신 유사한 선호도를 가진 구매자를 그룹화하는, 상대적으로 적은 수의 고객 세그먼트에 노력을 집중한다는 것이다. 주요 단점은, 고객을 세그먼트로 그룹화하면 개별 고객 간에 존재하는 잠재적으로 중요한 차이점을 무시하게 된다는 점이다.

▌시장 세분화 시기는 언제?

표적 고객을 식별하는 데 있어 중요한 질문은 주어진 시장을 세분화할지 여부이며, 그렇게 하기로 결정했다면 **'어떻게 세분화하고 얼마나 많은 세그먼트를 창출해야 하는지'**이다. 이 질문에 대한 답은 시장 이질성 개념과 밀접하게 연결되어 있다.

이질적인 시장은 제품의 선호도와 회사의 오퍼링에 반응하는 방식이 다른 고객으로 구성된다. 이질적인 시장의 고객은 서로 다른 혜택을 추구하고, 서로 다른 재정 자원을 보유하고 있으며, 회사에서 도달할 수 있는 방법이 다를 수 있다. **이질적인 시장의 고객은 니즈가 다르기 때문에, 동일한 서비스를 제공할 수 없다.** 대조적으로, **동질 시장은 유사한 방식으로 행동할 가능성이 있는 유사한 선호도를 가진 고객으로 구성되어 있으므로 동일한 오퍼링으로 서비스를 받을 수 있다.**

유사한 선호도를 가진 고객 그룹을 식별함으로써 세분화는 시장 이질성을 줄이고 회사의 오퍼링과 유사한 방식으로 반응할 가능성이 있는 동종 세그먼트를 만들어 낸다.

세분화는 시장 이질성을 완전히 제거하지 않는다. 개별 세그먼트 내의 고객은 여전히 다양한 요인에 따라 다르지만, 이러한 작은 차이는 회사의 오퍼링과 관련성이 적고 오퍼링의 핵심 혜택과 관련하여 고객으로부터 다른 반응을 이끌어 낼 가능성이 낮다.

효과적이기 위해서, 시장 세분화가 오퍼링에 대한 고객 반응을 결정하는 핵심 요소에 초점을 맞추고 회사의 오퍼링과 직접적인 관련이 없는 요소는 무시해야 한다.

시장을 세분화하는 방법과 생성할 세그먼트 수에 대한 결정에는 타겟팅 정확도 향상과 비용 효율성 향상이라는 혜택의 균형을 맞추는 것이 포함된다. 더 많은 세그먼트를 식별하면 각 세그먼트 내 고객의 니즈를 보다 정확하게 반영할 수 있는 이점이 있지만, 단점으로는 각 세그먼트에 대한 맞춤형 오퍼링 개발 비용이 증가하고 이러한 오퍼링 관리가 복잡해지는 경향이 있다.

반면에, 더 적은 수의 세그먼트를 식별하면 비용 효율적이라는 이점이 있지만 다양한 선호도를 가진 고객 세그먼트를 생성하는 단점이 생기므로, 회사의 오퍼링이 주어진 세그먼트의 모든 고객에게 어필하지 못할 가능성이 높아진다.

경쟁 무력화가
모델의 핵심이다

Creating a Competitive Advantage

축구에서는 다른 팀의 존재로 인해

모든 것이 복잡해진다.

– 프랑스 철학자 장 폴 사르트르 –

표적 고객을 위한 의미 있는 가치 제안을 창출하기 위해, 기업은 경쟁에서 우위를 차지하는 오퍼링을 설계해야 한다. 그러나 대부분의 기업들은 경쟁업체가 누구인지, 표적 고객이 경쟁 오퍼링보다 자사 오퍼링을 선택하는 이유를 명확하게 이해하지 못한 채 제품과 서비스를 출시하는 경우가 많다. 불행하게도, 이 회사들은 그들의 오퍼링이 경쟁에 휩싸인 후에야 **경쟁 상대를 아는 것의 중**

요성을 깨닫는다. 경쟁을 간과하면 회사가 비즈니스 모델 설계의 핵심 원칙 중 하나를 이행하지 못한다. **오퍼링의 성공은 표적 고객에게 경쟁보다 더 큰 가치를 창출하는 능력으로 정의된다.** 주요 경쟁자를 식별하고 지속 가능한 경쟁 우위를 창출하는 것은 실행 가능한 비즈니스 모델을 개발하는 핵심 구성 요소이다.

▮ 주요 경쟁자 식별하기

관리자에게 경쟁자가 누구인지 물으면 다음과 같은 대답을 듣는다. '우리 제품은 독특하다. 우리는 경쟁자가 없다.' 이것은 매우 근시안적이고 궁극적으로 잘못된 견해이다. 거의 모든 오퍼링에는 경쟁자가 있다. 일부 관리자가 자신들에게 경쟁자가 없다고 생각하는 이유는 새로 출시되는 오퍼링이 충족하고자 하는 고객의 요구보다 자신들의 오퍼링에 더 몰두하기 때문이다. 주요 경쟁자를 파악하는 것은 시장 성공에 매우 중요하다. 사용 가능한 다른 옵션이 무엇인지 모르면 탁월한 고객 가치를 창출할 수 있는 오퍼링을 설계하는 것이 사실상 불가능하다.

경쟁사를 식별하기 위해 관리자는 고객의 입장이 되어 회사의 오퍼링이 충족하려는 요구가 무엇인지, 이러한 요구를 충족하기 위해 사용할 수 있는 대체수단이 무엇인지 질문해야 한다. 따라서, 회사의 경쟁사에는 동일한 산업에 존재하는 유사한 오퍼링뿐만 아니라 회사의 오퍼링과 동일한 고객 요구를 충족시킬 수 있는 모든 수단이 포함된다. 고객은 일반적으로 특정 요구를 충족하기 위한 수단이 동일한 산업 내에 존재하는지, 또는 다른 산업에서 제공되는지 여

부에 관심이 없다. 그들이 관심을 갖는 것은 새로 출시되는 오퍼링이 그들의
니즈를 해결하는 최선의 방법인지의 여부이다.

주요 경쟁자 식별하기

동일한 산업 및 또는 제품 범주에 속하는지 여부에 따라 경쟁자는 **직접적**일
수도 있고 **간접적**일 수도 있다.

- **직접적인 경쟁자**는 동일한 산업(제품 범주)의 오퍼링이며 회사와 동일한 고객
  요구를 충족하는 것을 목표로 한다. 예를 들어, 코카콜라는 펩시와 직접 경
  쟁하고, 캐논 카메라는 니콘과 경쟁하며, 메리어트 호텔은 힐튼 호텔과 경
  쟁한다.
- **간접적인 경쟁자**(또는 대체업체)는 동일한 고객 요구를 충족시키기 위해 다양한
  산업(제품 범주)에서 경쟁한다. 예를 들어, 코카콜라는 주스와 물을 포함한 다
  양한 비 콜라 음료와 경쟁한다. 캐논은 카메라를 장착한 애플, 픽셀, 삼성
  과 같은 스마트폰과 경쟁하며, 메리어트는 에어비앤비와 같은 P2P(peer-to-
  peer) 온라인 아파트 임대 플랫폼과 경쟁한다.

경쟁은 업계 또는 제품 범주의 제휴가 아니라 충족되는 고객 요구와 관련하여 정의되기 때문에 직간접 경쟁자 모두 회사의 비즈니스 모델에 실행 가능한 위협이 된다. 따라서, 시장에서 성공을 거두려면 회사는 자신이 속한 산업과 경쟁하는 제품 범주의 경계를 넘어 확인된 고객 요구를 충족하는 모든 대체 수단보다 **더 큰 고객 가치를 창출하는 오퍼링을 설계**해야 한다.

주요 경쟁자를 식별하는 실질적인 접근 방식은 표적 고객의 눈으로 시장을 평가하고, 회사의 오퍼링이 고객의 삶에 적합한 방식을 조사하고, 이러한 고객이 식별된 요구를 충족하는 데 사용할 수 있는 대체 수단을 정확히 찾아내는 것이다. 특히, 관리자가 경쟁을 식별하기 위해 물을 수 있는 주요 질문은 다음과 같다.

- 현재 표적 고객은 회사의 오퍼링에 의해 해결된 요구 사항을 충족하기 위해 무엇을 하고 있는가?
- 회사가 새로운 오퍼링을 소개하지 않는다면 이 고객들은 어떻게 할까?
- 회사가 제공하는 오퍼링이 대체하려는 제품, 서비스 또는 행동은 무엇인가?
- 고객이 회사의 오퍼링을 선택하는 경우 표적 고객이 선택하지 않는 것은 무엇인가?

첫 번째 질문은 표적 고객의 **현재 행동**을 조사하여 경쟁을 식별하는 것이다. 특히, 이 질문은 회사의 오퍼링을 평가할 기본 옵션(기준선)을 밝히는 것을 목표로 한다. 오퍼링의 가치는 이 오퍼링이 대체하려는 옵션과 관련하여 정의되기 때문에 **고객의 현재 행동을 식별하는 것**이 중요하다.

두 번째 질문은 표적 고객의 **반 사실적 행동**(회사의 오퍼링이 없을 때의 행동)을 조사하여 경쟁을 파악하려는 것이다. 회사의 오퍼링을 사용할 수 없는 경우, 표적 고객이 선택될 가능성이 있는 옵션은 회사의 오퍼링이 도입될 때 결국 **경쟁하게 될 타사의 오퍼링**이다.

세 번째 질문은 표적 고객의 **대체 행동**을 조사하여 경쟁을 파악하는 것을 목표로 한다. 고객은 종종 시간, 돈, 공간과 같은 자원 제약 때문에 새로운 오퍼링을 도입한다고 해서 반드시 추가 구매로 이어지지는 않는다. 대신 새 오퍼링이 고객이 과거에 구매한 오퍼링을 대체할 수는 있다. 간단히 말해서, 새로운 오퍼링의 도입은 고객이 결국 더 많은 품목을 구매한다는 의미가 아니라 오히려 **다른 품목을 구매하게 된다는 의미**이다. 고객이 자사의 오퍼링을 구매하기 위해 구매를 포기하는 항목은 우리 오퍼링의 경쟁업체의 제품들일 것이다.

예를 들어, 건강에 민감한 소비자를 위해 이동 중에도 영양가 있는 식사를 제공하는 새로운 단백질 스낵을 출시하는 회사를 생각해 보자. 경쟁사를 식별하기 위해 표적 고객의 **현재 행동**, 즉 현재 소비하는 스낵을 조사하는 것부터 시작할 수 있다.

또한, 표적 고객의 **반 사실적 행동**을 자세히 조사하고 회사가 새로운 스낵을 출시하지 않을 경우 이러한 고객이 이동 중에 건강에 좋은 스낵에 대한 요구를 충족하기 위해 사용할 수 있는 방법을 파악할 수 있다. 마지막으로, 표적 고객이 나타낼 가능성이 있는 **대체 행동**을 조사할 수 있다. **새로운 스낵이 도입되**

면 행동이 어떻게 변할까? 그들이 새로운 간식을 선택한다면 이미 담아놓았던 장바구니에서 무엇을 꺼내 매장에 돌려 놓을까(또는 넣지 않을 것인가?)?

고객의 **현재**, **반 사실** 및 **대체 행동**을 조사하는 위의 질문은 경쟁 제품을 파악하는 다양한 방법을 나타낸다. 이 세 가지 질문은 표적 고객의 동일한 행동 패턴을 조사하기 때문에 세 가지 질문에 대한 답은 모두 동일한 경쟁업체에 집중될 가능성이 높다.

▌오퍼링의 시장 포지션 평가하기

이상적인 세상에서는, 회사의 오퍼링이 모든 속성에서 경쟁 오퍼링을 지배할 것이다. 그러나, 실제로 그런 경우는 거의 없다. 기업마다 자원이 다르기 때문에, 표적 고객에게 제공하는 혜택도 다르다.

오퍼링의 상대적 장점과 단점은 **경쟁 가치 점수표**(competitive value scorecard)를 사용하여 설명할 수 있다. 경쟁 가치 점수표는 경쟁사와 비교하여 회사 오퍼링의 성능에 대한 고객의 관점을 나타낸다.

경쟁 가치 점수표는 고객을 표적으로 삼는 데 중요한 핵심 속성을 식별하고 경쟁 제품과 비교하여 이러한 속성에 대한 회사 제품의 장단점을 강조한다.

오퍼링의 경쟁 우위는 우위점, 동등점 및 타협점의 세 가지 요소로 정의된다.

- **경쟁 우위**(우위점이라고도 함)는 *회사의 오퍼링이 경쟁 오퍼링보다 우월한 측면을 말한다.*
- **경쟁 동등**(동등점이라고도 함)은 *회사의 오퍼링이 경쟁 오퍼링과 동일한 측면*

이다.

- **경쟁 불이익***(타협점이라고도 함)*은 회사의 오퍼링이 경쟁 오퍼링 보다 열등한 측면이다. 이는 고객이 오퍼링이 제공하는 고유한 혜택을 얻기 위해 타협해야 하는 속성이다.

경쟁 가치 점수표

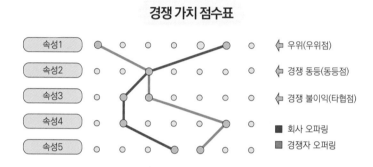

경쟁 점수표의 수직 차원은 표적 고객에게 가치를 창출하는 속성을 중요도에 따라 설명한다. 수평 차원은 왼쪽에서 오른쪽으로 가치가 증가하면서 이러한 속성에 대한 회사 및 경쟁사의 오퍼링에서 파생된 혜택에 대한 고객의 평가를 반영한다. 회사의 오퍼링이 경쟁 오퍼링에 비해 우수한 고객 가치를 창출할수 있는 속성은 경쟁 우위를 정의하고, 열등한 속성은 경쟁적 단점을 정의하며, 오퍼링이 동등한 속성은 경쟁 동등점을 정의한다.

경쟁은 단지 단순한 차별화에 관한 것이 아니다. 더 큰 고객 가치를 창출하는 제품의 우수성의 차별화에 관한 것이다. 경쟁 우위는 우수한 고객 가치를 창출하는 오퍼링의 능력에 의해 결정되기 때문에 고객 니즈와 관련된 속성만이 경쟁 우위를 창출할 수 있다.

　관련이 없고 고객에게 가치를 추가하지 않는 속성을 차별화하는 것은 경쟁 우위로 이어지지 않는다. 실제로 관련 없는 속성에 대한 차별화는 고객이 관련 없는 속성으로 인해 다른 더 중요한 혜택을 희생한다고 믿는 경우 오퍼링의 인지된 가치를 크게 감소시킬 수도 있다.

　경쟁 우위는 단순히 경쟁 오퍼링 간의 실제 차이에 관한 것이 아니다. 표적 고객이 눈에 띄고 관련성이 있다고 보는 차이점에 관한 것이다. 고객이 인지하지 못하거나 관련이 없는 것으로 간주되는 시장 오퍼링의 사소한 차이는 경쟁 우위를 구성하지 않는다.

　예를 들어, 고객이 250마력과 260마력 자동차 엔진의 성능 차이를 구분할 수 없거나 이러한 차이가 의미가 없다고 생각하는 경우, 이러한 오퍼링은 경쟁 동등점이 된다.

　같은 논리로, 실제 성능이 경쟁 오퍼링과 동일하더라도 자사의 오퍼링이 고객에게 우월하다고 인식되는 한, 자사의 오퍼링이 경쟁 우위를 갖는 것으로 간주될 수 있다.

　예를 들어, 두 오퍼링의 객관적인 특성이 동일할 수는 있지만 이러한 오퍼링 중 하나와 관련된 더 강력한 브랜드 이름(가지고 있다면)은 고객이 이 오퍼링이 실제로 더 우수하다고 믿게 하여 경쟁 우위를 제공할 수 있게 되는 것이다.

　오퍼링 성능에 대한 고객의 주관적인 평가를 비교하는 것 외에도 **경쟁 가치 점수표**는 오퍼링의 실제 성능을 비교할 수도 있다.

이 분석의 목적은 오퍼링의 객관적 성능과 성능에 대한 고객의 주관적 평가 사이에 불일치가 있는 영역을 파악하는 것이다. 이는 고객이 오퍼링 간에 존재하는 실제 차이점을 제대로 식별하지 못하는 경우가 있기 때문에 매우 중요하다.

이러한 불일치를 식별, 파악하는 것은 회사가 오퍼링에 대한 고객 평가를 개선하기 위한 적절한 전략을 개발하는 데 필수적이다. 따라서, 오퍼링이 열등하다는 고객의 믿음이 실제로 경쟁 오퍼링보다 성능이 낮다는 사실에서 비롯된 경우, 회사는 오퍼링을 개선하는 데 자원을 투자해야 한다. 반대로, 문제가 오퍼링의 실제 성능이 아니라 오퍼링의 성능에 대한 고객의 인식 때문이라면 회사는 오퍼링의 혜택을 더 잘 전달하는 데 노력을 집중해야 할 것이다.

▌지속 가능한 경쟁 우위 만들어 내기

오퍼링의 경쟁 우위는 동일한 니즈를 충족시키는 대체 수단보다 특정 고객 니즈를 **더 잘 충족시키는 능력을 반영**한다. 오퍼링의 경쟁 우위는 고객에게 사용 가능한 다른 옵션 대신 이 오퍼링을 선택할 이유를 제공한다.

경쟁 우위를 점하는 오퍼링을 설계하기 위한 4가지 핵심 전략이 있다. **중요한 속성에 대한 차별화, 새로운 속성 도입, 강력한 브랜드 구축, 최초 인지도**(top-of-mind) **창출**이다.

- *중요한 속성에 대한 차별화.* 이것은 경쟁 우위를 창출하기 위한 전형적인 전략이다. 예를 들어, **질레트**는 자사 제품이 달성한 **면도 품질 에서 경쟁사와**

*차별화*된다. 온라인 면도용품 소매업체인 **달러 쉐이브 클럽***Dollar Shave Club*은 질레트와 같은 프리미엄 브랜드에 대한 경쟁 우위로 저렴한 **가격을 책정**했다. 온라인 신발 소매업체 **자포스***Zappos*는 제공되는 **고객 서비스 수준을 기반으로 경쟁사와 차별화**했고, *BMW*는 차량이 제공하는 **드라이빙 경험**을 내세워 경쟁사와 차별화했다.

중요한 속성을 차별화하는 것이 경쟁 우위를 창출하는 가장 직관적인 방법이지만, 범주에 있는 모든 경쟁사들의 오퍼링의 전반적인 성능이 향상됨에 따라 더 유사해지기 때문에 달성하기 어려운 경우가 많다. 예를 들어, TV의 전반적인 품질이 향상됨에 따라, 사용 가능한 옵션 간의 차이가 두드러지지 않아, 고객의 눈에는 서로 더 유사해져서 비슷비슷하게 느껴진다. 특별한 차이점이 느껴지지 않는 것이다.

- 새로운 속성 도입. *기존 속성 중 하나에 대한 오퍼링의 성능을 향상시키는 대신 회사는 오퍼링을 차별화하는 새로운 속성을 도입하여 경쟁 우위를 창출할 수 있다. 예를 들어, **애플은 경쟁 제품과 차별화하기 위해 디자인을 사용**했고, **달러 쉐이브 클럽은 면도용품을 구독 기반으로 소비자에게 직접 배송하는 서비스를 도입**했으며, **와비 파커**는 전통적인 디자이너 안경 제조업체와 차별화하는 중요한 차원으로 **한 쌍 구매/한 쌍 제공**(buy-a-pair/give-a-pair)하는 **사회적 책임 프로그램을 도입**했다. **우버**는 고객과 운전자 간의 금전적 거래를 간소화하기 위해 **현금 없는 승차 결제를 도입**했고, **네스트 온도 조절기**는 가정의 온도를 제어하는 대안으로 **기계 학습**을 도입했다.*

새로운 속성의 도입은 지속 가능한 이점은 거의 없지만 강력하다. 실제로, 표적 고객이 새로운 속성을 중시할 때 경쟁업체가 이를 모방할 가능성이 높으며, 이는 이 속성을 개척하는 회사의 경쟁 우위를 크게 감소시킨다. 따라서, 지속 가능한 경쟁 우위를 창출하고 경쟁 우위를 유지하기 위해 기업은 고객 가치를 창출할 수 있는 새로운 수단을 지속적으로 모색해야 한다.

- **강력한 브랜드 구축.** 강력한 브랜드는 지속 가능한 경쟁 우위의 원천이 될 수 있으며 고객에게 회사의 오퍼링을 선택할 이유를 제공할 수 있다. 오래된 속담처럼, 아무도 IBM을 인수했다고 해고된 적이 없다. IBM에는 기능적으로 유사한 제품을 제공하는 경쟁업체가 많았지만, IBM 브랜드는 신뢰성을 의미했으며 고객의 마음에 큰 차이를 만들었다. 마찬가지로, 할리 데이비슨의 성공은 모터사이클의 품질 뿐만 아니라 고객의 마음속에 있는 브랜드의 강점(가슴을 흔드는 웅장한 배기음)에 크게 기인한다. 코카콜라가 다른 콜라 음료와 다른 점은 맛 뿐만 아니라 국경과 문화의 장벽을 넘어 지구상의 거의 모든 사람들에게 다가갈 수 있다는 이미지이다.

브랜드는 회사 오퍼링의 속성으로도 볼 수 있지만, 경쟁 우위를 창출하는 데 특별한 역할을 한다. 브랜드는 품질, 신뢰성 및 내구성과 같이 쉽게 눈에 띄지 않는 차원에서 오퍼링에 대한 고객의 인식에 영향을 미친다. 또한, 할리 데이비슨, 코카콜라, 와비 파커와 같은 브랜드는 회사의 제품과 서비스의 실제 특성을 넘어 고유한 의미를 회사의 오퍼링에 불어넣고 고객을 위한 가치를 창출한다.

- **최초 인지도 창출.** 사용 가능한 옵션이 실제 성능과 매우 유사할 때, 오퍼링은 주어진 니즈를 충족하는 수단으로 고객의 마음에 떠오르는 첫 번째 옵션이 됨으로써 경쟁 우위를 얻을 수 있다. 예를 들어, 버드와이저는 고객이 맥주를 생각할 때 가장 먼저 떠오르는 브랜드가 '버드'가 되도록 주력 제품을 지속적으로 홍보한다. 같은 맥락에서, 가이코는 운전자가 자동차 보험에 대해 생각할 때 가이코를 먼저 고려할 수 있도록 매년 수천만 달러를 지출한다. 마찬가지로, 맥도날드는 경쟁사인 버거킹, 웬디스, 타코벨보다 먼저 떠오르는 최초의 패스트푸드점을 목표로 하고 있다. *(조미료 시장의 미원, 승합차 시장의 봉고 등, 하나의 제품 이름이 같은 품목의 모든 제품의 대명사가 된 경우는 셀 수 없을 정도이다. 역주)*

가장 먼저 고려되는 옵션이, 다른 옵션이 평가되는 기본 옵션이 되는 경우가 많기 때문에 최초 인식을 통해 경쟁 우위를 확보할 수 있다면 최상의 오퍼링이 될 수 있다. 이는 대체 옵션을 선택할 강력한 이유가 없는 경우, 구매자가 기본 옵션을 유지할 가능성이 높기 때문에 매우 중요한 부분이다.

위의 **네 가지 전략**은 회사가 **경쟁 우위를 창출하고 강화할 수 있는 핵심 방법**이다. 공통 목표에도 불구하고, 이러한 전략은 경쟁 차별화를 이끌어 내는 방식이 다양하다.

중요한 특성을 차별화하고 새로운 특성을 도입하는 처음 두 가지 전략은 회사가 주어진 시장에서 배포하는 실제 제품이나 서비스를 수정하는 것이다. 대조적으로, 후자의 두 가지 전략(강력한 브랜드 구축 및 최초 인지도 창출)은 실제 오퍼링을 변경하지 않고도, 고객이 회사의 제품 및 서비스에 대해 생각하는 이미지를 매우 긍정적으로 변화시키는데 최고의 영향력을 발휘한다.

네 가지 전략은 상호 배타적이지 않다. 오퍼링의 경쟁 우위를 강화하기 위해 동시에 사용할 수 있다. 추구할 전략과 그 우선순위를 결정할 때, 관리자는 표적 고객, 회사 및 협력자에게 가장 큰 가치를 창출하는 전략을 선택해야 한다.

경쟁을 무의미하게 만드는 의미 있는 우위를 창출하려면, 관리자는 경쟁업체가 쉽게 **모방할 수 없는 방식으로 시장 가치를 창출하는 오퍼링을 개발**해야 한다.

포지셔닝 선언문은
일심동체를 만든다

Developing a Positioning Statement

완벽함은 더할 것이 없을 때가 아니라,

뺄 것이 없을 때 성취된다.

– 앙투안 드 생텍쥐페리, 프랑스 작가, 어린 왕자의 저자 –

포지셔닝 선언문[4]은 오퍼링 전략의 주요 측면을 설명하는 내부 회사 문서이며, 오퍼링의 개발 및 관리에 관련된 이해관계자들과 오퍼링의 전략을 공유하여 그들의 활동을 조정하고 이러한 활동을 회사의 비즈니스 모델에 맞추는 것

---

4 **포지셔닝**: 제품의 마케팅 목표를 효과적으로 달성하기 위해, 기업, 제품, 상표 등의 마케팅 대상이 잠재적인 고객들에게 긍정적으로 인식되도록 하는 일.

을 목표로 한다.

▎전략적 비즈니스 도구로서의 포지셔닝 선언문이란?

포지셔닝 선언문은 제품 전략의 핵심 구성 요소를 설명하는 간결한 문서(보통 한 문장으로 구성됨)이고, 주요 목적은 제품, 서비스, 브랜드, 가격, 인센티브, 커뮤니케이션 및 오퍼링의 유통 측면과 관련된 **전술적 결정을 가이드하는 것**이다. 이와 같이, 포지셔닝 선언문은 모든 이해관계자에게 **오퍼링 전략의 본질을 전달하여 그들의 활동이 회사의 목표와 일치하도록 독려**한다.

포지셔닝 선언문은 중요하다. 회사 내의 여러 관리자가 오퍼링의 전략, 즉 오퍼링의 표적 고객이 누구인지, 경쟁 오퍼링보다 이 오퍼링을 선택하는 이유, 이 오퍼링이 회사에 어떤 이점이 있는지를 정확히 이해하지 못할 수 있기 때문에 포지셔닝 선언문이 중요하다. 따라서, 포지셔닝 선언문의 **목표는 회사의 모든 관련 조직에 오퍼링 전략에 대한 공유된 관점을 제공**하는 것이다.

포지셔닝 선언문은 오퍼링 전략과 관련하여 **서로 다른 회사 주체가 같은 생각과 동일한 입장에 있도록 하는 것**을 말한다.

이 외에도, 회사의 협력자(연구 개발 및 제품 디자인 파트너, 광고 및 홍보 대행사, 유통 파트너, 및 외부 영업 인력)뿐 아니라 고위 경영진 및 투자자는 회사의 비즈니스 모델을 이해하고 있어야 한다.

오퍼링의 전략을 모르면 회사의 협력자 및 이해 관계자의 결정과 조치가 회사 목표와 일치하지 않을 수 있기 때문에 매우 중요하다.

포지셔닝 선언문은 종종 **브랜드 좌우명**(motto) 및 **커뮤니케이션 구호**(tagline)와 혼동된다. 세 가지 모두 오퍼링 전략의 특정 측면을 포함하기 때문이다. 그러나, 유사성에도 불구하고, 기능이 다르고 다른 청중을 위해 작성되었다.

포지셔닝 선언문은 회사 직원 및 협력자를 대상으로 하는 회사 내부 문서이고, 고객에게 보여주기 위한 것이 아니다. 반대로, 브랜드 좌우명과 커뮤니케이션 구호는 명백하게 회사의 고객을 위해 작성되었다. 따라서, 브랜드 좌우명과 커뮤니케이션 구호는 고객의 시선을 사로잡기 위해 귀에 쏙쏙 들어오는 문구를 사용하고, 포지셔닝 선언문은 표현의 형식보다는 논리에 초점을 맞춰 직설적으로 작성해야 한다.

예를 들어, 질레트의 포지셔닝 선언문은 다음과 같이 작성할 수 있다. 〈**면도하는 모든 남성에게, 질레트는 가장 혁신적인 면도 기술을 사용하기 때문에 최고의 면도 경험을 제공합니다**〉 질레트의 브랜드 좌우명은 훨씬 더 간결하고 기억에 남는다. 〈**질레트! 남자가 얻을 수 있는 최고의 것**〉 마지막으로, 질레트의 인기 품목인 '퓨전 프로글라이드Fusion ProGlide' 면도기에 대한 질레트의 커뮤니케이션 구호 중 하나는 면도기의 특정 측면인 **덜 잡아당기기를 강조**한다.

마찬가지로 BMW의 포지셔닝 선언문은 다음과 같이 표현했다. 〈**BMW는 궁극의 드라이빙 머신이 되도록 설계되었기 때문에 성능을 중요시하는 운전자를 위한 최고의 차량입니다**〉 BMW의 브랜드 좌우명은 〈궁극의 드라이빙 머신 The Ultimate Driving Machine〉이다.

최근 광고 구호는, 〈BMW. 우리는 오직 한 가지만을 만듭니다〉, 〈**궁극의 드라이빙 머신**〉

상대해야 하는 사람들에 따라 세 가지 유형의 포지셔닝 선언문이 있다.

1. 고객 중심 포지셔닝 선언문: 표적 고객에 대한 오퍼링의 가치 제안을 명확하게 설명한다.

2. 협력자 중심의 포지셔닝 선언문: 회사의 협력자를 위한 제품의 가치 제안을 명확하게 설명한다.

3. 회사 중심의 포지셔닝 선언문: 회사 이해 관계자를 위한 오퍼링의 가치 제안을 명확하게 설명한다.

▌고객 중심 포지셔닝 선언문이란?

고객 중심 포지셔닝 선언문은 가장 일반적으로 사용되는 포지셔닝 선언문이다. 일반적인 고객 중심 포지셔닝 선언문은 **오퍼링, 표적 고객, 기준틀**(the frame of reference), **경쟁 및 핵심 혜택**과 같은 여러 구성 요소로 구성된다.

- **오퍼링**은 브랜드 이름 또는 대체 식별자(예: 모델 번호)로 식별된다.
- **표적 고객**은 니즈 및/또는 인구 통계/행동 프로파일에 따라 정의된다.
- **기준틀**은 고객이 오퍼링과 연관시키는 제품 범주이다.
- **경쟁**은 동일한 표적 고객의 동일한 니즈를 충족할 수 있는 대안 옵션이다.
- **핵심 혜택**은 고객에게 선택 이유를 제공하는 제품의 가장 중요한 측면이며, 오퍼링이 이 혜택을 주장할 수 있는 이유에 대한 정당성도 포함할 수 있다.

예: [핵심 혜택]을 추구하는 [표적 고객]의 경우 [혜택의 정당성] 때문에 [오퍼링]이 [경쟁]보다 더 나은 [기준틀]이 된다.

> ....을 추구하는 ....의 경우 .... 때문에
> [핵심 혜택]   [표적 고객]   [혜택의 정당성]
>
> .... 이 .... 보다 더 나은 .... 이 된다.
> [오퍼링]   [경쟁]   [기준틀]

전동 공구 판매업체인 '디월트DeWalt'는 생계를 위해 전동 공구를 사용하는 상인(표적 고객)을 위해, 48시간 이내에 수리 또는 교체를 보장(핵심 혜택)한다. 때문에 다른 브랜드보다 더 신뢰할 수 있는 전문 공구 업체(혜택의 정당성)로 자사의 포지셔닝에 성공했다.

예 : [오퍼링]은 [혜택의 정당성] 때문에 [경쟁]보다 [표적 고객]에게 더 많은 [핵심 혜택]을 제공하는 [기준틀]이다.

> ....은 .... 때문에 .... 보다 ....에게
> [오퍼링]   [혜택의 정당성]   [경쟁]   [표적 고객]
>
> 더 많은 ....을 제공하는 ....이다.
>   [핵심 혜택]   [기준틀]

청량음료 회사인 펩시에서 생산하는 '마운틴 듀'는 카페인 함량이 매우 높기 때문(혜택의 정당성)에 수면 시간이 적은 젊고 활동적인 소비자(표적 고객)에게 다른 어떤 브랜드보다 더 많은 에너지를 주는(핵심 혜택) 청량음료이다.

예 : [오퍼링]은 [핵심 혜택] 때문에 [표적 고객]에게 [경쟁]보다 더 나은 [기준틀]이다.

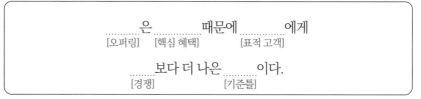

___은 ___ 때문에 ___에게
[오퍼링] [핵심 혜택] [표적 고객]

___보다 더 나은 ___이다.
[경쟁] [기준틀]

'브리타 정수기'는 가격에 민감한 소비자들(표적 고객) 때문에 생수보다 저렴(핵심 혜택)한 비용이 들어가는 정수기로 더 나은 식수 공급원이 되었다.

예 : [오퍼링]은 [핵심 혜택] 때문에 [경쟁]보다 [표적 고객]에게 더 나은 [기준틀]이다.

___은 ___ 때문에 ___보다
[오퍼링] [핵심 혜택] [경쟁]

___에게 더 나은 ___이다.
[표적 고객] [기준틀]

탄산이 없는 스포츠 드링크 '게토레이'는 물이 할 수 없는 방식으로 수분을 보충하고 연료를 공급[핵심 혜택]하기 때문에 운동선수들[표적 고객]에게 더 좋은 수분 공급원이 되었다.

▮ 협력자 중심 포지셔닝 선언문이란?

협력자 중심 포지셔닝 선언문은 고객 중심 포지셔닝 선언문과 유사하다. 주요 차이점은 고객이 아닌 회사 협력자를 위한 오퍼링 전략을 설명한다는 것이다. 협력자 포지셔닝 선언문은 고객 포지셔닝 선언문과 유사한 구조를 따르며 **오퍼링, 회사 협력자, 기준틀, 경쟁 및 핵심 혜택과 같은 동일한 5가지 핵심 구성 요소**를 포함한다.

예 : [오퍼링] [기준틀]은 [핵심 혜택] 때문에 [경쟁]보다 [협력자]에게 더 나은 선택이다.

```
............. .............은 ............ 때문에
[오퍼링]  [기준틀]  [핵심 혜택]

............보다 ............에게 더 나은 선택이다.
[경쟁]     [협력자]
```

디월트 전동 공구는 할인 소매점으로부터 가격 보호를 제공(핵심 혜택)하기 때문에 마키타 공구보다 소매점(협력자)에 더 나은 선택이다.

예 : [핵심 혜택]을 추구하는 [협력자]에게 [오퍼링]은 [혜택의 정당성] 때문에 [경쟁]보다 더 나은 [기준틀]이다.

```
.............을 추구하는 ............에게 ............은 ............ 때문에
[핵심 혜택]        [협력자]     [오퍼링]  [혜택의 정당성]

............보다 더 나은 ............이다.
[경쟁]              [기준틀]
```

판매 수익과 시장 점유율을 높이려는 대중 시장 소매업체(협력자)를 위해 질레트 퓨전은 질레트 마하3보다 더 높은 이윤을 창출(혜택의 정당성)할 소비자 필수품(핵심 혜택)을 제공한다.

▌회사 중심 포지셔닝 선언문이란?

회사 중심 포지셔닝 선언문은 회사의 이해 관계자를 파악하고 이러한 이해 관계자를 위한 오퍼링의 핵심 가치 제안을 간략하게 설명하는 선언문이다. 따라서 고객 및 협력자 포지셔닝 선언문과 유사한 구조를 따르며, **오퍼링, 회사,**

기준틀, 대체 옵션 및 핵심 혜택과 같은 동일한 5가지 요소로 구성된다.

   예 : [오퍼링]은 [핵심 혜택] 때문에 [대체 옵션]보다 [회사]에 더 나은 [기준틀]이다.

```
           ‥‥‥‥은 ‥‥‥‥‥ 때문에 ‥‥‥‥‥보다
          [오퍼링]   [핵심 혜택]        [대체 옵션]

              ‥‥‥‥에 더 나은 ‥‥‥‥이다.
                [회사]          [기준틀]
```

   디월트 전동 공구는 블랙앤데커 프로페셔널 전동 공구(대체 옵션)보다 마진이 더 크고(핵심 혜택) 판매량이 더 많기 때문에 블랙앤데커(회사)에게 더 나은 전략적 옵션이다.

   예 : [오퍼링]은 [핵심 혜택] 때문에 [대체 옵션]보다 [회사]에게 더 큰 [핵심 혜택]을 제공하는 [기준틀]이다.

```
          ‥‥‥‥은 ‥‥‥‥‥ 때문에 ‥‥‥‥‥보다 ‥‥‥‥에게
         [오퍼링]   [핵심 혜택]        [대체 옵션]    [회사]

           더 큰 ‥‥‥‥‥을 제공하는 ‥‥‥‥이다.
                [핵심 혜택]            [기준틀]
```

   퓨전은 이윤이 더 높기 때문(핵심 혜택)에 질레트에게 마하3보다(대체 옵션) 더 큰 시장 점유율을 제공하는 습식 면도 시스템이다.

수익 공식은
기업의 근간이다

Defining the Profit Formula

셀 수있는 모든 것이 중요한 것은 아니며,

중요한 모든 것을 셀 수 있는 것도 아니다.

– 알버트 아인슈타인, 이론 물리학자 –

금전적 이익을 극대화하는 것이 영리 기업의 주요 목표이기 때문에, 대부분의 오퍼링은 직간접적으로 수익 창출을 목표로 한다. 회사의 오퍼링이 회사의 금전적 가치를 창출하는 방식은 수익 공식에 반영된다.

▌수익 공식이란?

수익 공식은 회사가 이해 관계자를 위해 금전적 가치를 창출하는 방법을 설명한다. 가장 일반적인 수준에서 회사의 순이익(수익)은 매출과 비용의 차이로 정의된다. 매출은 단가와 판매량의 함수이다. 반면, 비용은 생산단위(연구개발비, 설비비, 광고비, 임차료, 급여 등)에 따라 변동하지 않는 **고정비**와 생산 및 판매 단위 수에 정비례하여 변동하는 비용(원재료, 인센티브 및 판매 수수료)인 **변동비**이다.

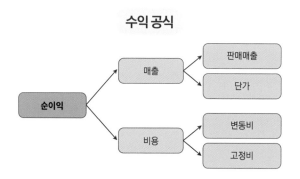

수익 공식

기업의 수익 공식은 판매량, 단가, 변동비, 고정비로 정의된다. 일부 고정 비용(연구 개발 및 장비)은 장기간에 걸쳐 감가상각되기 때문에, 순이익이 평가되는 기간 동안 사용된 관련 자원의 비율에 따라 비례 배분된다. 따라서, 회사의 수익 공식은 다음 방정식으로 요약할 수 있다.

$$이익 = 판매량 \times 단가 - 변동비 - 비례 고정비$$

기업이 내려야 할 중요한 결정은 **판매량을 최대화**할 것인지, 이윤을 극대화하는 **단가를 높일 것인지**, 아니면 이 **둘의 균형을 맞출 것인지**이다.

판매량 극대화는 기업이 낮은 단가(따라서 낮은 이윤)로 많은 판매량을 추구하여 이익 목표를 달성하는 **시장 침투 전략**을 말한다. 반면, **단가 극대화**는 판매량은 적더라도 높은 마진을 창출하기 위해 높은 가격을 부과함으로써 회사가 이익 목표를 달성하는 **시장 스키밍**skimming **전략**을 말한다.

시장 침투 및 시장 스키밍 외에도, 경쟁력 있는 가격을 제공하고 어느 측면에서든 **극단적이지 않으면서 평균 판매량을 추구**하는 여러 가지 전략이 있다.

▌판매량 증가를 통한 수익 관리하기

판매량을 늘리기 위한 두 가지 일반적인 전략이 있다.

회사는 구매 수량과 빈도를 늘려 현재 고객에게 집중하거나, 현재 서비스를 제공하지 않는 고객 확보에 집중할 수 있다. 두 가지 전략 모두 판매량을 늘릴 수 있지만, 회사의 현재 고객 기반을 잠식하는 불가피한 감소로 인해 고객 확보가 장기적인 수익성을 높이는 데 더 큰 역할을 하는 경우가 많다.

고객 확보를 통한 판매량 증가는 두 가지 경로를 따를 수 있다.

특정 제품 범주에 처음 접하는 고객을 유치하여 전체 시장의 규모를 성장시키는 것(시장 성장 전략)과, 이미 유사한 제품을 구매하는 고객을 유치하는 것(훔치기-공유 전략)이다.

판매량 증가를 통한 수익 관리

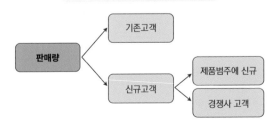

시장 성장 전략(주요 수요 전략이라고도 함. 파이를 키운다는 뜻)은 자사와 경쟁업체 오퍼링 간의 차이점에 명백하게 초점을 맞추지 않고 **전체 제품 범주의 혜택을 홍보하는 것**을 의미한다. 전체 시장을 성장시키는 것은 새로운 고객의 시장 유입으로 이익을 얻을 가능성이 가장 높은 회사, 즉 일반적으로 지배적인 시장 점유율을 가진 회사와 표적 고객이 높이 평가하는 뚜렷한 혜택을 가진 회사에 특히 유익하다. 시장 성장 전략은 또한 해당 범주에 진입하는 신규 고객에 의해 매출 성장이 촉진되고, 경쟁이 덜 치열하며, 경쟁사로부터 고객을 유치해야 할 필요성이 덜 두드러지는 특정 범주의 초기 단계에서 더 효과적인 경향이 있다.

〈가로수길이나 망리단길 특색있는 문화거리에 사람들이 몰리면 각 상점들은 서로 경쟁하지만, 파이가 커지기 때문에 동반 성장이 된다. 오피스 빌딩 사이의 먹자빌딩 등도 좋은 예이다. 역자주〉

반면에, **훔치기-공유 전략**은 경쟁 오퍼링과 비교하여 **자사 오퍼링의 혜택을 홍보하는 것**이다. 이 전략은 규모가 큰 경쟁업체를 희생시키면서 점유율을 확보하려는 소규모 경쟁업체가 자주 사용한다. 규모가 큰 회사는 일반적으로 소규모 경쟁업체와 비교함으로써 이익을 얻을 가능성이 적다. 이러한 비교를 통해 고객은 소규모(및 일반적으로 덜 알려진) 경쟁업체를 인식하고 결국 이러한 경쟁업체에 대한 신뢰를 얻을 수 있기 때문이다. 훔치기-공유 전략은 새로운 고객이 시장에 진입하지 않고 기존 고객에 대한 경쟁이 상대적으로 치열한 성숙한 범주에서도 일반적이다.

▌비용 절감을 통한 수익 관리하기

비용의 유형에 따라, 비용은 매출 원가, 연구 개발 비용, 마케팅 비용 및 기타 비용(일반 관리비 및 자본 비용)과 같은 네 가지 범주로 나눌 수 있다. 다양한 유형의 비용은 회사의 수익에 미치는 영향이 다르다. 일반적으로 판매되는 제품의 비용은 가변 비용인 반면, 연구 및 개발 등 기타 많은 비용은 고정되는 경향이 있다(즉, 생산 및 판매 수량의 직접적인 함수가 아님). 마케팅 비용은 종류에 따라 변동비와 고정비로 나뉘는데, 대부분의 광고비는 고정비이고 대부분의 인센티브(할인, 리베이트, 판촉비)는 변동비이다.

비용 절감을 통한 수익 관리하기

일반적으로 마케팅 비용, 특히 **고객 획득 비용**은 회사의 수익 공식에서 매우 중요하지만 종종 간과되는 측면이 있다. 일반적인 획득 비용에는 **표적 고객에게 회사의 오퍼링에 대해 알리고, 오퍼링을 경험할 수 있도록 하고, 판촉 할인을 제공하고, 회사의 오퍼링을 홍보하기 위한 포상금을 제공하는 것**이 포함된다.

획득 비용은 회사가 원하는 시장 위치를 확보하면 궁극적으로 사라질 마케팅 비용으로 간주되는 경우가 많기 때문에, 이러한 비용은 회사의 수익 공식에서 잘못 제외되는 경우가 있으므로, 고객 획득 비용은 다른 비용과 마찬가지로 취급해야 한다.

일회성 구매 고객의 경우 획득 비용은 변동 비용으로 간주될 수 있다. 고객이 살아가는 동안 여러 번 구매하는 경우, 획득 비용은 고정 비용으로 간주될 수 있으며 예상 고객의 생존 수명(生存 壽命 life time)동안 지출된다.

▌수익성의 J 곡선이란?

새로운 오퍼링을 개발하려면 일반적으로 선행 투자가 필요하기 때문에, 새로운 제품을 출시하는 벤처 기업은 초기에 손실(마이너스 수익)을 볼 가능성이 높다.

하지만 건전한 비즈니스 모델이 있고 잘 관리되면, 결국 초기 손실을 회수하고 순이익이 마이너스에서 플러스로 전환되어 J-곡선을 형성한다. 즉, 초기에 가속 손실이 전환점에 도달한 후 감속하기 시작하고, 이어서 순이익이 플러스로 바뀌는 손익 분기점을 형성한다.

J-곡선의 하단은 수익이 비용(고정 비용 제외)과 같고 현금 흐름이 음수에서 양수로 바뀌는 지점이다. 수익선이 0을 교차하는 지점은 오퍼링이 수익을 창출하기 시작하는 지점이다(계산된 고정 비용을 충당한 후).

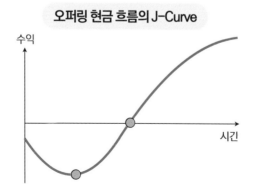

오퍼링 현금 흐름의 J-Curve

228

J-곡선과 수익 공식의 중요한 구성 요소는 손익 분기점(오퍼링과 관련된 수익과 비용이 동일하고 이를 초과하면 수익이 발생하는 판매량)이다. 손익분기 수량은 단위 마진(오퍼링의 단일 단위로 생성된 판매 수익과 가변 비용의 차이)에 대한 고정 비용 투자의 비율이다. 예를 들어, 가격이 $100이고 변동 비용이 $50이고 고정 비용이 $5,000만인 오퍼링의 손익 분기점을 유지하고 수익을 내려면 백만 개[$50M/($100 - $50)]의 판매량이 필요하다.

$$손익분기\ 수량 = 고정비투자\ /\ (매출\ 수입 - 변동비)$$

손익분기 수량을 결정하는 핵심 요소는 고정 비용을 계산하지 않고 판매된 각 단위에 대해 회사가 얻는 이익인 단위 마진이다. 연구 개발, 장비 및 광고 비용을 포함한 고정 비용을 회수하려면 오퍼링의 단위 마진이 양수여야 한다. 단위 마진이 클수록 회사는 고정 비용 투자를 더 빨리 회수하고 수익을 얻을 수 있다.

▌가치 수익화 전략이란?

모든 비즈니스 모델은 시장 가치 창출을 목표로 하지만, 회사의 비즈니스 활동을 수익화하는 방식은 다양하다.

수익원에 따라 **고객(직접) 수익화, 협력자(간접) 수익화 및 회사(내부) 수익화**의 세 가지 핵심 가치 수익화 전략이 있다.

- **고객**(직접) **수익화**에는 고객이 회사 수익의 주요 원천인 시나리오가 포함된

다. 예를 들어, 제조업체는 오퍼링(상품)을 구매하는 고객으로부터 대금 지불을 받는다.

- **협력자(간접) 수익화**에는 주요 수익원이 고객이 아닌 회사의 협력자인 시나리오가 포함된다. 예를 들어, 검색 엔진, 온라인 콘텐츠 게시자, 앱 및 게임 개발자는 최종 사용자가 직접 지불하지 않고 콘텐츠에 메시지를 삽입한 광고주로부터 대금을 받는 경우가 많다. 그렇다고 최종 사용자가 돈을 내는 것이 아니라 최종 사용자는 대금 지불 대신, 자신의 니즈, 선호도 및 행동에 대한 정보를 제공하므로써, 돈을 낸 광고주는 자사의 선호도에 영향을 미치고 인지도를 얻을 수 있기 때문에 기꺼이 대금을 지불(광고비)하는 것이다.

- **회사(내부) 수익화**에는 회사 자체 포트폴리오의 다른 오퍼링이 주요 수익원인 시나리오가 포함된다. 예를 들어, 회사가 보완 오퍼링으로 돈을 벌 수 있도록 하는 부분 유료화(freemium) 및 손실 리더(loss-leader) 오퍼링의 경우와 같이 오퍼링은 회사의 제품 라인에서 다른 오퍼링을 홍보하는 것을 목표로 할 수 있다.

▍수익 공식 정량화 : 주요 개념 알아보기

손익계산서 : 특정 기간 동안 회사의 수입과 지출을 보여주는 재무 문서. 일반적으로 수익, 비용, 운영 비용, 운영 수입 및 수익을 파악한다.

손익계산서

총수익	
판매수익	$ 18,000
반품 및 공제	(3000)
총 수익	15,000
상품판매 비용	
제품비용	(4,500)
서비스비용	(1,500)
총 상품판매비용	(6,000)
총이익	9,000
총마진	60%
운용비용	
영업 및 마케팅	5,000
일반관리	1,000
R&D	1,500
총운영비용	7,500
영업이익	1,500
영업마진	10%
기타 수익(비용)	
이자비용	(250)
감가상각비	(100)
법인세 비용	(400)
총 기타 수익(비용)	(750)
순이익(수익)	750
순(이익)마진	5%

총마진은 총수익에 대한 총매출의 비율이다.

$$총마진 = 총이익/총매출$$

총수익은 총매출과 총상품 원가의 차이이며, 단위 판매 가격과 판매된 제품의 단위 원가의 차이로 단위당 기준으로 계산할 수도 있다. 예를 들어, 회사가 100개 단위를 판매하고 각 단위의 가격이 $1이고 제조 비용이 $0.30인 경우, 단위 총 수익은 $0.70이고, 총 수익은 $70이며, 단위 및 총 마진은 70%이다.

$$총수익 합계 = 매출 합계 - 매출 원가 합계$$
$$단위 총수익 = 가격 단위 - 매출 원가 단위$$

총매출은 회사의 비즈니스 활동에서 얻은 총수입으로 구성된다.

순이익은 총매출에서 주어진 기간 동안의 모든 원가와 비용(매출원가, 운영비, 감가상각비, 이자 및 세금)을 뺀 것이다.

$$순이익 = 총매출 - 총비용$$

순마진은 총매출에 대한 순이익의 비율이다.

$$순마진 = 순이익/총매출$$

운영 비용은 판매, 마케팅, 연구 및 개발, 일반 및 관리 비용을 포함하여 매출원가 이외의 비용으로 수익 창출에 할당된다.

운영이익은 총수익에서 운영비를 뺀 금액이며, 회사의 자본 구조에서 발생하는 이자와 상관없이 현재 운영에서 회사의 수익성을 반영한다.

$$운영이익 = 총수익 - 운영비$$

운영 마진은 총 매출에 대한 운영이익의 비율이다.

$$운영 마진 = 운영이익/총매출$$

공헌 마진(contribution margin)은 매출 변동비의 차이를 말하며 일반적으로 단위당으로 계산된다. 공헌 마진은 총매출과 총변동비의 총매출에 대한 차이 비율(또는 단위 판매 가격에 대한 단위 공헌 비율)로 계산되는 백분율로 표시될 수도 있다. 총 마진이 전부는 아니지만, 일부 변동비(예 : 단위 판매 및 판촉비 제외)를 포함하는 것과 달리 공헌 마진은 모든 변동비를 포함한다.

$$공헌 마진(\$) = 매출단위 - 변동비 단위$$
$$공헌 마진(\%) = (가격 단위 - 변동비 단위)/가격 단위$$

한계 비용은 한 단위를 추가로 생산하는 데 드는 비용이다.

거래 마진(trade margin)은 유통망의 각 수준에서 단위 판매 가격과 단위 비용의 차이이다. 일반적으로 거래 마진은 비용(구매 가격)이 아닌 판매 매출(판매 가격)을 기준으로 계산된다. 거래 마진을 분석하는 유용한 접근 방식은 유통 구조를 알아내고 각 유통 구성원의 마진을 파악하는 것이다.

유통 채널 마진 계산

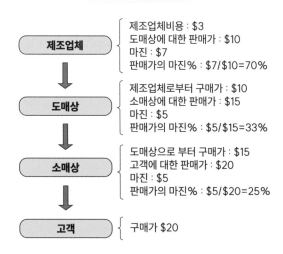

연평균 성장률(CAGR)은 특정 기간 동안 투자의 연간 성장률이다.

내부 수익률(IRR)은 투자(즉, 투자 수익률)로 얻을 수 있는 연간 유효 복리 수익률이다.

시장 점유율은 경쟁하는 제품 범주 내의 모든 제품의 총 판매액 중 제품의 점유율이다. 시장 점유율은 오퍼링의 매출을 총 카테고리 매출로 나누어 결정히며, 판매는 수익 또는 단위 기준으로 정의할 수 있다(예 : 판매된 품목 수 또는 서비스를 제공한 고객 수).

$$시장 점유율 =$$
$$주어진\ 시장에서\ 오퍼링의\ 판매/주어진\ 시장의\ 총\ 판매$$

투자 수익률(ROI)은 이 수입을 창출하는 데 필요한 투자의 백분율로 나타낸 순이익이다.

$$투자\ 수익률\ ROI = (투자로\ 인한\ 이익 - 투자\ 비용)/투자\ 비용$$

판매에 대한 수익 ROS(Return on Sales)는 판매 수익의 백분율로 표시되는 순이익이다.

$$판매에\ 대한\ 수익률\ ROS = 순이익/매출액$$

사업 계획서는
G-STIC의 완성이다

Writing a Business Plan

계획은 거의 중요하지 않지만,

계획 세우기는 필수이다.

– 윈스턴 처칠, 영국 정치인 –

사업 계획서는 관련 이해 관계자에게 회사의 비즈니스 모델과 이를 실현하는 프로세스에 대해 알려주고, 회사의 사업 활동을 논리적이고 구조화된 방식으로 제시하여 관리자에게 지침을 제공하고 회사가 비즈니스 모델을 집행할 수 있도록 한다.

▌큰 그림 그리기

사업 계획서는 회사가 달성하고자 하는 목표를 식별하고, 이 목표를 달성하기 위한 특정 행동 과정을 설명하며, 이 목표를 향한 회사의 진행 상황을 평가하기 위한 지침을 제공하는 문서이다.

G-STIC[5] 체계를 정의하는 다섯 가지 주요 구성 요소(목표, 전략, 전술, 집행 및 통제)로 구성된다.

- **목표**(Goal)는 성공을 위한 궁극적인 기준을 식별하고, 회사가 달성하고자 하는 최종 결과이며, 두 가지 구성 요소가 있다. 회사가 달성하려는 **지표**(예: 순이익)**를 정의하는 초점**(focus)과 달성해야 할 **정량적 및 시간적 성과 기준**(benchmarks)이다.
- **전략**(Strategy)은 회사의 **표적 시장**과 이 시장에서의 **가치 제안**을 정의하며, 회사 **비즈니스 모델의 중추**이다.
- **전술**(Tactics)은 **제품, 서비스, 브랜드, 가격, 인센티브, 커뮤니케이션 및 유통**과 같은 회사 오퍼링의 핵심 속성을 정의한다. 위의 일곱가지 전술은 기업이 선택한 시장에서 가치를 창출하기 위해 사용하는 도구이다.
- **집행**(Implementation)은 시장 오퍼링 창출과 관련된 프로세스를 정의하고, **자원 개발, 오퍼링 개발 및 시장 전개**가 포함된다.
- **통제**(Control)는 시간 경과에 따른 회사 활동의 성공 여부를 평가한다. 여기에는 **회사의 성과를 평가**하고 회사가 운영되는 **시장 환경의 변화를 모니터링**하는 두 가지 구성 요소가 포함된다.

---

5   **G-STIC** : 목표Goal−전략Strategy/전술Tactics/실행Implementation/제어Control

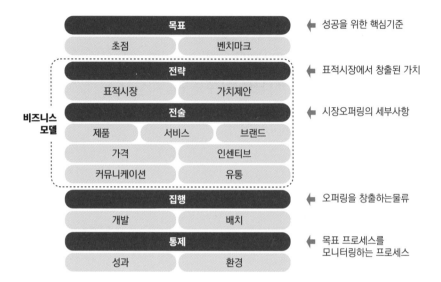

G-STIC 실행 계획 체계

목표			← 성공을 위한 핵심기준
초점	벤치마크		
전략			← 표적시장에서 창출된 가치
표적시장	가치제안		
전술			← 시장오퍼링의 세부사항
제품	서비스	브랜드	
가격	인센티브		
커뮤니케이션	유통		
집행			← 오퍼링을 창출하는물류
개발	배치		
통제			← 목표 프로세스를 모니터링하는 프로세스
성과	환경		

비즈니스 모델

▌목표 세우기

사업 계획은 회사가 **달성하고자 하는 목표를 정의하는 것**에서 시작된다. 이 목표는 회사의 모든 활동을 안내하는 표지판(beacons)이 된다. 잘 정의된 목표가 없으면 기업은 의미 있는 행동 방침을 설계하더라도 그 성공을 평가할 수 없다.

명확한 목표를 갖는 것의 중요성은 영국의 수학자이자 〈이상한 나라의 앨리스〉의 저자인 루이스 캐롤의 말에 잘 나타나 있다.

'**만약 당신이 어디로 가는지 모른다면, 어떤 길이든 당신을 그곳에 데려다 줄 것입니다.**' (이 인용문은 '우리가 가고 싶은 곳에 대한 명확한 비전이 있을 때, 우리는 우리의 목표에 더 가이 통찰력은 비즈니스에도 적용이 된다. 즉, 정해진 목표가 없는 회사는 방향타가 없는 배와 같다.

목표 설정에는 회사 활동의 **초점을 식별**하고 달성할 **성과 기준**을 정의하는 두 가지 결정이 포함된다.

목표 초점 정의하기

초점은 회사의 성공을 위한 핵심 기준을 식별한다. 회사 활동의 원하는 결과를 정의하는 척도이며, 초점에 따라 목표는 금전적이거나 전략적일 수 있다.

- **금전적 목표**에는 순이익, 이윤, 주당 순이익 및 투자 수익과 같은 금전적 결과가 포함된다.
- **전략적 목표**에는 판매량 증가, 브랜드 인지도 창출, 기타 오퍼링 홍보, 사회복지 증진, 기업 문화 개선, 인재 채용 및 유지와 같이 회사에 전략적으로 중요한 비금전적 결과가 포함된다.

성과 벤치마크란?

성과 벤치마크는 목표 달성을 위한 정량적 및 시간적 기준을 설명한다.

- **정량적 벤치마크**는 초점 메트릭(focal metric)의 크기를 정의한다. 예를 들어, 정량적 벤치마크는 '시장 점유율 10% 달성', '유지율 12% 증가' 및 '연간 판매량 100만 개 달성' 등으로 공식화할 수 있다.

- **시간적 벤치마크**는 원하는 성능 수준에 도달하기 위한 기간(*time frame*)을 식별한다.

목표 초점, 정량적 벤치마크 및 시간적 벤치마크는 무엇을 달성해야 하는지, 얼마나 달성해야 하는지, 언제까지 달성해야 하는지 등 세 가지 질문에 답한다. 예를 들어, 회사는 2년 동안(시간적 벤치마크) 1000만 달러(정량적 벤치마크)의 순이익(초점)을 창출하는 목표를 설정할 수 있다.

▌전략

전략은 특정 시장에서 회사가 창출할 가치를 설명하고, 회사의 **표적 시장**과 이 시장에 대한 **가치 제안**에 의해 정의된다.

- **표적 시장**은 회사가 가치 창출을 목표로 하는 시장을 나타내며, 다섯가지 요소로 정의된다. 회사가 충족시키려는 **니즈를 가진 고객**, 동일한 표적 고객의 동일한 니즈를 충족시키는 것을 목표로 하는 **경쟁자**, 이러한 고객의 니즈를 충족시키기 위해 회사와 협력하는 **협력자**, **오퍼링** 및 회사가 **운영되는 상황**이다.
- **가치 제안**은 회사가 표적 시장에서 창출하고자 하는 **가치를 정의**하고, 고객 **가치**, **협력자 가치** 및 **회사 가치**의 세 가지 구성 요소로 구성되며, 해당 시장 주체를 위해 기업이 창출한 가치를 반영한다.

▌전술

전술은 주어진 시장에서 회사가 소개하는 실제 오퍼링을 정의하고, 회사의 전략을 논리적으로 따르며, 회사가 이 전략을 시장 현실로 만드는 방법을 반영하며, **제품, 서비스, 브랜드, 가격, 인센티브, 커뮤니케이션 및 유통**과 같이 회사의 **시장 제안을 정의하는 일곱 가지 속성**을 설명한다.

- **제품**은 고객을 위한 가치 창출을 목표로 하는 상품과 취득한 상품에 대해 고객에게 권리를 부여한다.
- **서비스**는 고객에게 이 상품의 소유권을 부여하지 않고 고객을 위한 가치 창출을 목표로 하는 상품이다.
- **브랜드**는 회사의 제품 및 서비스를 식별하고 경쟁 제품과 차별화하며 오퍼링의 제품 및 서비스 측면을 넘어 고유한 가치를 창출하는 것을 목표로 한다.
- **가격**은 오퍼링에서 제공하는 혜택에 대해 회사가 고객과 협력자에게 청구하는 금액이다.
- **인센티브**(대량 할인, 가격 인하, 쿠폰, 리베이트, 프리미엄, 보너스 제공, 콘테스트 및 보상)는 비용을 줄이거나 혜택을 늘려 오퍼링의 가치를 높이는 도구이다.
- **커뮤니케이션**은 관련 시장 주체(표적 고객, 협력자 및 회사)에게 오퍼링의 세부 사항을 알려준다.
- **유통**에는 표적 고객과 회사의 협력자에게 오퍼링을 제공하는 데 사용되는 채널이 포함된다.

▌집행

집행은 비즈니스 모델을 현실로 만드는 것을 목표로 하는 활동을 정의하고, 회사 자원 **개발, 오퍼링 개발** 및 **시장 전개**라는 세 가지 주요 요소가 포함된다.

자원 개발

자원 개발에는 제조, 서비스 및 정보 기술 자산을 포함하는 **비즈니스 시설 구축**, 신뢰할 수 있는 **공급 업체 보장**, **숙련된 직원 모집**, **교육 및 유지**, 신규 오퍼링의 플랫폼 역할을 할 수 있는 **관련 제품, 서비스 및 브랜드 개발**, **오퍼링 개발**, 생산 및 관리하는데 필요한 **노하우 습득**, 표적 고객에게 회사의 오퍼링을 알리고 이 오퍼링을 제공하기 위한 **커뮤니케이션 및 유통망 개발**, 이러한 자원을 개발하는 데 필요한 **자본 확보** 등이 포함된다.

오퍼링 개발

오퍼링 개발은 회사의 비즈니스 모델을 회사의 표적 고객에게 알리고 제공되는 실제 오퍼링으로 변환하는 프로세스를 포함하고, 회사가 표적 시장에 전개할 오퍼링을 창출하기 위해 정보, 재료, 노동 및 자금의 흐름을 관리하는 것이 포함되며, 제품 설계(조달, 인바운드 물류 및 생산) 및 서비스(설치, 지원 및 수리 활동), 브랜드 구축, 소매 및 도매 가격 및 인센티브(쿠폰, 리베이트 및 가격 할인), 커뮤니케이션 수단 디자인(메시지, 매체 및 창의적인 해결책), 유통 구축(창고, 주문 이행 및 운송)등이 포함된다.

시장 전개

시장 전개는 오퍼링을 시장에 출시하는 프로세스를 설명함으로써 오퍼링 개발 과정을 논리적으로 따르고, 오퍼링의 시장 출시 시기 설정과, 이 출시와 관련된 자원 정의 및 출시 규모 결정이 포함된다.

시장 전개는 선별적일 수 있으며, 초기에는 오퍼링에 대한 시장 반응을 평가하기 위해 특정 시장에 집중하거나, 모든 표적 시장에 걸쳐 대규모 출시를 포함할 수 있다.

선택적 시장 전개의 경우, 사업 계획은 오퍼링이 처음 도입될 주요 시장을 정의하고, 오퍼링 출시와 관련된 주요 활동을 설명한다.

비즈니스 계획은 모든 표적 고객에게 도달하고 전체 시장 잠재력을 달성할 수 있도록 주요 시장을 넘어 오퍼링을 확장하는 것과 관련된 시기와 프로세스를 추가로 식별한다.

▌통제

비즈니스 모델은 역동적이다. 일단 개발되면 시간이 지남에 따라 진화한다. 끊임없이 변화하는 비즈니스 환경에서는 기업이 민첩하고 지속적으로 비즈니스 모델을 재조정해야 한다. 이 과정은 비즈니스 계획의 통제 부문에 설명되어 있다.

통제의 주요 기능은 회사에 현재의 조치를 계속할지 여부, 조치를 재평가하고 기본 비즈니스 모델을 재정렬할지, 또는 현재 조치를 포기하고 비즈니스 모델을 현재 시장 현실을 반영하여 더 나은 방향으로 전환할지 여부를 점검하는 것이다. 통제에는 회사의 성과 평가와 시장 환경 모니터링이라는 두 가지 구성 요소가 포함된다.

성과 평가

성과 평가에는 초점과 벤치마크로 정의된 목표를 향한 회사의 진행 상황을 모니터링하는 것이 포함되고, 두 가지 결과 중 하나로 이어질 수 있다. 회사가 적절한 목표를 달성하고 있거나, 원하는 성과와 실제 성과 사이에 불일치(성과 격차)가 있는 경우이다. 진행 상황이 적절하면, 회사는 현재 실행 계획을 그대로 유지할 수 있다. 반대로, 성과 평가에서 차이가 발견되면 회사의 실행 계획을 수정하여 회사가 목표를 달성할 수 있도록 조정하여야 한다.

환경 모니터링

환경 모니터링은 시장 기회와 위협을 파악하는 것을 목표로 하고, 이를 통해 회사는 유리한 정부 규제, 경쟁 감소 또는 소비자 수요 증가와 같은 새로운 기회를 활용할 수 있을 뿐만 아니라, 불리한 정부 규제, 경쟁 증가 또는 고객 수요 감소와 같은 잠재적 위협에 대응할 수 있다. 회사가 운영되는 환경을 모니터링하는 것은 비즈니스 민첩성의 전제 조건 중 하나이며 회사 비즈니스 모델의 지속 가능성을 위한 필수 조건이다.

▌문서로서의 사업 계획서란?

회사의 사업 계획서는 제안된 행동 방침을 회사 직원, 협력자, 투자자 등 관련 이해 관계자에게 전달하는 것을 목표로 하는 것이며, **요약**(executive summary), **상황 개요**(situation overview), **실행 계획**(action plan) 및 **표**(exhibit)의 네 가지 주요 요소로 이루어진다.

- **요약**은 사업 계획의 **요점 말하기**(*elevator pitch*)이다. 이것은 회사의 목표와 제안된 행동 방침에 대한 간소화되고 간결한 개요이다.
- **상황 개요**는 회사가 운영되는 시장의 주요 측면을 설명한다.
- **G-STIC 체계**에서 정의한 실행 계획은 사업 계획의 핵심이고, 회사가 **달성하고자 하는 목표**, **오퍼링의 전략**(표적 시장 및 가치 제안), **오퍼링의 전술**(제품, 서비스, 브랜드, 가격, 인센티브, 커뮤니케이션 및 유통), 오퍼링의 비즈니스 모델을 시장 현실로 만드는 **집행 프로세스**(자원 개발, 오퍼링 개발 및 시장 전개), 회사의 성과를 평가하고 운영 환경의 변화를 모니터링하는 데 필요한 **통제 절차**이다.
- **표**는 계획의 덜 중요하고 더 기술적인 측면을 차트 및 부록의 형태로 구분하여 비즈니스 계획을 효율화 하는 데 도움이 된다.

사업 계획의 궁극적인 목표는 회사의 행동을 가이드하는 것이다. 따라서, 사업 계획의 근간은 회사의 목표와 제안된 행동 방침을 설명하는 G-STIC 체계이다. 사업 계획의 다른 구성 요소인 요약, 상황 분석 및 표는 계획의 기본 논리에 대한 이해를 촉진하고 제안된 행동 과정에 대한 세부 사항을 제공하는 것을 목표로 한다.

어떻게 유니콘이 탄생했는가?

달러 쉐이브 클럽 : 그루밍 산업을 혼란에 빠트리다

와비 파커 : 트랜디 메트로폴리탄을 사로잡다

네스트 랩스 : 스마트 커넥티드 홈 솔루션으로 최적 가치를 선사

우버 : 완벽한 차량 공유 서비스 체험을 가지게 하다

제네피츠: 소기업 맞춤형 복리후생 솔루션으로 승부수

4

성공한 유니콘
벤치마킹 해보기

어떻게 유니콘이
탄생했는가?

How to Become a Unicorn: Five Billion-Dollar Startups

오늘날 세상에 존재하는 문제는

그것을 만든 사고 수준으로는 해결할 수 없다.

– 알버트 아인슈타인, 이론 물리학자 –

대부분의 사람들에게 유니콘은 이마에 튀어나온 크고 뾰족한 나선형 뿔이 있는 신화 속 생물이다. 그러나, 스타트업과 벤처 투자자에게 **유니콘**은 완전히 다른 의미이다. 회사의 **가치가 10억 불이 넘는 스타트업을 의미**한다. 유니콘이 된 모든 회사가 초기 성공을 유지할 수 있었던 것은 아니지만, 회사의 가치가 10억 불에 도달한 스타트업은 주목할 가치가 있으며, 그들의 **비즈니스 모**

델은 시장 가치 창출 프로세스의 주요 측면을 설명하는 데 많은 도움이 될 수 있다.

이 섹션에서는 5개 스타트업의 비즈니스 모델에 대해 설명한다. 소비 기반의 저가 면도기 및 카트리지 소매업체인 **달러 쉐이브 클럽**Dollar Shave Club, 고가의 디자이너 처방 안경에 대한 최신 유행의 패션 대안인 **와비 파커**Warby Parker, 가정 온도 관리를 자동화하는 온도 조절 장치를 만든 **네스트 랩스**Nest Labs, 택시 및 리무진 서비스의 대안인 **우버**Uber, 소기업을 위한 종합 인적 자원 솔루션인 **제네피츠**Zenefits이다.

이 다섯 회사는 많은 공통점을 가지고 있었으며, 모두 해당 산업 분야에서 운영 방식을 크게 변화시키는 것을 목표로 삼았다. 다섯 회사 모두 그 분야에서 새로운 비즈니스 모델을 설계하고 고객, 협력자 및 이해 관계자에게 시장 오퍼링의 실행 가능성을 확신시켜 나갔다. 그리고, 모두 출시 5년 만에 기업 가치가 10억 불 이상에 달해 유니콘 기업이 되었다.

이 회사들은 많은 공통된 측면에도 불구하고, 여러 차원에서 다르며, 가장 분명한 차이점은 그들이 운영하는 산업이다. **이 5개 기업의 산업 분야는 모두 다르다.**
달러 쉐이브 클럽은 **면도 제품**을 유통하고, **와비 파커**는 **패션 안경**을 판매하고, **네스트 랩**은 **가정 온도 자동화 장치**를 만들고, **우버**는 **운전자와 차량 서비스가 필요한 사람들을 연결**하고, **제네피츠**는 소기업의 **직원 복리후생**을 관리하도록 돕는다.

이 회사들은 시장에서 수행하는 역할도 다양하다.

달러 쉐이브 클럽은 타사에서 개발 및 생산한 제품을 유통하는 소매업체, 와비 파커는 자체 제품을 설계 및 유통하고, 네스트 랩스는 다양한 소매업체를 통해 유통되는 제품을 설계하고, 우버Uber는 라이더와 운전자를 연결하는 온라인 플랫폼, 제네피츠는 B2B 서비스 제공업체이다. 달러 쉐이브 클럽은 제품을 구독 서비스로 제공하고, 와비 파커는 지속적인 서비스가 필요하지 않은 제품을 판매하고, 네스트 랩스는 제품과 서비스의 복잡한 조합을 배포하고, 우버는 사람과 물리적 물체를 운송하는 서비스를 제공하고, 제네피츠는 클라우드 기반 서비스 솔루션을 제공한다.

이들 기업의 비즈니스 모델은 창출하는 고객 가치의 유형도 다양하다. **달러 쉐이브 클럽**이 창출하는 주요 혜택은 **금전적(저렴한 가격)**이고, 부차적인 혜택으로는 **기능성(편의성)**이 있다. **와비 파커**의 주요 혜택은 **심리적(자기표현)**이며, **금전적 측면(저렴한 가격)**은 부차적인 혜택이다. **네스트 랩스**의 주요 혜택은 **기능성(작동 용이성)**이며, **금전적 측면(에너지 비용 절감)**이 부차적 혜택이다. **우버**의 주요 혜택은 **기능적(빠르고 편리한 이동)**이며, **심리적 측면('개인 운전자' 보유)**과 **금전적 측면(저렴한 가격)**이 부차적 측면이다. **제네피츠**의 주요 혜택은 **기능성(직원 복리후생 관리 간소화)**이며 **금전적 측면(무료)**이 부차적 혜택이다.

이 다섯개 회사의 비즈니스 모델의 기본이 되는 **밸류 맵**(value maps 가치 지도)은 복잡성이 다양하다. 이 책에서 소개하는 달러 쉐이브 클럽과 제네피츠의 밸류 맵은 비교적 단순하며 협력자에 대한 자세한 논의 없이 고객과 기업을 위해 창출된 가치에만 집중한다. 와비파커 및 우버의 밸류 맵은 더 복잡하며 표적 고객, 회사 및 협력자를 위해 제공하는 오퍼링이 창출하는 가치를 나타낸다. 마지막으로, 네스트 랩스의 밸류 맵은 표적 고객과 회사는 물론 여러 협력자를 위해 창출된 가치를 간략하게 설명한다.

그들의 초기 성공에도 불구하고, 5개 회사는 성공적인 비즈니스 모델을 소개하기 위해 여기에 제시되지는 않았다. 여기에 소개하는 주요 목표는 논의된 회사의 비즈니스 모델을 보증하는 것이 아니라 비즈니스 모델 개발의 주요 측면을 설명하고자 하는 것이다.

지금 위의 각 회사는 시장 지위를 공고히 하기 위해 극복해야 하는 도전에 직면해 있다. 시장 상황이 변화함에 따라 5개 회사 모두 성장 궤도를 유지할 수도 있고 유지하지 못할 수도 있다. 어쩌면 일부는 더욱 크게 성공할 수도 있고 나머지는 신흥 경쟁자에 의해 삼켜질 수도 있다.

▌ 달러 쉐이브 클럽 : 그루밍Grooming 산업을 혼란에 빠트리다

달러 쉐이브 클럽은 저렴한 면도기 및 카트리지 구독 기반 온라인 소매업체이다. **비즈니스 모델**은 **전략적 관점**에서 소비자가 회사 수익을 창출하는 B2C이고, **전술적 관점**에서는 **구독 모델**[6](개별 항목 구매가 아닌 월간 구독), **카트리지 모델**(면

---

6 **구독 모델** : 월간 정기배송. 구독자는 신경 쓰지 않아도 한 달에 한 번 면도기가 배송되어 오는 시스템.

도기 본체(손잡이)는 무료로 제공되며 카트리지 판매로 수익이 발생함), **소비자 직접 유통 모델**(타사 소매업체에 의존하지 않음)을 사용한다. **시장 밸류 맵**은 회사와 고객 간의 가치 관계를 묘사하는 비교적 **간단한 시나리오**를 제시한다. 즉, 달러 쉐이브 클럽은 판매하는 제품을 공급하는 기업(외주 발주하는 카트리지 생산기업)과 협력하지만, **비즈니스 모델의 핵심**은 **회사와 고객 간의 가치 교환**이다.

▌와비 파커 : 트랜디 메트로폴리탄을 사로잡다

와비 파커는 경쟁력 있는 가격의 최신 유행 처방 안경을 소비자에게 직접 제공하는 업체이다. **비즈니스 모델**은 **전략적 관점**에서, 고객이 회사의 수익을 창출하는 B2C이고, **전술적 관점**에서는 **직접 소비자 모델**(제3자 소매업체에 대한 의존도를 최소화한 직접 유통), **무료 시착 모델**(고객이 한 번에 최대 다섯 쌍의 프레임을 주문하고 사용해 볼 수 있음) 및 **일대일 모델**(구매한 안경과 같은 가격대의 안경을 도움이 필요한 사람, 즉 저소득층이나 극빈자에게 무료로 기부한다)을 포함한다. **시장 밸류 맵**은 가치 창출 프로세스의 세 가지 측면을 모두 묘사하며, 회사가 **고객과 이해 관계자뿐만 아니라 협력자**(예: 부티크 소매업체가 와비 파커에 공간을 임대하여 전시장으로 사용함)를 위해 **가치를 창출하는 방식**을 보여준다.

▌네스트 랩스 : 스마트 커넥티드 홈 솔루션으로 최적 가치를 선사

네스트 랩스는 가정 온도 관리를 자동화하는 온도 조절 장치를 만든 회사이다. 네스트의 **비즈니스 모델**은 **전략적 관점**에서 볼 때, 고객이 회사의 수익을 창출하는 B2C이고, **전술적 관점**에서는, **시장 스키밍 모델**(제품 가격이 대부분의 경쟁사에 비해 프리미엄임), **옴니 채널 모델**(오프라인 및 온라인 유통 채널 사용), **푸시 모델**(오퍼링을 소비자에게 홍보하기 위해 유통업체에 대한 프로모션 인센티브) 및 **풀 모델**(제품에 대한 수요를 창출하기 위해 고객에게 직접 프로모션 인센티브 제공)을 포함한다. 네스트의 **밸류 맵**은 서로 다른 시장 기능을 수행하는 여러 협력자가 관련된 **비교적 복잡한 시나리오**를 보여준다. 따라서, 네스트 비즈니스 모델에는 오퍼링이 소매업체, 계약업체 및 개발업체와 같은 네스트 파트너를 위해 가치를 창출하는 방식을 설명하는 여러 협력자 밸류 맵이 포함된다.

▎우버 : 완벽한 차량 공유 서비스 체험을 가지게 하다

택시 및 리무진 서비스의 대안인 우버는 운전자와 차량이 필요한 사람을 연결하는 차량 공유 플랫폼이다. 우버의 **비즈니스 모델**은 **전략적 관점**에서, 고객이 회사의 수익을 창출하는 C2C(고객 대 고객)이고, **전술적 관점**에서는, **임대 모델**(승차 공유는 자동차 소유를 대체하는 것을 목표로 하는 서비스), **시장 침투 모델**(신속한 채택을 얻기 위해 서비스 가격이 대부분의 시장 옵션에 대해 할인된 가격으로 책정됨), **급등 가격 책정 모델**(프리미엄 가격 책정은 수요와 공급을 맞추는 것을 목표로 함) 및 **직접 소비자 모델**(서비스가 제 3자에 의존하지 않고 소비자에게 직접 제공됨)을 포함한다. 우버의 **밸류 맵**은 협력자가 기업이 아닌 개인인 시나리오에서 수십만 명의 협력자(차량 소유 운전자)와 수백만 명의 고객을 연결하는 대규모 **글로벌 네트워크**를 보여준다.

▎제네피츠 : 소기업 맞춤형 복리후생 솔루션으로 승부수

제네피츠는 소기업을 위한 포괄적인 인적 자원 관리 솔루션을 제공한다. 제네피츠의 **비즈니스 모델**은 **전략적 관점**에서, 기업의 수익을 창출하는 고객(중소기업)이 아닌 협력자(혜택 제공자)가 있는 B2B(기업 간)이다. **전술적 관점**에서는,

SaaS(Software-as-a-Service) **모델**(소프트웨어 패키지가 아닌 서비스임), **구독 모델**(서비스는 반복적으로 제공됨) 및 **직접 고객 모델**(서비스가 제3자에 의존하지 않고 소비자에게 직접 제공됨)을 포함한다. B2C 시장에서 운영되는 회사를 묘사하는 처음 네 가지 예와 달리, 제네피츠 밸류 맵에는 B2B 시장이 포함된다. 제네피츠 예는 시장 밸류 맵이 동일한 구조를 가지며 소비자 및 비즈니스 시장 모두에 대해 동일한 논리를 따른다는 것을 보여준다.

달러 쉐이브 클럽 :
그루밍 산업을 혼란에 빠트리다

Dollar Shave Club: Disrupting the Grooming Industry

누구나 시장 점유율을 높일 수 있고, 가격을 충분히

낮게 책정하면, 전체 시장을 얻을 수 있다.

– 데이비드 팩커드, 휴렛 팩커드의 공동 설립자 –

달러 쉐이브 클럽은 면도기와 면도날을 구독 기준으로 판매하는 온라인 소매업체이며, 가격은 월 1불부터 시작한다. 2011년 7월 마크 레빈과 마이클 두빈이 설립한 달러 쉐이브 클럽은 설립자 마이클 두빈의 유튜브 동영상이 폭발적인 조회수가 터지면서 인지도를 얻었고, 첫 3개월 동안 거의 500만 조회수를 얻으며 대중들의 관심을 끌었다.

초기 성공을 기반으로, 면도기와 카트리지를 넘어 확장하여 면도 크림과 애프터쉐이브 로션을 포함한 자체 그루밍 제품 라인을 제공하고, 개당 기준으로 주요 브랜드보다 가격이 낮은 면도기와 카트리지와 다르게 그루밍 제품은 시중의 유사 제품보다 프리미엄급으로 가격이 책정되었다.

달러 쉐이브 클럽은 출범 3년 만에 클라이너 퍼킨스 코필드 앤 바이어스, 앤드리슨 호로위츠, 샤스타 벤처스, 화이트 스타 캐피탈 및 펠리시스 벤처스를 포함한 투자자 그룹으로부터 1억 6천만 불 이상의 벤처 캐피탈 자금을 조달했고, 2015년까지 3백만 명 이상의 고객을 확보하여 미국 면도기 및 카트리지 시장 30억 불, 약 8%를 점유하고 1억 5천만 불 이상의 수익을 창출했으며, 출시 4년 만인 2016년, 질레트를 제치고 미국에서 두 번째로 큰 남성용 면도기 판매 업체가 되었다. 2016년 여름, 유니레버는 전액 현금 거래로 달러 쉐이브 클럽을 10억 불에 인수했다.

▌달러 쉐이브 클럽 '시장 밸류 맵' 살펴보기

달러 쉐이브 클럽 '시장 밸류 맵'은 표적 시장, 이 시장에서 회사가 제공하는 오퍼링, 오퍼링이 표적 고객, 협력자 및 회사 이해 관계자를 위한 가치를 창출하는 방식을 설명한다.

달러 쉐이브 클럽 시장 밸류 맵

표적 시장	
면도기와 카트리지 비용을 절약하려는 면도하는 모든 남성	고객
면도기와 카트리지를 공급하는 한국제조업체	협력자
달러 쉐이브크럽; 동명의 브랜드 면도 시스템 및 면도용품의 온라인 유통업체	회사
면도시스템(면도기 및 카트리지) 제조업체(질레트, 쉬크 및 기타)	경쟁자
온라인 소매업의 급속한 성장, 질레트 카트리지의 높은 가격 불만 증가	상황

가치 제안	
금전적 절약 및 쇼핑의 편이성	고객가치
수익증가	협력자가치
수익 창출, 시장 지위 확보, 강력한 소비자 브랜드 구축, 충성도 높은 고객 기반 구축	회사가치

시장 오퍼링	
면도 시스템(면도기 및 카트리지) 및 2중 날, 4중 날 및 6중 날 카트리지 옵션이 포함된 3계층 제품.	제품
선택한 상품을 매월 배송	서비스
브랜드명:달러쉐이브 클럽;브랜드 연상; 비용절감 및 편의성;브랜드 좌우명:"돈과 시간, 면도"	브랜드
$1/월 + $2 배송/취급(2중 날 카트리지) ; $6/월(4중 날 카트리지), $9/월(6중 날 카트리지)	가격
첫 주문 시 무료 핸들 포함 ; 면도 버터 $8 구매와 함께 The Executive 면도날 첫 달 무료 제공	인센티브
YouTube.com, 타사 웹사이트 광고, 키워드 검색, 대상 이메일, 소셜 미디어, 회사 웹사이트(DollarShaveClub.com).	커뮤니케이션
주문 배치를 위한 DollarShaveClub.com 웹사이트 ; 주문 배송을 위한 UPS 및 미국 우편 서비스	유통

표적 시장은?

- **고객** : 가격에 민감한 면도하는 모든 남성.

- **협력자** : 도루코-면도기와 카트리지를 공급하는 한국 제조업체.

- **회사** : 달러 쉐이브 클럽은 동명의 브랜드 면도 시스템 및 면도용품의 온라인 유통업체이고, 핵심 역량은 브랜드 구축과 소비자 직접 커뮤니케이션 및 유통에 있다.

- **경쟁** : 다른 회사, 주로 질레트에서 제조한 면도 시스템(면도기 및 카트리지).

- **상황** : 온라인 소매업의 급속한 성장, 특히 시장 리더인 질레트 제품을 비롯

한 높은 가격의 면도 카트리지에 대한 불만 증가.

가치 제안은?

- **고객 가치 제안** : 금전적 절약 및 쇼핑 편의성.
- **협력자 가치 제안** : 수익 증가.
- **회사 가치 제안** : 수익 창출, 시장 지위 확보, 강력한 소비자 브랜드 구축, 충성도 높은 고객 기반 구축.

시장 오퍼링은?

- **제품** : 면도 시스템(면도기 손잡이 및 카트리지) 및 다양한 그루밍 제품(면도 크림, 면도 후 크림 및 헤어 포마드). 2중 날, 4중 날 및 6중 날 카트리지 옵션이 포함된 3계층(Good-Better-Best) 제품.
- **서비스** : 선택한 상품을 매월 배송한다.
- **브랜드** : 달러 셰이브 클럽.

- **브랜드 로고** : 중앙에 두 개의 교차 면도기가 있는 원과 면도기 주위에 문자 D, S 및 C가 있다.
- **브랜드 좌우명** : 돈과 시간, 면도Shave Money. Shave Time.
- **하위 브랜드** : The Humble Twin(2중 날 카트리지), The 4X(4중 날 카트리지), The Executive(6중 날 카트리지), 닥터 카버Dr. Carver's(그루밍 제품).
- **주요 브랜드 연상** : 비용 절감 및 편의성.
- **가격** : $1/월 + $2 배송/취급(2중 날 카트리지). $6/월(4중 날 카트리지), $9/월(6중 날 카드리지).

- **인센티브** : 첫 주문 시 무료 핸들 포함. 적격 구매 시 *The Executive* 면도날 첫 달 무료 제공.
- **커뮤니케이션** : *YouTube.com*, 타사 웹사이트 광고, 키워드 검색, 대상 이 메일, 소셜 미디어, 회사 웹사이트(*DollarShaveClub.com*).
- **유통** : 주문 배치를 위한 *DollarShaveClub.com* 웹사이트. 주문 배송을 위 한 *UPS* 및 미국 우편 서비스.

▌달러 쉐이브 클럽 고객 밸류 맵 살펴보기

표적 고객

- **고객 니즈** : 면도 비용 절감.
- **고객 프로파일** : 면도하는 모든 남성.

경쟁

- **주요 경쟁사** : 질레트 면도기와 카트리지는 미국 소매 면도기 시장의 *60%* 이상, 온라인 면도기 시장의 *20%*를 차지함.
- **경쟁자 가치 제안** : 질레트의 좌우명(**질레트! 남자가 얻을 수 있는 최고의 것.**)에 반영된 탁월한 면도 경험.
- **경쟁 오퍼링의 특성** : 질레트 마하 3(*3중 날 카트리지*)는 *2개, 5개, 10개 및 15* 개 팩으로 판매되며, 카트리지당 가격은 *$2-$3*(*권장소비자가격MSRP*)이며 더 큰 팩을 제공하고, 카트리지당 가격이 저렴하다. 질레트 퓨전(*5중 날 카트리 지*)은 *4개, 8개, 12개, 16개* 팩으로 판매되고, 가격은 카트리지당 *$4.50-* *$6*(*MSRP*)이며, 팩이 클수록 카트리지당 가격이 더 낮다. 질레트는 소매업체

에 상당한 판촉 할인을 제공하여 권장 소매가보다 20~50% 낮은 소비자 가격을 제공한다.

고객 가치 제안은?

- 고객 가치 등식(customer value equation)
- **혜택** : 깨끗한 면도, 교체용 카트리지의 편리한 배송(기능적 혜택), 돈을 절약하고 주요 브랜드에 대한 실행 가능한 대안을 갖는데서 오는 만족(심리적 혜택), 시장 리더에 비해 금전적 절감(금전적 혜택).
- **비용** : 제품이 의도한 대로 작동하지 않을 수 있는 위험(기능적 비용), 서비스 가입에 소요되는 시간 / 노력, 새 제품이 약속한 대로 제공되지 않을 경우 발생할 수 있는 후회(심리적 비용), 구독료 지불(금전적 비용).

- 경쟁 우위
- **우위점**(points of dominance) : 금전적 절약과 편리함.
- **동등점**(points of parity) : 제품 품질 및 면도 경험.
- **선택 이유** : 저렴한 가격에 질레트와 동일한 성능.

달러 쉐이브 클럽 고객 오퍼링

오퍼링	특징들	고객가치
제품	2날,4날,6날 윤활유 스트립이 있는 카트리지, 뒷면의 트리머 가장자리 (6날 카트리지)	매끄러운 면도, 용이한 트리밍
	그루밍제품(면도버터, 면도 후 크림)	면도 경험 개선
서비스	구독 서비스	편의성 제공
	온라인 고객 지원	고객문제 해결
브랜드	브랜드명; 달러 쉐이브 클럽	구독에 따른 절약 개념 전달
	로고; 가운데 교차된 두 개의 면도날이 있는원, 면도날을 룰러싼 문자 D,S,C	브랜드의 시각적 이미지 창출, 오퍼링의 본질 전달(면도기)
	좌우명; 돈을 면도하세요. 시간을 면도하세요	핵심 혜택인 비용절감과 편의성을 전달함
	하위브랜드; 험블트윈(2날 카트리지), 4X(4날 카트리지), Executive(6날 카트리지), Dr.Carver's(그루밍제품)	고객이 다른 형태의 면도기를 구별하도록 돕는다. 개인화된 하위브랜드는 고객과의 개인적 연결 촉진.
	주요 브랜드 연상; 비용절감, 편의성	관련 브랜드 이미지 창출 촉진
가격	$1/월+$2 배송및 취급(2날 카트리지) $6/월(4날 카트리지) $9/월(6날 카트리지)	카트리지 당 비용은 Gillette보다 낮음
	$8(면도 버터),$9(면도 후 크림)	소비자부담 비용은 Gillette보다 높음
	캘리포니아 이외에는 세금 없음	추가적 금전적 절약
인센티브	면도 버터 구매 시 Executive 면도날 첫 달 무료	달러 쉐이브 클럽 고급 면도기 사용 유도
	무료 면도기 번들	달러 쉐이브 클럽 이용 초기 비용 절감
커뮤니케이션	메시지; 달러쉐이브 클럽은 대형브랜드(Gillette)보다 저렴하고 편리한 대안임.	달러쉐이브 클럽의주요 혜택인 절약과 편의성을 전달함.
	매체; YouTube.com, DollarShaveClub.com,타사웹사이트 광고, 키워드 검색, 표적이메일, 소셜미디어	다양한 매체를통해 달러쉐이브 클럽의 혜택을 표적고객에게 알림.
	크리에이티브 형식; 간단하고 재치있는 언어 "돈을 면도하세요,시간을 면도하세요" "한 달에 몇불로 훌륭한 면도를 하세요",조건없음,수수료없음.	시각적으로 즐겁고 이해하기 쉬운 메시지로 달러쉐이브 클럽의 혜택을 설명함.

| 유통 | 주문용 DollarShave.com 웹사이트, 주문배송용 UPS 및 미국 우편 서비스. | 간편한 배송; 고객집으로 직배송 |

▌달러 쉐이브 클럽 회사 밸류 맵 살펴보기

회사

- 회사 프로파일 : 달러 쉐이브 클럽은 동명의 브랜드 면도 시스템 및 면도용품의 온라인 유통업체이며, 회사의 핵심 역량은 **브랜드 구축 및 소비자 직접 유통**에 있다.

- 회사 목표 : 수익 및 이익 창출(금전적 목표) : 시장 지위를 확보하고 강력한 브랜드를 구축하며 충성도 높은 고객 기반을 구축한다(전략적 목표).

대체 옵션

- 주요 대안 : 빠르게 성장하는 산업에 투자. 면도 산업 내에서 대체 옵션에는 오프라인 소매 유통과의 제휴 및 면도기 및 카트리지의 개발 및 생산에 대한 투자가 포함된다.

- 대체 옵션의 가치 제안 : 빠르게 성장하는 산업에 투자하면 더 높은 수익을 얻을 가능성이 있고, 오프라인 소매업체와 협력하면 달러 쉐이브 클럽의 유통 범위를 확장하는데 도움이 될 수 있다(단점은 구독 모델이 기존 소매점에서 쉽게 구현될 수 없음). 자체 면도 시스템을 개발 및 제조하면 달러 쉐이브 클럽이 고유한 오퍼링을 만드는 데 도움이 될 수 있다(단점은 이 옵션에는 상당한 자원 투자가 필요함).

회사 가치 제안은?

- 회사 가치 등식

  - **혜택** : 수익 창출(금전적 혜택) 시장 지위 확보, 강력한 소비자 브랜드 구축, 충성도 높은 고객 기반 구축(전략적 혜택)

  - **비용** : 통신 및 유통비, 상품매출원가, 일반관리비(금전적 비용)

  - **투자 이유** : 기하급수적인 시장 성장 가능성 및 여러 배수(multifold)의 투자 수익.

달러 쉐이브 클럽 회사 오퍼링

오퍼링	특징들	고객가치
제품	고객 밸류 맵에서 요약됨	혜택; 쉐이빙제품 개발 역량 창출 비용; 상품 판매 비용
서비스	고객 밸류 맵에서 요약됨	혜택; 고객 관계 개발 및 유지 비용; 서비스 비용
브랜드	고객 밸류 맵에서 요약됨	혜택; 브랜드 자산 구축 비용; 브랜드 구축 비용
가격	고객 밸류 맵에서 요약됨	혜택; 판매수익 발생 비용; 결제처리비용(예; 신용카드 수수료)
인센티브	고객 밸류 맵에서 요약됨	혜택; 소비자 수요 촉진 비용; 인센티브(무료 면도기)비용
커뮤니케이션	고객 밸류 맵에서 요약됨	혜택; 소비자에게 오퍼링을 알리고 수요 촉진 비용; 커뮤니케이션 비용
유통	고객 밸류 맵에서 요약됨	혜택; 고객에게 제품 제공 비용; 웹사이트 개발및유지관리비용, 주문처리비용, 배송비용

와비 파커 :
트랜디 메트로폴리탄을 사로잡다

Warby Parker: Building a Lifestyle Brand

살아남는 종은 가장 강한 종도 아니고, 가장 똑똑한

종이 아니라, 변화에 가장 잘 적응하는 종이다.

– 찰스 다윈, 영국의 박물학자이자 지질학자 –

와비 파커는 2010년에 펜실베이니아 대학교 와튼 스쿨 MBA 프로그램에 재학 중인 닐 블루멘탈, 앤드루 헌트, 데이비드 길보아, 제프리 레이더 등 4명의 학생이 설립했고, 전통적인 디자이너 브랜드보다 훨씬 저렴한 가격으로 고품질의 안경을 제공한다.

이 회사는 전자 상거래를 활용하여 소비자 직접 유통 모델로 판매했고 오프라인 안경점 운영과 관련된 많은 간접비(overhead)를 줄였다.

와비 파커는 주로 온라인으로 안경을 판매하며 미국 전역의 부티크에 있는 소수의 전시장만 유지하고 있다. 이 회사의 가정 시착(home-try-on) 프로그램은 고객이 웹사이트에서 다섯개의 안경테를 선택해 5일 동안 집에서 무료로 사용해 볼 수 있는 프로그램이다. 또한, 웹사이트에서는 고객이 웹캠을 사용하거나 사진을 업로드하여 가상으로 안경을 착용해 볼 수도 있다.

와비 파커는 1회 구매, 1회 기부(buy one, give one) 방식을 사용한다. 즉, 안경을 구매할 때마다 도움이 필요한 사람을 위해 다른 안경을 생산하는 비용을 지불한다. 이를 달성하기 위해, 개발도상국의 남성과 여성에게 기본 시력 검사를 제공하고 저렴한 가격으로 지역 사회에 안경을 판매하도록 교육하는 비영리 단체와 협력했다.

와비 파커 온라인 매장은 2010년에 시작되었고, 한 달 후 이미 20,000명의 고객 대기자 명단이 생겼다. 와비 파커의 비즈니스 모델과 시장에서의 성공은 멘로 벤처스 탤런트 캐피털, 스파크 캐피털, 아메리칸 익스프레스, 웰링턴 매니지먼트, 타이거 글로벌 매니지먼트, 제너럴 카탈리스트 파트너스 및 T.Rowe 프라이스를 비롯한 많은 투자자들의 관심을 끌었고, 2016년 와비 파커는 마지막 자금 조달 후 12억 불로 평가되었다.

▌와비 파커 시장 밸류 맵 살펴보기

와비 파커의 시장 가치 지도는 표적 시장, 이 시장에서 회사가 제공하는 오퍼링, 오퍼링이 표적 고객, 협력자 및 회사 이해 관계자를 위한 가치를 창출하는 방식을 설명한다.

와비 파커 시장 밸류 맵

표적 시장		시장 오퍼링	
합리적인 가격의 디자이너 안경을 찾는 개인 ; 대부분은 18~34세 도시 인구.	**고객**	반사 방지 폴리카보네이트 처방 렌즈가 있는 안경. 초기 제품 라인에는 27가지 프레임 스타일과 한 개의 모노클monocle(단안경) 포함.	**제품**
원자재 공급업체, 안경 제조업체, 광학 연구실, 부티크 안경 소매점, 공급망 관리 회사	**협력자**	30일 이내 조건 없는 무료 반품 정책. 가상 체험 프로그램 ; 5일 동안 테스트할 수 있도록 최대 5개의 프레임이 고객의 집으로 배송	**서비스**
와비파커; 안경의 디자인 및 유통업체	**회사**	브랜드명;와비파커 브랜드 연상 : 고전적인 미국 헤리티지 디자인, 사회적 책임.	**브랜드**
디자이너 안경 브랜드인 버버리, 구찌, 프라다, 올리버피플 및 기타 고급 안경 브랜드	**경쟁자**	소매가 $95, 모든 샘플(집에서 시착) 및 구매는 무료 배송.	**가격**
10~25배의 이윤을 반영하는 수익률을 가진 160억 불 이상의 처방 안과 산업	**상황**	일대일 기부, 온실 가스 배출량을 상쇄하기 위해 탄소 배출권을 구매.	**인센티브**

가치 제안			
고객이 온라인으로 주문하고 집에서 시착할 수 있는 세련되고 경쟁력 있는 가격의 안경	**고객가치**	언론 보도, 소셜 미디어,배너광고, 키워드 검색, 이벤트 마케팅, 회사 웹사이트(WarbyParker.com)	**커뮤니케이션**
매출 증가, 트래픽 증가, 브랜드 구축, 운영 범위 확대	**협력자가치**	WarbyParker.com 웹사이트 및 주문을 위한 9개의 와비 파커 전시장 ; 주문 배송을 위한 UPS 및 FedEx	**유통**
매출 및 수익 창출, 시장 지위 확보, 강력한 소비자 브랜드 구축, 충성도 높은 고객 기반 구축, 사회적 책임 촉진	**회사가치**		

표적 시장은?

• **고객** : *합리적인 가격의 디자이너 안경을 찾는 개인. 대부분은 18~34세 dml 도시 인구.*

• **협력자** : *이탈리아에 기반을 둔 원자재(셀룰로오스 아세테이트) 공급업체, 중국에 위치한 두 개의 제조업체, 뉴욕에 기반을 둔 두 개의 광학 연구실, 전시장 역할을 하는 9개의 부티크 안경 소매점, 주문 처리 및 품질 관리를 하는 공급망 관리 회사(나바라), 일대일 기업의 사회적 책임 이니셔티브를 구현하는 비영리 조직(비전스프링)이다.*

266

- **회사** : 와비 파커는 유행하는 안경의 디자이너이자 유통업체이고, 핵심 역량은 최신 유행의 안경류 디자인, 브랜드 구축, 소비자 직접 유통에 있다.
- **경쟁** : 고급 디자이너 안경들이다. 룩소티카 그룹은 미국 오프라인 소매 안경 산업에서 30%의 점유율로 시장을 주도하고 있다. 랄프 로렌, 샤넬, 프라다, 버버리, 구찌, 브룩스 브라더스, 및 아르마니를 포함한 대부분의 패션 브랜드들이 안경을 제조하며, 오클리, 레이-반, 올리버 피플, 퍼솔 등이 안경 브랜드를 소유하고 있다. 광학 소매 유통인 렌즈 크래프터스, 썬글라스 허트, 펄 비전도 안경 브랜드를 소유하고 있다.
- **상황** : 제조 시점에서 판매 시점까지 10~25배의 이윤을 반영하는 수익률을 가진 160억 불 이상의 처방 안과 산업이다. 많은 소비자들이 인터넷을 통해 상품을 구매하는 데 익숙해지면서 온라인 쇼핑이 기반을 다지고 있고, 특히, 젊은 층의 소비자는 사회적 영향을 미치고 세상을 변화시키는 기부 행위에 큰 자부심을 가지고 점점 더 관심을 기울이고 있다.

가치 제안은?

- **고객 가치 제안** : 고객이 온라인으로 주문하고 집에서 시착할 수 있는 세련되고 경쟁력 있는 가격의 안경. 특히 고객이 중요한 사회적 대의에 기여할 수 있도록 한다.
- **협력자 가치 제안** : 공급업체, 제조업체 및 유통업체는 와비 파커에 제품과 서비스를 제공함으로써 추가 수익을 얻고, 소매업체는 매장 방문을 유도하고 브랜드를 강화하는 독특한 제품을 제공하는 추가 혜택을 받으며, 기업의 사회적 책임 파트너는 활동 범위를 확장함으로써 혜택을 얻는다.

- **회사 가치 제안** : 매출 및 수익 창출, 시장 지위 확보, 강력한 소비자 브랜드 구축, 충성도 높은 고객 기반 구축, 더 나은 세상 만들기이다.

시장 오퍼링은?

- **제품** : 반사 방지 폴리카보네이트 처방 렌즈가 있는 안경. 초기 제품 라인에는 27가지 프레임 스타일과 한 개의 모노클monocle(단안경)이 포함된다.

- **서비스** : 30일 이내 조건 없는 무료 반품 정책을 제공한다. 가상 체험 프로그램은 5일 동안 테스트할 수 있도록 최대 5개의 프레임이 고객의 집으로 배송된다. 소매 부티크에서는 전문가 조언이 제공된다.

- **브랜드** : 와비 파커(미국 소설가 잭 케루악이 만든 가상의 캐릭터인 워비 페퍼와 재그 파커의 이름 조합). **브랜드 로고**, 대문자 *WARBY PARKER*. 하위 브랜드는 루즈벨트, 헉슬리, 윈스턴, 베글리 등 특정 안경 스타일에 해당하는 브랜드. 주요 브랜드 연상은 고전적인 미국 헤리티지 디자인, 뛰어난 가치, 뛰어난 고객 서비스 및 사회적 책임.

- **가격** : 소매가 $95, 모든 샘플(집에서 시착) 및 구매는 무료 배송.

- **인센티브** : 일대일 기부(안경이 판매될 때마다 회사에서 비용을 지불하고 도움이 필요한 사람에게 안경을 배포함). 탄소 중립이 되기 위해 프레임 생산, 운송 및 창고 보관을 통해 생성된 온실 가스 배출량을 상쇄하기 위해 탄소 배출권을 구매한다.

- **커뮤니케이션** : 언론 보도(GQ, Vogue, New York Times). 소셜 미디어. 제3자 웹사이트의 온라인 광고, 키워드 검색. 이벤트 마케팅(뉴욕 패션 위크 및 아트 바젤 마이애미). 소매점(부티크 안경점) 광고. 회사 웹사이트(WarbyParker.com).

- **유통** : *WarbyParker.com* 웹사이트 및 주문을 위한 *9*개의 와비 파커 전시 장. 주문 배송을 위한 *UPS* 및 *FedEx.*

▌와비 파커 고객 밸류 맵 살펴보기

표적 고객

- **고객 니즈** : *최신 유행의 고품질이며 합리적인 가격의 안경. 세상을 더 나은 곳으로 만들기 위해 사회에 기여하고자 하는 열망.*
- **고객 프로파일** : *처방 안경을 착용한 젊은 전문직.*

경쟁

- **주요 경쟁사** : *버버리, 구찌, 프라다, 올리버 피플 및 페르솔을 포함한 기존 고급 브랜드의 안경.*
- **경쟁사 가치 제안** : *유명하고 평판이 좋은 브랜드의 고품질 안경.*
- **경쟁 오퍼링의 속성** : *디자이너 안경의 가격은 일반적으로 $300 ~ $800 사이이고, 고객은 대부분 오프라인 매장에서 안경을 주문하고 받는다. 일부 소매점은 기다리는 동안 서비스를 제공하는 반면, 다른 소매점은 안경을 주문하고 수령하기 위해 별도 방문이 필요하다.*

고객 가치 제안은?

- **고객 가치 등식**
  - **혜택** : 최신 유행의 고품격 안경, 간편한 주문 과정(**기능적 혜택**). 소비자가 자신의 정체성, 스타일, 창의성 및 사회적 책임(**심리적 혜택**)을 표현할 수 있도록

한다. 전통적인 디자이너 브랜드보다 저렴한 가격(금전적 혜택).

- **비용** : 안경에 지불한 가격(금전적 비용). 입증되지 않은 제품 품질(기능적 비용), 잘 알려지지 않은 브랜드(심리적 비용).

• 경쟁 우위

- **우위점** : 저렴한 가격, 사회적 목적.

- **동등점** : 디자인, 프레임 및 렌즈 품질.

- **선택 이유** : 전통적인 디자이너 브랜드 가격보다 훨씬 저렴한 최신 유행 패션.

와비 파커 고객 오퍼링

오퍼링	특징들	고객가치
제품	다양한 스타일의 고품질 패션 안경프레임 반사 방지 폴리카보네이트 렌즈	자신의 개성에 맞는 트렌디한 안경 시야 선명도를 높이고 눈피로를 줄임
서비스	30일 무료 반품 정책	고객 리스크 감소
	가정 시착 프로그램; 최대 5개 프레임을 고객집으로 배송하여 5일간 시착 가능함.	안경 착용감에 대한 고객의 불확실성 감소;자신의 집에서 진행 가능.
	고객이 사진을 업로드하고 가상으로 프레임을 시착할 수있는 가상 시착 프로그램	안경의 어울림과 착용감에 대한 고객불확실성 감소; 어느 장소에서든지 컴퓨터 사용하여 즉시 진행 가능함.
	전문가 조언(소매 부티크에서 제공)	안경의 어울림과 착용감에 대한 고객 불확실성 감소; 전문가 조언 제공
브랜드	브랜드명; 와비 파커	독특한 브랜드 정체성 창출; 크리에이티비티 전달
	로고; 와비파커 대문자	단순함, 스타일 전달

	하위브랜드;특정 안경 스타일과 어울리는 루즈벨트,헉슬리,윈스톤, 베글리 등.	고객은 의인화된 브랜드를 사람으로 생각할 수 있으며 이러한 브랜드와 더 쉽게 연관시킬 수 있다.
	주요브랜드연상;고전적인 미국유산, 탁월한 가치,뛰어난 고객서비스,사회적 책임	표적고객에게 의미있고 관련성있는 브랜드 만들기
가격	$95	기존 디자이너 안경보다 훨씬낮은 고객 비용
	무료배송	추가 배송비용 없음
인센티브	1대1기부; 안경 한 쌍이 팔릴때마다 회사는 필요한 사람에게 한 쌍을 나누어 주는 비용 지불	중요한 사회적 명분에 기여하는 데서 오는 만족감
	프레임 생산,배송, 창고관리에서 발생하는 온실 가스 배출을 상쇄하기 위한 탄소 크레딧 구매	중요한 사회적 명분에 기여하는 데서 오는 만족감
커뮤니케이션	메시지; 와비파커는 95불 처방 안경을 제공하는 패션 브랜드로, 뛰어난 경험을 전달하며 사회적 목적을 가지고 있다.	와비파커 브랜드와 제품의 주요 혜택과 본질을 전달한다.
	매체; 언론보도(GQ,보그,뉴욕타임즈); 소셜미디어 온라인광고;키워드 검색,이벤트마케팅(New York Fashion Week, Art Basel Miami);매장 광고, warbyparker.com	다양한 매체를 통해 고객에게 와비파커 브랜드 본질과 와비파커 안경의 혜택을 알린다.
	크리에이티브 형식; 모든 커뮤니케이션의 간단한 언어와 깔끔하고 세련된 룩 앤필	명확한 브랜드 메시지와 이해하기 쉬운 혜택을 전달함.
유통	직접판매(warbyparker.com에서 주문,UPS혹은 페텍스로 고객에게 배송)	매장 방문없이 편리한 구매 프로세스 제공
	와비파커 쇼룸(쇼룸에서 주문하고 UPS혹은 페덱스로 배송)	고객이 제품을 보고,만지고 주문할 수 있도록 함.

▎와비 파커 협력자 밸류 맵 살펴보기

간결함을 위해, 협력자 밸류 맵은 소매업체만 나타내고, 공급업체, 제조업체 및 주문 처리 센터에 대한 밸류 맵은 유사한 형식을 따른다.

협력자

- **협력자 프로파일** : 와비 파커 전시장 역할을 하는 9개의 부티크 안경 소매점.
- **협력자 목표** : 새로운 시장에 접근하여 매출과 수익을 증대시킨다.

경쟁 오퍼링

- **주요 경쟁사** : 버버리, 구찌, 프라다, 올리버 피플 및 페르솔을 포함한 기존 고급 브랜드의 고급 안경.
- **경쟁사 가치 제안** : 입증된 제품 품질, 강력한 소비자 요구 및 높은 이윤을 가진 기존 브랜드.
- **경쟁 오퍼링의 속성** : 디자이너 안경의 가격은 일반적으로 $300 ~ $800 사이이고, 소매업체는 소매가의 일정 비율을 받는다. 랄프 로렌, 샤넬, 프라다, 오클리, 레이-반, 올리버 피플 및 퍼솔을 포함한 대부분의 패션 안경 프레임은 룩소티카에서 제조되고, 대부분의 렌즈는 에실로 인터내셔널에서 공급한다.

협력자 가치 제안은?

- 협력자 가치 등식
- **혜택** : 수익 증가(금전적 혜택). 매장 방문을 유도하고 저렴한 가격으로 최신 유행의 패션 안경을 제공함으로써 소매업체의 구색을 넓히고, 힙한 브랜드로 소매업체 이미지 제고(전략적 혜택).
- **비용** : 재고비용, 판매비용(금전적 비용). 소매 공간의 기회 비용(전략적 비용).

- 경쟁 우위

- **우위점** : 다른 고객층에 어필한다. 임대료 + 수수료 모델은 초기 자본 투자 없이 꾸준한 수익을 보장한다.

- **동등점** : 수익성.

- **타협점** : 입증되지 않은 비즈니스 모델, 불확실한 고객 니즈, 확립된 실적이 없는 스타트업.

- **선택 이유** : 새로운 고객층을 유치할 수 있는 위험이 낮은 기회.

와비 파커 협력자 오퍼링

오퍼링	특징들	소매상 가치
제품	고객 밸류 맵에서 요약됨	스토어 트래픽을 유도하는 독특한 오퍼링
서비스	고객 밸류 맵에서 요약됨 영업사원 교육 및 지원	스토어 트래픽을 유도하는 독특한 트래픽 판매직원을 교육하고 소매업체 문제 해결
브랜드	고객 밸류 맵에서 요약됨	소매업체 브랜드에 트렌디한 차원을 더함: 소매업체 가격 이미지를 더 저렴하게 만듦.
가격	쇼룸 대여 임대료 95불에 판매된 안경 한 쌍당 판매수수료	안정적인 수익 흐름 성과 기반 수익흐름
인센티브	없음	없음
커뮤니케이션	메시지:수익원 및 스토어 트래픽, 최신 유행,저가 패션 옵션 제공하여 매장 매력을 확대 함 매체;개인판매	소매업체 금전적,전략적 가치 창출 소매업체에게 오퍼링 내용 알림
유통	제품은 주문처리를 하는 물류회사인 Navarre에서 조달함	안정적 주문 처리

▌와비 파커 회사 밸류 맵 살펴보기

회사

- 회사 프로파일 : 와비 파커는 최신 유행의 안경을 디자인하여 판매한다. 회사의 핵심 역량은 최신 유행의 안경 디자인, 브랜드 구축 및 소비자 직접 유통에 있다.
- 회사 목표 : 수익 및 이익 창출(금전적 목표). 시장 지위를 확보하고, 강력한 소비자 브랜드를 구축하고, 충성도 높은 고객 기반을 만들고, 세상을 더 나은 곳으로 만든다(전략적 목표).

대체 옵션

- 주요 대안 : 처방 안경 산업 내에서 다른 비즈니스 모델에 투자하거나 다른 산업에 모두 투자한다.
- 대체 옵션의 가치 제안 : 더 높은 금전적 수익과 더 큰 사회적 영향에 대한 가능성.

회사 가치 제안은?

- 회사 가치 등식
- 혜택 : 판매 수익 및 이익 창출(금전적 혜택) 강력한 브랜드 구축, 실행 가능한 회사 구축, 사회적 가치 창출(전략적 혜택).
- 비용 : 커뮤니케이션 및 유통비, 상품매출원가, 일반 관리비(금전적 비용).
- 투자 이유 : 기하급수적인 시장 성장 가능성 및 여러 배수의 투자 수익.

와비 파커 회사 오퍼링

오퍼링	특징들	회사가치
제품	고객 및 협력자 가치 맵에서 요약됨	혜택; 안경 디자인 역량 개발 비용; 개발 및 생산 비용
서비스	고객 및 협력자 가치 맵에서 요약됨	서비스 경영 역량 개발 비용; 개발 및 서비스 비용
브랜드	고객 밸류 맵에서 요약됨	혜택; 수익화 가능한 브랜드 자산 창출 비용; 브랜드 구축 비용
가격	고객 및 협력자 가치 맵에서 요약됨	혜택; 매출 수익 비용; 결제 처리 비용(예, 신용카드 수수료)
인센티브	고객 및 협력자 가치 맵에서 요약됨	혜택; 소비자 수요 촉진 비용; 인센티브 관련 비용
커뮤니케이션	고객 및 협력자 가치 맵에서 요약됨	혜택; 소비자와 소매업체에게 오퍼링 내용 알림 비용; 커뮤니케이션 비용
유통	고객 및 협력자 가치 맵에서 요약됨	혜택; 소비자에게 안경 직배송 비용; 물류및 배송비, 임대료, 판매수수료

네스트 랩스 : 스마트 커넥티드 홈 솔루션으로 최적 가치를 선사

Nest Labs: Designing the Connected Home

디자인은 보이는 것과 느껴지는 것만이 아니다.
디자인은 그것이 작동하는 방식이다.

– 스티브 잡스, 애플 창업자 –

네스트 랩스는 2010년에 애플 아이팟 개발을 감독했던 전직 애플 엔지니어인 토니 퍼델과 맷 로저스가 공동 설립했다.

자동 온도 조절 장치, 연기 감지기 및 기타 보안 시스템을 포함하는 프로그래밍 가능, 자가 학습, 센서 구동, Wi-Fi를 지원하는 가정용 자동화 장치를 개발했으며, 회사의 대표 제품인 네스트 학습 온도 조절기(Nest Learning Thermostat)는

2011년 10월에 출시되었다.

네스트는 기계 학습 알고리즘을 사용하여 소비자의 선호도를 감지하고, 가정에서 최적의 온도를 유지하는 전자식 자체 프로그래밍이 가능한 Wi-Fi 지원 온도 조절기이다.

대형 고해상도 LCD 디스플레이가 있는 원형 모양의 네스트 온도 조절기는, 시중의 다른 온도 제어 장치와 비교할 때 근본적으로 다른 프로그래밍 방식을 제공한다.

그때까지 사람들은 요일마다 다른 시간 간격으로 일일 및 주간 온도를 미리 설정해야 했다. 이 작업은 미래의 선호도를 예측하기 어려운 많은 소비자에게 어려운 작업이었다.

하지만 네스트의 온도 조절기는 고객의 실제 행동을 추적하고 이를 사용하여 미래의 선호도를 예측한다. 따라서, 첫 주 동안 사용자는 조종 휠을 돌리고 클릭하여(또는 스마트폰이나 태블릿을 사용하여) 온도 조절 장치를 원하는 온도로 수동 설정하여 장치가 사용자의 일정과 원하는 온도를 학습할 수 있도록 만들었다.

네스트 온도 조절기는 온도 및 동작 센서를 사용하여, 지속적으로 모니터링 하고 필요한 경우 프로그래밍된 일정을 수정하기도 한다.

2013년 말까지, 네스트 랩스는 거의 300명의 직원으로 성장했으며 미국에서 백만 개 이상의 온도 조절기를 판매했다.

회사의 급속한 성장과 시장 잠재력은 클라이너 퍼킨스 카우필드 & 바이어스, 구글 벤처스, 벤록, 샤스타 벤처스, 제너레이션 캐피털 및 라이트 스피드 벤처 파트너스를 비롯한 여러 저명한 벤처 캐피탈 회사로부터 투자를 확보했고, 네스트 랩스가 출시된 지 4년이 채 되지 않은 2014년 1월, 구글(알파벳 주식회사)이 32억 불에 인수했다.

▌네스트 시장 밸류 맵 살펴보기

시장 밸류 맵은 네스트의 표적 시장, 이 시장에서의 오퍼링 및 오퍼링이 표적 고객, 협력자 및 회사 이해 관계자를 위한 가치를 창출하는 방식을 설명한다.

네스트 시장 밸류 맵

표적 시장	
최적의 편안함과 낮은 에너지 사용을 위해 가정의 온도를 원격으로 제어할 수 있는 간단한 방법을 찾는 사람	고객
소매점, 온도 조절 장치를 설치하는 계약업체, 신규 건축 개발업체	협력자
네스트 랩스- 자가 학습, 센서 구동, Wi-Fi 지원 장치를 생산하는 가정용 자동화 회사	회사
허니웰, 에머슨, 브로안, 럭스, 화이트-로저스와 같은 회사에서 제조한 온도 조절기	경쟁자
환경친화적인 기술 및 커넥티드 홈에 대한 소비자의 관심 증가	상황

가치 제안	
에너지 절약, 환경 영향 감소, 더 큰 편안함, 미적 매력, 손쉬운 셋업	고객가치
수익을 창출하고 매장 방문을 유도(소매업체) ; 추가 프로젝트를 확보하여 수익을 창출하고 작업량을 늘림(계약업체) ; 수익 증대(개발업체)	협력자가치
수익 창출, 시장 지위 확보, 강력한 브랜드 구축, 충성도 높은 고객 기반 구축	회사가치

시장 오퍼링	
대형 원형 LCD 디스플레이를 특징으로 하는 프로그래밍 가능한 Wi-Fi 온도 조절기	제품
연중무휴 고객 서비스가 지원하는 자동 예약/자동 외출 기능	서비스
브랜드명; 네스트, 브랜드연상;에너지 절약 및 편이성, 브랜드좌우명;에너지를 절약하는 더 밝은 방법	브랜드
$249(권장가격) ; $149~$199 도매가	가격
네스트에서 $50 즉시 할인 및 지역 난방비에서 최대 $100 환불.	인센티브
배너광고, 키워드 검색, 매장내 전시, 대상 이메일, 제품 포장, 회사 웹사이트(Nest.com)	커뮤니케이션
직접 판매(Nest.com), 온라인 소매업체(Amazon.com) 및 오프라인 소매업체(홈디포, 월마트)	유통

표적 시장은?

- 고객 : 최적의 편안함과 낮은 에너지 사용을 위해 가정의 온도를 원격으로 제어할 수 있는 간단한 방법을 찾는 주택 소유자 및 주택 구매자.
- 협력자 : 소매점, 온도 조절 장치를 설치하는 계약업체, 신규 건축 개발업체.
- 회사 : 네스트 랩스는 프로그래밍 가능, 자가 학습, 센서 구동, Wi-Fi 지원 장치를 생산하는 가정용 자동화 회사이고, 핵심 역량은 홈 오토메이션, 고객 중심 제품 설계 및 기계 학습에 있다.
- 경쟁 : 허니웰(시장 선도업체), 에머슨, 브로안, 럭스, 화이트-로저스와 같은 회사에서 제조한 온도 조절기.
- 상황 : 환경친화적인 기술에 대한 소비자의 관심 증가, 인터넷 연결 장치의 채택 증가, 기계 학습 및 사물 인터넷의 기술 발전, 정부가 후원하는 에너지 효율 인센티브 및 리베이트.

가치 제안은?

- 고객 가치 제안 : 에너지 절약, 환경 영향 감소, 더 큰 편안함, 미적 매력, 손쉬운 프로그래밍.
- 협력자 가치 제안 : 수익을 창출하고 매장 방문을 유도한다(소매업체). 추가 프로젝트를 확보하여 수익을 창출하고 작업량을 늘린다(계약업체). 수익 증대 (개발업체).
- 회사 가치 제안 : 매출 및 수익 창출(금전적 목표). 시장 지위를 확보하고, 네스트 랩스를 홈 오토메이션을 위한 사물 인터넷의 핵심 기업으로 설정하고, 강력한 소비자 브랜드를 구축하고, 충성도 높은 고객 기반을 구축한다(전략적 목표).

시장 오퍼링은?

- **제품** : *대형 원형 LCD 디스플레이를 특징으로 하는 프로그래밍 가능한 Wi-Fi 온도 조절기.*
- **서비스** : *연중무휴 고객 서비스가 지원하는 자동 예약/자동 외출 기능.*
- **브랜드** : *네스트. 브랜드 로고는 회색 소문자의 'nest'.*

- **브랜드 좌우명** : *'에너지를 절약하는 더 밝은 방법.'*
- **주요 브랜드 연상** : *학습 온도 조절기, 편안함, 기술, 커넥티드 홈.*
- **가격** : *권장가격 $249. 도매가 $149~$199.*
- **인센티브** : *네스트에서 $50 즉시 할인 및 지역 난방비에서 최대 $100 환불.*
- **커뮤니케이션** : *소셜 미디어, 언론 보도, 제품 포장, 제품에 포함된 인쇄물(환영 가이드), 매장 내 디스플레이, 광고, 키워드 검색, 대상 이메일, 회사 웹사이트(Nest.com).*
- **유통** : *직접 판매(Nest.com), 온라인 소매업체(Amazon.com) 및 오프라인 소매업체(홈디포, 월마트).*

▌네스트 고객 밸류 맵 살펴보기

표적 고객

- **고객 니즈** : *최적의 편안함과 낮은 에너지 사용을 위해 집에서 원격으로 온도를 제어하는 간단한 방법.*
- **고객 프로파일**
- *소매점에서 온도 조절기를 구입하여 직접 설치하는 DIY 주택 소유자.*
- *온도 조절기를 설치하기 위해 계약업체를 사용하고 계약업체로부터 온도*

조절기를 구입하는 풀 서비스 주택 소유자.

- 개발업체가 선택한 온도 조절 장치가 설치된 신축 부동산을 구매하는 주택 구매자.

경쟁

- 주요 경쟁자
- 허니웰, 에머슨, 럭스와 같은 회사에서 제조한 전통적인 **비 프로그래밍 가능, 웹 지원 온도 조절기.**
- 허니웰, 에코비, 에머슨 및 럭스와 같은 회사에서 제조한 **프로그래밍 가능하고 웹을 사용할 수 없는 온도 조절기.**
- 허니웰, 에코비, 에머슨 및 럭스와 같은 회사에서 제조한 프로그래밍 가능한 Wi-Fi 온도 조절기.

- 경쟁사 가치 제안은?
- 프로그래밍 불가능하고 웹이 지원되지 않는 기존의 온도 조절 장치는 저렴하고 설치 및 작동이 용이하지만(혜택) 에너지 효율적이지 않다(비용 증가).
- 프로그래밍 가능하고 웹 지원이 아닌 온도 조절 장치는 가격이 적당하고 상대적으로 설치가 쉬우며 에너지 효율적이지만(혜택) 작동하기 어려운 경우가 많다(비용 증가).
- 프로그래밍 가능한 Wi-Fi 온도 조절기는 에너지 효율적이지만(혜택) 상대적으로 비싸고 설치 및 작동이 어려울 수 있다(비용).

고객 가치 제안은?

- 고객 가치 등식
  - **혜택** : 더 큰 편안함(기능적 혜택), 환경 친화적이고 심미적으로 매력적인 장치를 사용함으로써 얻는 만족(심리적 혜택), 에너지 절약(금전적 혜택).
  - **비용** : 온도조절장치를 교체하는 데 드는 노력(기능적 비용), 온도조절장치 작동법을 배우는 데 드는 정신적 노력(심리적 비용), 온도조절장치를 구입하고 설치하기 위해 지불하는 비용(금전적 비용).

- 경쟁 우위
  - **우위점** : 장치의 자가 학습 기능(주요 혜택), 에너지 절약(기존 온도 조절 장치에 비해 주요 혜택), 사용 용이성 및 미적 매력.
  - **동등점** : 에너지 절약(스마트 온도 조절기에 비해), 원격 제어(스마트 Wi-Fi 온도 조절기에 비해), 설치 용이성(기존 온도 조절기에 비해).
  - **타협점** : 가격.
  - **선택 이유** : 손쉬운 프로그래밍 및 에너지 절약.

네스트 고객 오퍼링

오퍼링	특징들	고객가치
제품	24V냉난방 시스템의 95% 호환	고객의 기존 냉난방 시스템과 호환
	스테인리스 스틸로 된 둥근 모서리가 있는 3.3인치(직경)X 1.2인치(깊이) 모양	눈에 띄지 않지만 읽고 조작하기 쉬울 만큼 충분히 큼; 하이테크 룩앤필을 전달함
	온도,습도,조명, 근거리 및 원거리 활동 센서	학습을 가능하게 하는데 필요한 제품기능(자동 스케쥴링 및 자동 부재중)

	옵션 트림 키트,장착나사,배선 라벨 및 드라이버 포함	필요한 모든 구성요소를 포함하여 설치 프로세스를 간소화 함
	2년 한정 보증	신뢰성을 알리고 고객에게 안심을 제공함
서비스	네스트 전화/태블릿 앱	소비자가 집에서 원격으로 온도 설정하고 모니터링 할 수있는 사용자 친화적 인터페이스
	자동 스케쥴링	네스트는 고객이 선호하는 온도를 학습하고 약 1주일 내에 자체적으로 프로그래밍 함
	자동 부재중	네스트는 고객이 부재중일때 자동으로 전원을 꺼서 에너지를 절약함
	24/7 전화 및 온라인 기술 지원	온도조절 장치 설치 및 사용시 발생할 수 있는 문제를 해결
브랜드	브랜드 명; 네스트	편안함과 안전을 전달함
	로고; 회색 소문자. Akkurat(아쿠라트) 폰트로 된 단어 nest.	하이테크 이미지 전달
	좌우명; 에너지를 절약하는 더밝은 방법	온도조절기의 주요기능인 에너지 절약을 전달함
	주요브랜드 연상;온도조절기 학습,편안함,기술,연결된 가정	표적고객에게 브랜드가 의미있고 관련이 있게 만듬
가격	249불MSRP(제조업체 권장 소매가격)	고객에게 비용
		전통적인 온도조절기 가격보다 높음
인센티브	네스트의 즉시 50불 할인 제공	구매자의 추가노력없이 구매가격 낮춤
	지역 유틸리티에서 제공하는 20불 -100불 리베이트	구매가격 낮춤;고객이 리베이트 양식 작성 및 제출 요구함
커뮤니케이션	메시지; 내부사람들과 주변세계를 돌보는 집	주요혜택(에너지절감)을 전달하고 간단하고 의미있는경험을 약속함
	매체;소셜미디어,언론보도,제품포장,제품과함께 포함된 인쇄물,매장 전시,Nest.com웹사이트,제3자웹사이트 광고,키워드검색,타겟팅 이메일	다양한 매체를 통해 고객에게 네스트 온도조절기의 혜택을 알려줌.
	크리에이티브 형식; 간단한 언어,깔끔하고, 모든 커뮤니케이션의 애플과 같은 룩앤필(광고,제품 전시,설치 및 사용자 가이드,포장)	이해하기 쉬운 제품 혜택,설치 및 사용자 가이드

유통	직거래(Nest.com)	세부적인 설치,사용 및 지원 안내 제공
	온라인 소매업체(Amazon.com)	기존 계정이 있는 고객을 위한 간편한 구매옵션
	오프라인 소매업체; 하드웨어 매장(홈디포),대형판매점(월마트),전자제품 매장(베스트바이)	고객이 제품을 보고,만지고 제품을 구매할 수있도록 함

▌네스트 협력자 밸류 맵 살펴보기

협력자

- 소매업체

- **프로파일** : 온라인 소매업체(Amazon.com), 철물점(홈디포), 대량 판매업체(월마트) 및 수많은 소규모 소매점.

- **목표** : 이익 창출. 매장 고객 유입을 유도한다.

- 계약업체

- **프로파일** : 전기 기술자, 냉난방 계약자, 일반 계약자.

- **목표** : 작업량과 이익률을 늘려 수익을 창출한다.

- 개발업체

- **프로파일** : 주거 및 사무실 건물 개발자.

- **목표** : 개발 가치를 높여 수익을 창출한다.

경쟁

- 주요 경쟁자

- 허니웰, 에머슨 및 럭스와 같은 회사에서 제조한 전통적인 비프로그래밍 가능, 웹 지원 온도 조절기.

- 허니웰, 에머슨 및 럭스와 같은 회사에서 제조한 프로그래밍 가능하고 웹

을 사용할 수 없는 온도 조절기.

- 허니웰, 에코비, 에머슨 및 럭스와 같은 회사에서 제조한 프로그래밍 가능한 Wi-Fi 온도 조절기.

• 경쟁사 가치 제안은?

- 프로그래밍이 불가능하고 웹이 지원되지 않는 기존의 온도 조절 장치는 저렴하고 설치가 용이하지만(혜택) 상대적으로 낮은 이윤(비용 증가)을 제공한다.

- 프로그래밍 가능하고 웹 지원이 아닌 온도 조절 장치는 가격이 적당하고 상대적으로 설치가 용이하지만(혜택) 점점 더 많은 고객이 Wi-Fi 온도 조절 장치를 선호함에 따라 감소하는 추세이다(비용 증가).

- 프로그래밍 가능한 Wi-Fi 온도 조절기는 고객의 수요가 많고 이익률이 높은 제품(혜택)이지만 상대적으로 비싸고 설치가 더 어렵다(비용 증가).

협력자 가치 제안 : 소매업체

• 협력자 가치 등식

- **혜택** : 매출 및 수익의 추가 발생(금전적 혜택). 매장 방문을 유도하고, 소매업체의 이미지를 향상시킨다(전략적 혜택).

- **비용** : 재고 비용, 판매 비용, 소매 공간의 기회 비용(금전적 비용).

• 경쟁 우위

- **우위점** : 고객 수요(네스트의 판촉 활동에 의해 생성됨), 거래 인센티브, 수익률(기존 온도 조절 장치와 비교).

- **동등점** : 수익률.

- **타협점** : 확립된 실적이 없는 회사에서 알려지지 않은 브랜드를 판매하는 것과 관련된 위험.
- **선택 이유** : 거래 인센티브(수익원) 및 고객 수요(매장 유입).

협력자 가치 제안 : 계약업체

- 협력자 가치 등식
- **혜택** : 매출 및 수익의 추가 발생(금전적 혜택). 신규 고객/프로젝트를 생성하고 다양한 온도 조절 장치 옵션을 통해 고객 만족도를 높인다(전략적 혜택).
- **비용** : 추가 제품을 보관하는 재고 비용, 네스트 제품 설치 학습의 시간 가치(금전적 비용) 검증된 신뢰성 실적이 없는 제품 보증(전략적 비용).
- 경쟁 우위
- **우위점** : 고객 수요(네스트의 판촉 활동으로 생성됨), 설치 용이성.
- **동등점** : 가격(다른 스마트 Wi-Fi 온도 조절 장치와 비교).
- **타협점** : 계약자 전용으로 사용할 수 있는 전문가용 버전의 부족(계약자에게 더 높은 마진 제공), 신뢰성 검증 기록 부족.
- **선택 이유** : 보다 다양한 옵션을 제공하여 고객 만족도를 높인다.

협력자 가치 제안 : 개발업체

- 협력자 가치 등식
- **혜택** : 개발가격에 내장된 커넥티드 홈에 대한 가격 프리미엄으로 인해 준공시 더 높은 가격을 청구할 수 있는 장점(금전적 혜택). 커넥티드 홈에 대한 소비자의 관심이 높아지면 유입이 증가할 수 있다(전략적 혜택).

- **비용** : 온도 조절기 비용, 네스트 제품 설치 학습의 시간 가치(금전적 비용). 입증된 신뢰성 검증 기록이 없는 제품 사용, 다양한 고객 부문에서 입증되지 않은 수요(전략적 비용).

• 경쟁 우위

- **우위점** : 고객 어필.

- **동등점** : 설치 비용, 기술 지원.

- **타협점** : 가격, 회사와 제품이 검증된 실적이 없다는 사실과 관련된 위험.

- **선택 이유** : 개발의 매력을 높여, 개발자가 더 높은 가격을 요구할 수 있게 함.

네스트 협력자 오퍼링

오퍼링	특징들	소매상 가치
제품	고객 밸류 맵에서 요약됨 RFID 태그	고객수요 만들기 오프라인 매장에서 제품 도난줄이는데 도움됨
서비스	고객 밸류 맵에서 요약됨 재고 관리 역물류(반품처리) 전화 및 온라인 판매 지원	고객 수요만들기 제품가용성을 보장하기위해 소매재고관리를 용이하게 함 고객반품처리를 용이하게 함 소매업체 문제 해결 및 정보 제공
브랜드	고객 밸류 맵에서 요약됨	네스트 브랜드는 고객에게 인지되고 관심을 가지게함
가격	249불의 60%~80%(40%~20% 소내 마진) 선불 할인	수익 흐름 선불할인은 소매업체가 지불하는 가격을 낮춤

인센티브	슬롯팅 수당	소매업체 제품 재고에 대한 지불
	광고 수당	제품 판촉 지불
	파손(가격차액)수당	소매업체 제품반품및 반품 물류비용 충당 지불
커뮤니케이션	메시지;소비자가 찾는 고수익 제품,대규모 커뮤니케이션 지원	소매업체 매출및 수익 만듬;매장 트래픽 증가
	매체;업계 잡지,전시회,직판	소매업체에게 오퍼링 내용 제공
	크리에이티브 형식;간단한 언어,깔끔한 룩앤필,간소화된 커뮤니케이션	이해하기 쉬운 혜택 전달
유통	직접유통	대형 소매업체는 네스트.com에서 직구매 가능
	도매상 유통	소규모 소매업체는 도매업체에서 구매가능

▌네스트 랩스 회사 밸류 맵 살펴보기

회사

- 회사 프로파일 : 네스트 랩스는 홈 오토매이션 및 고객 중심의 제품 디자인의 핵심 역량을 보유한 홈 오토매이션 회사이다.

- 회사 목표 : 수익 및 이익 창출(금전적 목표). 시장 지위를 확보하고, 홈 오토매이션 IoT분야에서 네스트 랩스가 핵심 플레이어 역할을 하고, 강력한 브랜드를 구축하고, 충성도 높은 고객 기반을 만든다(전략적 목표).

대체 옵션

- 주요 대안 : 다른 홈 오토매이션 기기에 투자하기. 연기 탐지기, 보안카메라, 도어록, 도어벨, 보완 시스템 및 라이팅.

- 대체 옵션의 가치 제안 : **높은 수익과 매출을 위한 잠재력.**

회사 가치 제안은?

- 회사 가치 등식

  - **혜택** : 판매 수익 및 이익 창출(금전적 혜택). 커넥티드 홈을 위한 네트워크화된 제품 및 서비스 라인 개발을 위한 기술적 플랫폼 만들기(에코시스템). 고객 니즈를 파악하기 위한 사용 데이터 수집을 통해 기존 제품 최적화 및 신규 제품 개발, 소비자 브랜드 구축, 에너지 효율 제품 홍보를 통한 사회적 가치 창출(전략적 혜택).

  - **비용** : 개발 비용, 서비스 및 지원 비용, 커뮤니케이션 및 유통비, 상품매출원가, 일반 관리비(금전적 비용).

  - **투자 이유** : 네스트 온도 조절 장치는 네스트 랩스를 홈 오토매이션 IoT분야에서 핵심 플레이어 위치를 확보하게 하는 높은 마진 오퍼링이다.

네스트 랩스 회사 오퍼링

오퍼링	특징들	회사가치
제품	고객,협력자 밸류 맵에서 요약됨	혜택;연기경보기 및 보안카메라와 같은 연결된 가정 제품 플랫폼 개발 비용; 개발 및 제조비용
서비스	고객,협력자 밸류 맵에서 요약됨	혜택; 연기 경보기 및 보안카메라와 같은 연결된 홈 플랫폼 개발 비용; 개발 및 서비스 비용
브랜드	고객 밸류 맵에서 요약됨	혜택;수익화 가능한 브랜드 자산 창출 비용;브랜드 구축 비용
가격	고객,협력자 밸류 맵에서 요약됨	혜택;판매수익 비용;결제처리 비용

인센티브	고객,협력자 밸류 맵에서 요약됨	혜택:소비자 수요 촉진과 소매업체가 제품판매하도록 동기 부여 비용:인센티브 비용
커뮤니케이션	고객,협력자 밸류 맵에서 요약됨	혜택:오퍼링에 대해 소비자와 소매업체에게 알리기 비용:커뮤니케이션 비용
유통	고객,협력자 밸류 맵에서 요약됨	혜택:고객에게 제품 제공 비용:제품배송비용,주문처리비용(직판), 거래 마진 및 인센티브(소매업체에 판매)

우버 : 완벽한 차량 공유 서비스 체험을 가지게 하다

Uber: Creating the Perfect Ride

상상할 수 있는 모든 것이

현실이다.

– 파블로 피카소, 스페인 화가, 조각가 –

우버는 트래비스 칼라닉과 개럿 캠프가 2009년에 설립했다. 처음에 우버 택시(Uber Cab)로 명명된 이 회사는 택시 서비스를 운영할 수 있는 면허가 없었기 때문에 2011년에 우버로 이름을 변경했다. 샌프란시스코에 본사를 두고 있는 우버는 차량 서비스가 필요한 개인과 목적지까지 태워줄 프리랜서 운전자를 연결해 준다.

원래 검은색 차량 서비스(현재 Uber Black)였던 우버는 향후 5년 동안 일반 차량을 사용하는 저렴한 서비스인 Uber X. 기존 택시 네트워크를 사용하는 저비용 서비스인 Uber Cab. 차량 공유 서비스인 UberPool. 고급차를 이용한 프리미엄 서비스인 Uber Select를 포함한 다양한 서비스를 도입했다.

우버는 승객 운송 외에도, 인구 밀도가 높은 대도시 지역의 자전거 배달 서비스인 Uber Rush. 화물 배송 서비스인 Uber Cargo. 주문형 음식 배달 서비스인 Uber Eats를 비롯한 다양한 부가 서비스를 도입했다.

우버의 비즈니스 모델은 벤처 기업인 퍼스트 라운드 캐피털, 구글 벤처스, 멘로 벤처스, 골드만 삭스 및 벤치마크 캐피털, 제너럴 모터스, 폭스바겐 및 도요타와 같은 자동차 제조업체, 아마존 창업자 제프 베조스, 엔젤리스트 창업자 네이벌 라비칸트, 옐프 공동창업자 제레미 스토펠만과 같은 개인 투자자 등을 포함한 광범위한 투자자를 유치했다.

우버는 2010년 6월 샌프란시스코와 2011년 뉴욕에서 서비스를 시작했고, 2013년 런던에서, 2014년 중국에서 첫 선을 보였다. 2016년까지 Uber는 20억 건의 승차를 달성하고 120억 불 이상의 자본을 조달했으며, 660억 불의 잠재적 가치 평가(implied valuation)에 도달하여, 세계에서 가장 가치가 높은 스타트업이 되었다.

▌ 우버 시장 밸류 맵 살펴보기

우버의 시장 밸류 맵은 표적 시장, 이 시장에서 회사가 제공하는 오퍼링, 오퍼링이 표적 고객, 협력자 및 회사 이해 관계자를 위한 가치를 창출하는 방식을 설명한다.

우버 시장 밸류 맵

표적 시장	
고객 빠르고, 편리하고, 신뢰할 수 있고, 편안하고, 가치 있는 교통수단을 필요로 하는 개인	
협력자 독립 운전자, 블랙카 서비스 회사, 매핑 서비스, 자동차 제조업체, 금융 기관	
회사 우버는 고객과 서비스 제공자를 연결하는 물류 및 플랫폼 개발 및 관리에 핵심 역량을 갖춘 운송 네트워크 회사	
경쟁자 전통적인 택시 서비스 및 리프트, 커브, 그랩, 게트 등 전세계의 승차 공유 서비스 회사들 및 마이택시를 포함한 기타 승차 공유 서비스 회사들	
상황 비효율적인 택시 및 리무진회사, 스마트폰 보편화, GPS기술의 진보, 각종 규제	

가치 제안	
고객가치 빠르고, 편리하고, 신뢰할 수 있고, 편안하고, 저렴한 교통수단	
협력자가치 소득원, 유연한 근무 일정, 쉬운 시작 과정	
회사가치 매출과 수익을 창출, 시장 지위를 확보, 강력한 소비자 브랜드를 구축, 충성도 높은 고객 기반을 구축	

시장 오퍼링	
제품 우버 모바일 앱	
서비스 승차 공유(Uber Pool), 일반 승용차 (Uber X), 대형 승용차(Uber XL), 택시(Uber Cab), 고급 승용차(Uber Select), 검정 승용차(Uber Black)	
브랜드 브랜드명; 우버, 브랜드연상;빠르고 편리한 교통(승객용) ; 유연한 일정으로 추가 소득원(운전자용)	
가격 차 요금은 차량 서비스의 종류, 거리, 이동 시간, 대기시간, 고객 수요(요금 급등) 및 지방세에 따라 다름	
인센티브 최초 탑승자 보너스($5~$50) ; 운전자 가입 보너스($100~$500)	
커뮤니케이션 텔레비전, 옥외 및 온라인 광고, 언론 보도, 소셜 미디어, 키워드검색, 회사 웹사이트(Uber.com)	
유통 우버앱은 온라인에서 사용가능, 우버서비스는 전 세계 대부분의 주요도시에서 가능	

표적 시장은?

- 고객 : 빠르고, 편리하고, 신뢰할 수 있고, 편안하고, 가치 있는 교통수단을 필요로 하는 개인.

- 협력자 : 독립 운전자. 블랙카 및 리무진 서비스 회사. 구글 지도를 포함한 매핑 서비스. 제너럴 모터스, 폭스바겐 및 도요타를 포함한 자동차 제조업체. 아멕스, 시티뱅크, 및 캐피털 원을 포함한 금융기관. 스타우드, 힐튼 및 IHG 호텔을 포함한 호텔 체인.

- 회사 : 우버는 고객과 서비스 제공자를 연결하는 물류와 플랫폼 개발 및 관

리에 핵심 역량을 갖춘 운송 네트워크 회사이다.

- **경쟁** : 전통적인 택시 서비스와 리프트, 커브, 그랩, 게트 등 전세계의 승차 공유 서비스 회사들 및 마이택시를 포함한 기타 승차 공유 서비스 회사들.
- **상황** : 스마트폰의 보편화와 GPS 기술의 발전으로 우버는 차량 서비스가 필요한 개인을 찾을 수 있다. 독립 운전자에 대한 지문 신원조회를 포함하여 정부가 부과하는 규제가 증가하는 것은 우버의 비즈니스 모델이 안고 있는 과제다.

가치 제안은?

- **고객 가치 제안** : 빠르고, 편리하고, 신뢰할 수 있고, 편안하고, 저렴한 교통수단.
- **협력자 가치 제안** : 소득원, 유연한 근무 일정, 쉬운 시작 과정
- **회사 가치 제안** : 매출과 수익을 창출하고, 시장 지위를 확보하고, 강력한 소비자 브랜드를 구축하고, 충성도 높은 고객 기반을 구축한다.

시장 오퍼링은?

- **제품** : 우버 모바일 앱
- **서비스** : 승차 공유(Uber Pool), 일반 승용차(Uber X), 대형 승용차(Uber XL), 택시(Uber Cab), 고급 승용차(Uber Select), 검정 승용차(Uber Black).
- **브랜드** : 우버 : '슈퍼'를 의미하는 독일어 über에서 유래했다.
- **브랜드 로고** : 원 안에 포함된 사각형(승객용 로고). 육각형에 박힌 사각형(운전자용 로고).

- 브랜드 연상 : *빠르고 편리한 교통(승객용). 유연한 일정으로 추가 소득원(운전자용).*

- 가격 : *승차 요금은 차량 서비스의 종류, 거리, 이동 시간, 대기시간, 고객 수요(요금 급등) 및 지방세에 따라 다르고, 운전자는 고객이 지불한 요금의 일정 비율을 받는다.*

- 인센티브 : *최초 탑승자 보너스($5~$50). 운전자 가입 보너스($100~$500).*

- 커뮤니케이션 : *텔레비전, 옥외 및 온라인 광고. 언론 보도. 소셜 미디어. 공유 경험. 회사 웹사이트(Uber.com).*

- 유통 : *우버 앱은 온라인에서 사용할 수 있고, 우버 서비스는 전 세계 대부분의 주요 도시에서 이용할 수 있다.*

▌우버 고객 밸류 맵 살펴보기

표적 고객

- 고객 니즈 : *빠르고, 편리하고, 신뢰할 수 있고, 편안하고, 가치 있는 교통수단.*

- 고객 프로파일 : *자동차가 없거나 운전면허증이 없는 개인. 밤 외출, 파티 또는 특별 행사에 참석하는 사람들. 비즈니스 여행객 및 관광객.*

경쟁

- 주요 경쟁사 : *전통적인 택시 서비스 및 리프트, 커브, 그랩, 게트 및 마이택시를 포함한 기타 승차 공유 서비스 회사들.*

- 경쟁사 가치 제안 : *전통적인 형태의 임대차인 택시는, 사전 주문 없이 거리*

에서 부를 수 있고, 신용 카드가 필요하지 않으며(미국의 경우이며, 한국은 신용카드가 대세다. *역주), 현지 교통 상황에 익숙한 풀타임 운전사를 고용할 수 있다. 또 다른 경쟁자인 차량 공유 서비스는 일반적으로 우버와 동등하며 운전자 가용성과 가격이 다르다.

- **경쟁 오퍼링의 속성** : 택시는 중앙(콜센터)에서 배차 및 관리되며, 요금은 탑승 완료 시 결정되며, 운전기사는 많은 지역에서 평균 15%의 팁을 받는 데 익숙하며(미국의 경우이며 한국은 팁을 주지 않는다. *역주), 요금은 현금 또는 신용카드로 할 수 있다. 택시의 수는 규제되며, 대부분의 택시 회사에는 온라인 배차가 가능한 앱이 있다.

고객 가치 제안은?

- 고객 가치 등식
  - **혜택** : 주문 절차 간소화, 대기 시간 감소, 편안한 승차감, 간편한 결제 프로세스(기능적 혜택). 요금, 대기 시간 및 목적지 도착 시간에 대한 불확실성 감소로 인한 마음의 평화(심리적 이점). 일반택시보다 저렴한 가격(금전적 혜택).
  - **비용** : 탑승에 대해 지불한 요금(금전적 비용).

- 경쟁 우위
  - **우위점** : 편의성, 가용성, 대기 시간, 가격.
  - **동등점** : 대여 교통수단, 탑승 시간.
  - **선택한 이유** : 택시보다 더 편리하고 빠르며 저렴하다.

우버 고객 오퍼링

오퍼링	특징들	고객가치
제품	우버 승객 앱	고객이 여행을 관리할 수있도록 함
서비스	차량공유(UberPool), 일반차량(UberX), 대형차량(UberXL), 택시(UberCab), 고급차량(UberSelect), 블랙차량(UberBlack)	고객니즈에 따라 선택할 수있는 다양한 옵션 제공
	승객에게 차량위치, 도착예정시간 및 운전자 정보 제공	라이더의 불확실성을 줄임
	운전자에게 승객의 위치와 경로 제공	주문배치를 간소화 함
브랜드	브랜드명;Uber(독일어 uber에서 유래, "슈퍼"라는 의미)	독특한 정체성 창출;뛰어난 경험을 전달
	로고;원안에 사각형이 들어간 형태	우버의 "비트와 원자를 이동시킨다"라는 비전을 전달
	하위브랜드;UberX, UberXL, UberSelect, UberCab, UberBlack, UberPool	다양한 유형의 우버 서비스 식별
	주요브랜드 연상; 편리한 교통수단;기능성과 라이프 스타일 교차점	우버브랜드 본질 전달
가격	승차비는 서비스종류, 거리, 주행거리, 대기시간, 고객수요 및 현지세금에 따라 다름	고객비용 우버가격은 일반적으로 경쟁사보다 낮음
	요금은 등록된 신용카드로 직접 청구됨(현금 결제는 않됨)	빠르고 쉬운 결제방식으로 현금 보유 불필요
인센티브	첫 탑승 보너스(최대 50불)	우버 시도 비용 절감
커뮤니케이션	메시지; 빠르고 편리하고 신뢰할 수있는 교통수단	고객에게 우버 혜택 알림
	매체;텔레비전, 옥외및온라인 광고;언론보도;소셜미디어;공유경험;회사 웹사이트	다양한 매체를 통해 고객에게 우버서비스를 알림
	크리에이티브 형식;깔끔한 룩앤필.태그라인;"모두의 개인 운전자," "언제 어디서나 준비완료," "멋지게 도착"	우버의 가치제안을 고객이 쉽게 이해하고공감할 수있는 언어로 번역함
유통	우버 앱 온라인 이용가능	고객이 우버 앱을 쉽게 다운로드 받을 수있도록 함
	우버 서비스는 전세계의 대부분 주요 도시에 가능함	대부분의 목적지에서 우버서비스 이용 가능

▌우버 협력자 밸류 맵 살펴보기

간결함을 위해, 협력자 밸류 맵은 독립적인 운전자만 나타내고, 다른 협력자의 밸류 맵은 유사한 형식을 따른다.

협력자

- 협력자 프로파일 : *자동차를 소유하거나 임대하고, 추가 수입원이 필요하며, 운전사로 일할 의향이 있는 개인.*
- 협력자 목표 : *추가 수입원, 유연한 근무 시간.*

경쟁

- 주요 경쟁사 : *리프트, 커브, 그랩, 게트 및 마이택시를 포함한 기존 택시 서비스 및 기타 차량 공유 서비스(아래 분석은 기존 택시 서비스에 초점을 맞추었다).*
- 경쟁자 가치 제안 : *스타트업 비용 절감. 운전자는 자신의 차를 소유할 필요가 없다. 대부분의 위치에서 택시의 수는 규제되어, 택시 기사 간의 경쟁을 억제하며, 많은 고객들이 일반적인 택시 서비스에 익숙하다.*
- 경쟁 오퍼링의 속성 : *택시 기사는 일반적으로 주어진 지역에서 특정 수의 택시를 운행할 권리(메달리온)를 구입한 회사가 유지 관리하는 택시를 임대한다. 운전기사의 급여는 그들이 발생시키는 요금과 팁에서 택시 임대비와 주유비를 뺀 금액으로 구성된다.*

협력자 가치 제안은?

- 협력자 가치 등식

298

- **혜택** : 소득원(금전적 혜택). 유연한 근무 일정, 쉬운 스타트업 프로세스(기능적 혜택). 자신의 상사라는 느낌(심리적 혜택).

- **비용** : 휘발유, 자동차 유지비, 보험, 소득세(금전적 비용).

• 경쟁 우위

- **우위점** : 유연한 근무 시간, 쉬운 창업.

- **동등점** : 전체 급여(비용을 고려한 후).

- **타협점** : 차를 소유해야 하며, 팁을 주는 것은 일반적인 관행이 아니다.

- **선택 이유** : 유연한 일정에 따른 추가 수입.

우버 협력자 오퍼링

오퍼링	특징들	협력자 가치
제품	우버 운전자 앱	운전자가 이동하는것을 관리할 수있도록 하도록 함
서비스	승차가 필요한 소비자와 운전자 연결 운전자에게 고객 목적지 제공 목적지 경로 매핑 고객요금 징수	고객 트래픽 제공 차량대여 프로세스 간소화 및 시간절약 경로최적화 및 시간절약 결제 프로세스 간소화
브랜드	브랜드 명; 우버 로고;육각형 안에 사각형이 들어간 형태 연상;빠르고 편리한 교통수단	독특한 브랜드 정체성 창출 우버의 "비트와 원자를 이동시킨다"라는 우버 비전의 본질을 전달함 우버와의 협력으로 인한 신뢰성
가격	고객 요금의 퍼센티지(약80%) 운전자 급여 매일 지급 가능	운전자의 소득원 적립금에 대한 접근 가속화
인센티브	가입 보너스(최대 500불)	신규 운전자 유치 촉진

커뮤니케이션	메시지;추가수입과 유연한 근무시간	운전자에게 우버 근무의 혜택을 알려줌
	매체;텔레비전,옥외광고,언론보도,소셜 미디어,온라인 광고,입소문,우버.com 웹사이트	다양한 매체를 통해 잠재적 운전자에게 우버 정보를 제공함
	크리에이티브 형식; 태그라인"당신 차로 추가 수입을 만드세요.""근무시간 선택하고,당신차로 운전하고,자신이 보스가되고,돈을 버세요"	운전자가 쉽게 이해하고 공감할수있도록 우버의 가치제안을 번역함
유통	우버 앱 온라인 가능	운전자가 쉽게 우버 앱을 다운로드 받을 수있게함
	전세계 대부분의 도시에서 우버 서비스 이용가능	우버 운전은 추가 수입을 원하는 많은 사람들에게 선택사항임

▌우버 회사 밸류 맵 살펴보기

회사

- **회사 프로파일** : 우버는 고객과 서비스 제공자를 연결하기 위한 물류 및 플랫폼 개발 및 경영의 핵심 역량을 갖춘 운송 네트워크 회사이다.
- **회사 목표** : 매출 및 수익 창출(금전적 목표). 시장 지위를 확보하고, 강력한 소비자 브랜드를 구축하며, 충성도 높은 고객 기반을 구축한다(전략적 목표).

대체 옵션은?

- **주요 대안** : 운송 산업 내에서 다른 비즈니스 모델에 투자하거나 다른 산업에 완전히 투자한다.
- **대체 옵션의 가치 제안** : 더 높은 투자 수익률의 잠재력.

회사 가치 제안은?

- 회사 가치 등식

- **혜택** : 차량 서비스 수수료(금전적 혜택). 광범위한 운송 서비스를 위한 기술 플랫폼 및 노하우 개발(전략적 혜택).
- **비용** : 연구개발비, 서비스 및 지원비, 운전자 및 탑승자 인센티브 비용, 광고비, 법률비용, 일반관리비(금전적 비용)
- **투자 이유** : 기하급수적인 시장 성장 가능성 및 여러 배수의 투자 수익.

우버 회사 오퍼링

오퍼링	특징들	회사가치
제품	고객,협력자 밸류 맵에서 요약됨	혜택;우버앱은 승객과 운전자를 연결하는 효과적인 도구임 비용;개발,업그레이드 및 유지관리비용
서비스	고객,협력자 밸류 맵에서 요약됨	혜택; 고객 및 운전자 충성도 창출 비용; 개발,업그레이드 및 유지관리비용
브랜드	고객,협력자 밸류 맵에서 요약됨	혜택;수익화 가능한 브랜드 자산 창출 비용; 브랜드 구축 비용
가격	고객,협력자 밸류 맵에서 요약됨	혜택;판매수익 비용;결제처리 비용
인센티브	고객,협력자 밸류 맵에서 요약됨	혜택;승객 수요를 만들고 운전자 공급 보장 비용;인센티브 관련 비용
커뮤니케이션	고객,협력자 밸류 맵에서 요약됨	혜택;승객과 운전자에게 우버 혜택 알려줌 비용;커뮤니케이션 비용
유통	고객,협력자 밸류 맵에서 요약됨	혜택;승객과 운전자에게 우버 앱과 서비스 제공 비용;신규시장 진출 및 기존시장 성장 비용

제네피츠: 소기업 맞춤형
복리후생 솔루션으로 승부수

Zenefits: Managing Employee Benefits for the Small Business

성공은 과학이다.

조건이 있으면 결과를 얻는다.

– 오스카 와일드, 아일랜드 극작가, 소설가 및 시인 –

제네피츠는 2013년에 시작된 샌프란시스코 기반 B2B 스타트업이고, 소기업이 직원을 위해 건강 보험 혜택을 구매하고 관리하는 프로세스를 간소화하고 자동화하는 것을 목표로 했다.

제네피츠는 고용주와 올바른 보험 계획을 연결하는 프로세스를 자동화하는 클라우드 기반 소프트웨어를 개발하여 기존 건강 중개 시장의 복잡성과 비효율성을 이점으로 활용했고, 중소기업에 매력적인 오퍼링을 제공하기 위해 급여 관리를 포함하여 인적 자원 관리를 단순화하도록 설계된 여러 추가 서비스와 건강 보험 정책 관리를 번들로 제공했다. 예를 들어, 직원 복지 관리. 직원 근무 시간, 휴가 및 출석 추적 스톡 옵션 관리. 보상/퇴직 계획 및 관리. 신입 직원 교육 등이다. 제네피츠는 건강 보험 정책에서 반복되는 월별 수수료가 제네피츠의 수익성을 높이는 데 충분했기 때문에 소기업에 모든 서비스를 무료로 제공했다.

회사의 시장 잠재력과 급속한 성장은 제네피츠가 안드레센 호로위츠, 매버릭 캐피털, 벤록, TPG, IVP, 코슬라 벤처스 및 피델리티 인베스트먼트를 비롯한 여러 노련한 벤처 캐피탈 펀드로부터 자금을 확보하는 데 도움이 되었다. 운영 첫 해에 제네피츠는 50,000여 명의 직원이 근무하는 2,000여 개의 중소기업과 계약을 맺었고, 이듬해는 우버, 에어비앤비 및 라프트를 제치고 포브스의 2014년 가장 인기 있는 스타트업 목록에서 1위를 차지했으며, 같은 해에, 역사상 가장 빠르게 성장하는 SaaS(Software-as-a-Service) 회사 중 하나로 확인되었다. 1년 후, 제네피츠는 가장 최근의 자금 조달에서 45억 불의 가치평가에 도달했다.

▌제네피츠 시장 밸류 맵 살펴보기

제네피츠 시장 밸류 맵은 표적 시장, 이 시장에서 회사가 제공하는 오퍼링, 오퍼링이 표적 고객, 협력자 및 회사 이해관계자를 위한 가치를 창출하는 방식을 설명한다.

제네피츠 시장 밸류 맵

표적 시장	
고객	5명에서 200명 사이의 직원을 고용하는 소기업
협력자	건강보험 제공자, 전문 종업원 복지 제공자
회사	제네피츠-소기업에 직원 복지 솔루션을 제공하는 클라우드 기반 제공자
경쟁자	기존 보험 중개인, 온라인 보험 중개인 서비스
상황	180억 불 시장; 투명성이 결여된 비효율적인 시장;건강보험 개혁법으로 인한 복잡성

가치 제안	
고객가치	추가 비용 없이 간소화된 직원 복리후생 관리
협력자가치	협력자 오퍼링을 촉진하기 위한 추가적인 채널
회사가치	수익 창출, 시장 지위 확보, 강한브랜드 구축, 충성도 높은 고객 기반 창출

시장 오퍼링	
제품	제네피츠는 소프트웨어를 서비스로 제공하고, 오퍼링에는 고객이 권리를 획득한 실제 제품이 포함되지 않음
서비스	최적의 직원 복리후생 선택, 직원 복리 후생 관리, 급여, 직원 스톡옵션 및 은퇴계획
브랜드	브랜드명;제네피츠;브랜드연상; 직원 복리후생의 간소화
가격	고객은 무료,보험 기간 동안 보험에 가입한 직원 한 명당 보험 제공자로부터 받는 월별 수수료(4%~8%)
인센티브	없음
커뮤니케이션	커뮤니케이션 : 개인 판매, 언론 보도, 소셜 미디어, 온라인 광고, 키워드 검색, 회사 웹사이트(Zenefits.com)
유통	Zenefits.com 웹사이트를 통해 접속할 수 있는 클라우드 기반 서비스

표적 시장은?

- **고객** : *5명에서 200명 사이의 직원을 고용하는 소기업.*

- **협력자** : *카이저 퍼머넌트, 애트나 및 앤섬 블루 크로스를 포함한 건강 보험 제공자. 직원 옵션 및 주식 관리 도구 eShares(주식 관련 플랫폼 회사*역주) 및 급여 제공업체 구스토Gusto를 포함한 전문 퇴직 혜택 서비스.*

- **회사** : *제네피츠는 소기업에 직원 혜택 솔루션을 제공하는 소프트웨어 회사이고, 핵심 역량은 소프트웨어 개발 및 개인 판매에 있다.*

- **경쟁** : *기존 보험 중개인과 오라클, 크로노스, 베니핏 커넥트 및 에피코르를*

포함한 온라인 보험 중개인이 제공하는 서비스.

- **상황** : 건강 보험 중개 시장은 180억 불로 추산되고, 보험 중개인은 보험 기간 동안 각 피보험 직원에 대해 매월 4%에서 8% 사이의 커미션을 받는다. 2010년에 제정된 건강보험개혁법(일명, 오바마 케어)은 건강 보험 제공자가 정해진 요율을 공표하고 직원이 50명 이상인 사업체는 근로자에게 보험을 제공해야 한다는 요구 사항을 포함하여 여러 가지 새로운 건강 관리 규칙을 도입했다.(미국의 상황을 말하고 있다*역주)

가치 제안은?

- **고객 가치 제안** : 추가 비용 없이 간소화된 직원 복리후생 관리.
- **협력자 가치 제안** : 고객에게 도달하기 위한 대체 채널.
- **회사 가치 제안** : 수익 창출, 시장 지위 확보, 충성도 높은 고객 기반 창출.

시장 오퍼링은?

- **제품** : 제네피츠는 소프트웨어를 서비스로 제공하고, 오퍼링에는 고객이 권리를 획득한 실제 제품이 포함되지 않는다.
- **서비스** : 제네피츠의 **핵심 서비스**는 최적의 직원 복리후생 및 급여 계획 선택의 용이함, 규정 준수 교육 및 인증을 통해 직원 혜택 정보에 대한 최신 정보 접근 제공, 고객이 혜택을 설정, 구성 및 맞춤화 가능함 등을 통해 소기업을 위한 **직원 복리후생 관리를 간소화**한다. 제네피츠는 또한 고문으로 구성된 전담 계정 팀을 통해 웹 기반, 이메일 및 실시간 고객 지원을 제공한다.
- **브랜드** : 제네피츠.

- 브랜드 로고 : 대문자로 쓰여진 'ZENEFITS'라는 단어 옆에 양식화된 새. 브랜드 연상 : 직원 복리후생의 간소화된 관리.
- 가격 : 무료.
- 인센티브 : 없음.
- 커뮤니케이션 : 개인 판매, 언론 보도, 소셜 미디어, 온라인 광고, 키워드 검색, 회사 웹사이트(Zenefits.com).
- 유통 : Zenefits.com 웹사이트를 통해 접속할 수 있는 클라우드 기반 서비스이다.

▌제네피츠 고객 밸류 맵 살펴보기

표적 고객

- 고객 니즈 : 전담 인사 부서가 없고 직원 복리후생 관리를 위한 간단한 솔루션을 찾는 소기업.
- 고객 프로파일 : 5명에서 200명 사이의 직원을 고용하는 소기업.

경쟁

- 주요 경쟁자 : 전통적인 보험 중개인.
- 경쟁사 가치 제안 : 제공되는 다양한 보험 플랜, 최적의 혜택 플랜을 선택하는 데 도움이 되는 직접 조언.
- 경쟁 오퍼링의 특성 : 일반적인 등록 프로세스에는 개별 직원의 계획 내에서 변경 사항이 있을 때마다 등록된 직원을 위해 서명된 서류를 제출하는 것이 포함되고, 건강 보험 범위로 제한되는 오퍼링에는 직원 급여, 스톡 옵션

및 퇴직 관리 지원과 같은 보다 포괄적인 혜택 관리 옵션이 없다.

고객 가치 제안은?

- 고객 가치 등식

  - **혜택** : 인적 자원 관리 비용 절감(금전적 혜택). 관리 시간 절약. 정확성, 투명성 및 규정 준수 향상. 신규직원 교육 및 퇴사직원 교육 간소화. 인사관리 미숙 기업에 대한 마음의 평화 제공(전략적 혜택).

  - **비용** : 직원 복리후생을 잘못 관리할 위험, 제네피츠 시스템 사용법을 배우는 시간의 금전적 가치(금전적 비용).

- 경쟁 우위

  - **우위점** : 보다 포괄적인 복리후생 관리(의료, 급여, 스톡옵션 및 퇴직 관리).

  - **동등점** : 기존 브로커와 동일한 보험 플랜 포트폴리오. 브로커 서비스는 고객에게 무료.

  - **타협점** : 혜택 플랜을 선택할 때 개인적인 상호 작용이 부족함.

  - **선택 이유** : 추가 비용 없이 보다 포괄적인 혜택 관리 시스템.

제네피츠 고객 오퍼링

오퍼링	특징들	고객가치
제품	없음	–
서비스	고용주 니즈와 이용가능한 혜택 계획을 일치시킴	최적의 계획을 효율적이고 비용 효율적으로 선택
	직원혜택, 급여, 직원주식옵션, 은퇴계획의 간소화된 관리	관리시간절약, 정확성, 투명성, 규정준수 향상; 간소화된 온보딩 및 오프보딩

	혜택 옵션을 관리하고 개인 정보 업데이트 위한 직원 포털	관리시간 절약, 정확성 및 투명성 개선
	전화/이메일 통한 라이브 지원과 결합된 자동화된 웹기반 지원	시스템 사용 교육 제공 및 잠재적 서비스 관련 문제 해결
브랜드	브랜드 명;제네피츠	독특하고 기억에 남는 이름
	로고;ZENEFITS라는 단어 왼쪽에 양식화 된 새	인식하기 쉬운 로고
	주요브랜드 연상;직원혜택의 간소화된 관리	오퍼링의 핵심가치에 집중-종업원 혜택 관리
가격	무료	서비스 사용에 대한 사전비용이나 반복 비용 없음
인센티브	없음	-
커뮤니케이션	메시지;제네피츠는 직원 혜택관리를 무료로 간소화 한다	회사와 서비스에 대해 표적고객에게 알림
	매체;개인판매,언론보도,소셜미디어,온라인광고,키워드 검색,제네피츠.com 웹사이트	다양한 매체를 통해 표적고객에게 회사 및 서비스정보 제공
	크리에이티브 형식;제네피츠가 고객을 위해 창출하는 가치를 설명하는 간단한 언어	B2B시장에서 효과적인 직접적이고 요점 있는 커뮤니케이션
유통	제네피츠.com웹사이트를 통해 접근가능한 클라우드 기반 서비스	다양한 기기(컴퓨터,테블릿,휴대전화) 및 플랫폼(Windows,Mac,Android)에서 쉽게 접근 가능

▌제네피츠 회사 밸류 맵 살펴보기

회사

- **회사 프로파일***: 제네피츠는 소기업에 직원 혜택 솔루션을 제공하는 개인 소유 소프트웨어 회사이고, 회사의 핵심 역량은 소프트웨어 개발 및 개인 판매에 있다.*

- **회사 목표** *: 매출 및 수익 창출(금전적 목표). 시장 지위를 확보하고 강력한 브랜드를 구축하며 충성도 높은 고객 기반을 구축한다(전략적 목표).*

대체 옵션

- **주요 대안** : 동일한 산업 내에서 다른 비즈니스 모델에 투자하거나 다른 산업에 투자한다.
- **대체 옵션의 가치 제안** : 더 높은 수익 가능성.

회사 가치 제안은?

- 회사 가치 등식
- **혜택** : 매출 및 수익(금전적 혜택). 생존 가능한 회사를 구축하고 충성도 높은 고객 기반을 구축한다(전략적 혜택).
- **비용** : 연구개발비, 서비스 및 지원비, 통신비, 영업 인력비, 일반관리비(금전적 비용)
- **투자 이유** : 기하급수적인 시장 성장 가능성 및 여러 배수의 투자 수익.

제네피츠 회사 오퍼링

오퍼링	특징들	회사가치
제품	없음	–
서비스	고객 밸류 맵에서 요약됨	혜택;인적자원관리 역량 개발 비용;R&D및 서비스 비용
브랜드	고객 밸류 맵에서 요약됨	혜택;브랜드 인지도 창출 비용;브랜드 구축 비용
가격	고객 밸류 맵에서 요약됨	혜택;판매수익(수수료) 비용;없음
인센티브	없음	–

커뮤니케이션	고객 밸류 맵에서 요약됨	혜택;고객에게 재네피츠에 대해 알려 줌 비용; 커뮤니케이션 비용
유통	고객 밸류 맵에서 요약됨	혜택:제네피츠는 클라우드 기반 서비스의 기술적 측면을 제어함 비용:클라우드 기반서버,소프트웨어,사용자 인터페이스 및 데이터 베이스 유지 관리

부록1

누가 유니콘을
꿈꾸는가?

유니콘(unicorn) : 10억달러(약 1조원) 이상인 신생벤처기업

데카콘(Decacorn) : 100억달러(약 10조원)이상인 신생벤처기업

헥토콘(hectocorn) : 1,000억달러(약 100조원)이상인 신생벤처기업

여기에서는 원서에는 없는 부분이지만 국내기업 중에서
하이브, 와이어바알리, ICTK, 무신사 네 기업의 사례를
체르네프 교수의 방식대로 분석해 보았다.
유니콘을 꿈꾸는 분들의 참고 자료로 시사하는 바가 적지 않기 때문에
구할 수 있는 자료들을 취합, 분석하여 실었음을 밝힌다.
현재의 상황과 달라진 점이 있다면 넓은 이해와 아량을 부탁드린다.

하이브 : 글로벌 엔터테인먼트 라이프스타일 플랫폼

문화 콘텐츠 산업의 혁신 기업인 하이브 엔터테인먼트(빅히트)는 방시혁 의장(전 대표)가 2005년에 창업, 국내 엔터테인먼트 및 콘텐츠 기업 중 유일한 유니콘 기업이다. 한때 기업가치가 10억불에 육박, 국내 최초 유니콘 기업으로 인정되었다.

하이브(빅히트) 설립 후 혼성그룹 8eight와 걸그룹 GLAM은 엔터테인먼트 시장에서 성공을 하지 못했고, 2013년 BTS(방탄소년단)을 데뷔시켰다. BTS는 데뷔 3년 후인 2016년부터 본격적으로 두각을 나타냈으며, 특히 유튜브를 통해 무대 매너와 철학적 의미의 가사가 팬들에 공감을 일으켜 폭발적인 인기를 일으켰다.

하이브(빅히트)는 2016년부터 2020년까지 5년간 매출 20배, 영업이익 13배의 폭발적인 성장을 기록했다. 2020년 10월 정식으로 코스피에 상장을 시켰으며, 인수합병을 통해 현재 5개 레이블(빅히트, 쏘스뮤직, 빌리프랩, 플레디스, KOZ) 및 7개 사업 부문(빅히트, IP, Edu, America, Japan 등)으로 기업을 운영 중이다.

▌하이브 밸류 맵(value map) 살펴보기

하이브의 밸류 맵은 표적 시장, 이 시장에서 회사가 제공하는 오퍼링, 오퍼링이 표적 고객, 협력자 및 회사 이해 관계자를 위한 가치를 창출하는 방식을 설명한다.

표적 시장은?

- **고객** : 글로벌 코어 팬(팬덤)

- **협력자** : 하이브 소속으로 활동 중인 아티스트들(BTS 외).

- **회사** : 글로벌 트랜드를 선호하는 콘텐츠 발굴과 핵심 고객인 코어팬(팬덤)의 가치 극대화를 최우선으로 하는 글로벌 문화가치 창출 역량을 보유함.

- **경쟁** : 국내 대형 엔터테인먼트 3사. JYP, SM, YS

- **상황** : 코로나 기간 동안 앨범 판매 매출 고성장, 확보된 글로벌 팬덤을 기반으로 3세대 아티스트들의 해외 활동 상승 중. 2010년대 후반에 데뷔한 4세대 아티스트들의 빠른 글로벌 팬덤 확보. 글로벌 음악 산업의 잠재력(2028년 약 55조원 추정).

가치 제안은?

- **고객 가치 제안** : 아티스트와 팬과의 소통과 공감을 통해 감성적인 유대감을 공유하고 장기적인 관계를 형성하게 한다. 음악과 아티스트를 통해서 위로와 감동을 준다

- **협력자 가치 제안** : 소속된 아티스트 데뷔 전, 이후까지 모든 트레이닝 과정(안무, 보컬, 외국어, 악기, 작곡, 연기 등)관리, 마케팅 전략을 담당하는 매니지먼트 시스템 운영 지원.

- **회사 가치 제안** : 매출 및 수익 창출(음반, 음원, 공연, 월드투어, 굿즈 판매), 팬덤 커뮤니티 구축, 팬덤 플랫폼 리더쉽 확보.

시장 오퍼링은?

- 제품 : 콘텐츠(음반, 음원), 공연, 월드투어, 굿즈
- 서비스 : 팬미팅, 팬사인회, 아티스트와의 소통 제공, 아티스트의 공식일정, 소식, 업데이트 공유
- 브랜드 : 영문문자 HYBE. 가로선은 오선보가 압축 된 형태, 세로선은 악보. 주요 브랜드 연상. BTS.

HYBE
WE
BELIEVE IN
MUSIC

- 가격(BTS) : 온라인 공연티켓 −29,000~39,000원, 오프라인 공연티켓 −220,000원(VIP석) 앨범, 굿즈 −일만원대~삼만원대
- 인센티브(고객) : 위버스 : 유료 멤버쉽 가입할 경우, 아티스트의 개인 콘텐츠(사진, 피드 등) 공유 가능. 멤버쉽 제도 : 메일 계정 및 가입비만으로도 세계 각국 팬들은 아미 자격이 부여됨.
- 커뮤니케이션 : 하이브 공식 홈페이지, 블로그, 인스트그램, 유튜브, 페이스북, 틱톡, 티스토리, 브이로그 등 다양한 소셜미디어 채널과 팬 플랫폼인 위버스를 통해서 볼거리, 놀거리, 아티스트 멤버들의 일상생활을 공유한다.
- 유통 : 팬플랫폼 서비스인 위버스를 통해서 앨범, 굿즈등을 판매하고, 영상 콘텐츠 및 온라인 공연을 시청한다.

하이브 고객 밸류 맵 살펴보기

표적 시장		시장 오퍼링	
고객		**제품**	
글로벌 코어 팬(팬덤)		콘텐츠(음반, 음원),공연, 월드투어, 굿즈	
협력자		**서비스**	
하이브 소속으로 활동 중인 아티스트들(BTS 외)		팬미팅, 팬사인회, 아티스트와의 소통 제공, 아티스트의 공식일정, 소식, 업데이트 공유	
회사		**브랜드**	
하이브;음악 기획/제작,퍼블리싱, 아티스트 매니지먼트		영문문자 HYBE 주요 브랜드 연상 ; BTS	
경쟁자		**가격**	
국내 대형 엔터테인먼트 3사 ; JYP, SM, YS		온라인 공연티켓 –29,000~39,000원, 오프라인 공연티켓 –220,000원(VIP석) 앨범, 굿즈 –일만원대~삼만원대	
상황			
코로나 기간 동안 앨범 판매 매출 고성장, 확보된 글로벌 팬덤을 기반으로 3세대 아티스트들의 해외 활동 상승 중. 2010년대 후반에 데뷔한 4세대 아티스트들의 빠른 글로벌 팬덤 확보. 글로벌 음악 산업의 잠재력 (2028년 약 55조원 추정		**인센티브**	
		위버스 : 아티스트의 개인 콘텐츠 공유 가능 멤버쉽 제도 : 세계 각국 팬들의 아미 자격 부여	

가치 제안

고객가치		**커뮤니케이션**	
아티스트와 팬과의 소통과 공감을 통해 감성적인 유대감 공유 및 장기적인 관계 형성 / 음악과 아티스트를 통해서 위로와 감동을 제공		하이브 공식 홈페이지, 블로그, 인스트그램, 유튜브, 페이스북, 틱톡, 티스토리, 브이로그	
협력자가치		**유통**	
소속된 아티스트 데뷔 전, 이후까지 모든 트레이닝 과정관리 / 마케팅 전략을 담당 하는 매니지먼트 시스템 운영 지원통한 총체적인 경력 관리		–	
회사가치			
매출 및 수익 창출, 팬덤 커뮤니티 구축, 팬덤 플랫폼 리더쉽 확보			

표적 고객

- 고객 니즈 : *아티스트와 소통과 공감을 통해서 위로와 감동 받기.*

- 고객 프로파일 : *코어 팬(팬덤).*

- 경쟁

- 주요 경쟁사 : *SM엔터테인먼트*

- 경쟁사 가치 제안 : *가장 오래된 해외 진출 이력을 바탕으로 글로벌 팬덤에게 가치 극대화.*

- **경쟁 오퍼링의 속성** : *각 해외시장의 특성을 잘 파악하고 공략을 하고 있다. 중국 시장의 경우 철저한 현지화 전략(멤버 7명 중 6명이 중화권)으로 중국 엔터테인먼트 시장을 공략 한다. 2023년 일본 엔터테인먼트 시장을 공략하기 위해 일본인 멤버 비중이 높은 신인 보이그룹 Way를 데뷔 시킴.*

고객 가치 제안은?

- 고객 가치 등식
- **금전적 혜택** : 위버스. 유료 멤버쉽 가입할 경우, 아티스트의 개인 콘텐츠(사진, 피드 등) 공유 가능.
- **전략적 혜택** : 멤버쉽 제도. 메일 계정 및 가입비만으로도 세계 각국 팬들은 아미 자격이 부여됨.
- **금전적 비용** : 유료 멤버쉽, 가입비.

- 경쟁 우위
- **우위점** : 글로벌 아티스트 BTS.
- **동등점** : 글로벌 엔터테인먼트 산업.
- **선택 이유** : 세계관이 확고한 아티스트와 소통과 공감을 통해서 위로와 감동을 받는다.

▌하이브 협력자 밸류 맵 살펴보기

협력자(BTS)

- **협력자 프로파일** : *7명의 한국인 멤버로 구성된 아티스트. 빌보드 싱글 1위,*

빌보드 음반 시장 1위, 2018년부터 2020년까지 '빌보드 200' 음반 차트 3년 연속 1위, 음반 판매량 2,000만 장. 멤버들의 군복무로 인해 싱글 활동 하다가 2025년부터 완전체 활동 예장.

- 협력자 목표 : 한국 및 글로벌 시대 상황을 극대화 시킨 누구나 공감하는 철학적 메시지를 담은 가사와 아티스트로서의 정체성인 세계관 구축 보여주기.

경쟁 오퍼링

- 주요 경쟁사 : SM엔터테인먼트
- 경쟁사 가치 제안 : 가장 오래된 해외 진출 이력을 바탕으로 글로벌 팬덤에게 가치 극대화.
- 경쟁 오퍼링의 속성 : 각 해외시장의 특성을 잘 파악하고 공략을 한다. 중국 시장의 경우 철저한 현지화 전략(멤버 7명중 6명이 중화권)으로 중국 엔터테인먼트 시장을 공략을 한다. 2023년 일본 엔터테인먼트 시장을 공략하기 위해 일본인 멤버 비중이 높은 신인 보이그룹 Way를 데뷔시킴.
- 기획사 /아티스트와 팬과의 관계를 넘어서 팬끼리 상호작용을 통해 가치를 창출하는 팬덤 플랫폼인 광야 프로젝트(P2C-Play to create & 메타버스 생태계) 시행.

협력자 가치 제안은?

- 협력자 가치 등식
- **혜택** : 아티스트 데뷔 전, 이후 다양한 트레이닝 프로그램(안무, 보컬, 악기, 작곡,

연기 등)을 통해 글로벌 아티스트가 될 수 있는 혜택을 받는다.

- **비용** : 아티스트육성 프로그램 비용.

- **경쟁 우위**
- **우위점** : 감동과 위로의 힐링 콘셉트 (경쟁사는 재미 및 흥미 컨셉트).
- **동등점** : 아이돌 엔터테인먼트 플랫폼.
- **선택 이유** : 아티스트가 갖추어야 할 뮤지션으로서의 세계관을 구축하는 육성 프로그램을 운영하고 자사 아티스트를 '무형자산'으로 간주하여 지속적인 가치 창출을 위한 지원을 해준다.

▌하이브 밸류 맵 살펴보기

회사

- **회사 프로파일** : 하이브는 글로벌 트랜드를 선도하는 콘텐츠 발굴과 핵심 고객인 코어 팬(팬덤)의 가치 극대화를 최우선으로 하는 글로벌 문화가치 창출역량을 보유함.
- **회사 목표** : 공연/월드투어, 음반, 음원, 굿즈에서 지속적인 매출 및 수익 창출(금전적 목표). 음악에 기반한 세계 최고의 엔터테인먼트 라이프스타일 플랫폼 지향(전략적 목표).

대체 옵션

- **주요 대안** : 아티스트와 코어 팬간의 소통 공간 플랫폼인 위버스 구축. 위버스 수익 구조는 멤버쉽 수수료, 영상 콘텐츠 및 MD상품 판매임.

- 대체 옵션의 가치 제안 : *위버스. 실시간 라이브 채팅 방송, 아티스트와 소통 (댓글), 아티스트 일정, 소식 업데이트 공유, 영상 콘텐츠, 온라인 공연 시청 가능, 앨범, 굿즈 구매 가능함.*

회사 가치 제안은?

- 회사 가치 등식
  - **혜택** : 유료 멤버쉽, 영상 콘텐츠, MD상품, 음반 판매(금전적 혜택) : 팬들간의 상호 작용을 통한 부가가치 창출(전략적 혜택).
  - **비용** : 월드투어. 인건비, 물류비, 교통비, 제작비, 공간사용료(현지스타디움, 전용 공연장), 기타 각종 수수료(금전적 비용).
  - **투자 이유** : 글로벌 음악 산업 시장 잠재력(2028년 약 55조원 추정).

와이어바알리: 국경없는 혁신 금융서비스 플랫폼

와이어바알리는 2016년 전세계 핀테크의 붐이 아시아로 밀려올 즈음, 경영 컨설턴트 출신 John 대표와 호주에서 많은 워킹홀리데이 학생들과 외국인노동자들의 암시장 해외송금 현황을 목격한 Jai, 과거 국내 최대 커뮤니티 사이트 프리책의 창업멤버이자 게임회사 등에서 경력을 쌓은 IT 전문가 Eric, 이렇게 셋은 연세대학교 경영학과 동창으로 아시아 퍼시픽 지역의 페이먼츠 핀테크 회사를 창업하기로 한다. 회사명은 와이어바알리로, 와이어(wire)는 은행에서 돈을 보낸다는 영어단어이고, 바알리(barley)는 보리의 영어단어로, 유발 하라리 교수의 사피엔스에서 역사시대 최초의 화폐는 기원전 1천년전 메소포타미아 지역에서 보리를 사용했다는 이야기에서 따왔다고 한다.

호주에 단기로 건너온 워킹홀리데이 젊은이들이 비싼 은행을 피해 암시장에서 송금을 하려다 여러 불미스러운 사고를 당하는 것을 목격하고, 또한 글로벌 시대에 인력의 이동은 필연적으로 자본의 이동을 동반한다는 추세에 모바일/온라인 해외송금이 성장할 것이라는 확신과 사회적 의미를 가지는 서비스라는 점에 창업의 마음이 모였다. 2017년 호주와 국내에서 해외송금 라이센스를 획득하고 최초로 호주-베트남 구간의 서비스를 개통하게 된다.

2017년 처음 서비스를 개시한 이후 2018년부터 2021년까지 매년 3배씩 빠르게 송금액이 증가하였고 그에 따라 매출액도 빠르게 증가하였다. 2022년 기준 약 150억원의 매출액을 기록하였고, 90%는 개인간 해외 송금, 10%는 기업

송금으로 이루어져 있다.

핀테크 개인 송금은 해외 이주 노동자의 본국 송금이 다수를 차지하는데 이들을 위하여 기존 은행보다 저렴하고 빠른 송금을 제공하는 것은 지속 가능한 글로벌 경제체계를 위한 사회적 기업으로서의 소명을 다하는 일이라고 생각하고, 해외의 아시아인들을 타겟으로 기업과 개인의 해외송금, 나아가 국경을 넘는 다양한 지불 결제 서비스를 포함한 핀테크 페이먼트 플랫폼을 지향 목표로 하고 있다.

▌와이어바알리 시장 밸류 맵(value map) 살펴보기

와이어바알리의 시장 밸류 맵은 표적 시장, 이 시장에서 회사가 제공하는 오퍼링, 오퍼링이 표적 고객, 협력자 및 회사 이해 관계자를 위한 가치를 창출하는 방식을 설명한다.

표적 시장은?

- **고객** : *해외거주 아시아인 및 국내 거주 동남아시아 노동자들의 본국 송금 뿐만 아니라 미국, 호주 등에 머무는 한국인 혹은 아시아인들.*
- **협력자** : *송금국 및 수취국 국내의 은행 및 핀테크 송금사업자. 페이먼트 사업자를 연결하는 핀테크 네트워크 사업자(일명 aggregator 혹은 facilitator). 외화환전 관련 금융 기관 및 핀테크 사업자. 카드 사업 관련 글로벌 신용카드 사업자.*
- **회사** : *개인과 기업고객의 해외 송금 서비스를 제공하며, 이를 위하여 자금흐름에 관계되는 다양한 사업자들과 협력관계 네트워크를 구성하는 글로*

벌 파트너십 역량 및 각국의 외화 환전 및 저렴하고 신속한 자금이동의 경쟁력과 각국의 금융규제와 준법 감시 등 규제 역량의 핵심 역량 보유.

- **경쟁** : 크로스보더

- 송금사업은 글로벌 사업성(globality)도 중요하지만, 지역성(locality)도 매우 중요하며 각각의 구간별로 주요 경쟁사가 상이할 정도로 롱테일(long tail, 두 세 사업자가 시장을 주도하는 것이 아니라 다양한 사업자가 시장에서 존재하는 경쟁 상황)이 매우 길다. 주요 경쟁사는 2021년 말 나스닥에 상장한 미국의 Remitly(RELY. Nasdaq). Remitly는 미국에 본사를 두고 미국에서 필리핀, 멕시코 등의 해외송금에서 두각을 나타내고 있으며 미국 이외의 다른 송금국들의 빠른 확장을 통해 글로벌 핀테크 사업자로 포지셔닝하고 있다.

- **상황** : 해외송금 시장은 인력의 이동과 밀접한 연관성을 띄고 있다. 글로벌 자유경제체제가 확대되면서 국내에 일자리가 부족하고 소득수준이 낮은 아시아와 아프리카, 남미 등 후진국 및 개발도상국의 인력들이 일손이 모자라는 선진국으로 장단기 이주하여 외국인 노동자로서 값싼 노동력을 제공하고 그 임금의 대부분을 본국의 가족들에게 송금하는 양태가 해외송금의 대부분을 차지한다. 따라서 사회문화적으로는 노동력을 제공하는 나라들의 커뮤니티, 소셜미디어 등의 지역적 마케팅이 중요하다.

- 기술적으로는 모바일과 온라인으로 시간과 장소에 구애받지 않고 송금 서비스를 이용할 수 있도록 해야 하며, 금융서비스인 만큼 정확성과 보안, 안정성 등이 매우 중요하다. 또한 고객의 개인정보를 잘 보관하고 암호화, 유출 방지 등의 기술이 요구된다.

- 국경을 넘는 자본의 이동이라는 점에서 자금세탁, 의심 거래, 불법 자금 해

외 유출 등에 관해 각국 금융당국의 엄격한 규제와 보고 체계를 적용하고 있어서 기존 은행과 준하는 준법 감시체계를 갖추어야 한다.

- 경제적인 측면에서는, 해외에서 보내오는 해외송금이 한 나라의 국내총생산 (GDP)의 상당부분을 차지하는 나라들이 많이 있고, 이들 나라 입장에서는 해외송금을 통해 유입된 외화가 국가 경제 발전의 큰 기반이 된다는 점에서 글로벌 경제발전에 한 축을 담당한다고 볼 수 있다.

가치 제안은?

- **고객 가치 제안** : 와이어바알리의 서비스를 통해 고객은 해외송금시 비용을 절감하고, 빠르고 편리하고 안전하게 수행할 수 있다는 혜택을 제공받는다. 기존에는 은행을 방문해서 높은 비용을 지불하고 3-4일씩 걸리던 해외송금 서비스가 스마트폰으로 유리한 환율과 저렴한 비용으로 몇 시간만에 수취국의 가족들에게 돈을 보낼 수 있다는 것은 경제적으로 약자인 외국인 노동자들에게는 매우 높은 가치라고 볼 수 있다.

- **협력자 가치 제안** : 수취 파트너 및 네트워크 사업자들은 와이어바알리의 거래 규모가 성장함에 따라 거래금액에 따른 수수료 수익이 증가함과 동시에 와이어바알리의 네트워크가 확장됨을 이용하여 다른 핀테크 사업자에게 아시아 국가들의 네트워크를 연결할 수 있으므로, 네트워크 확장이라는 사업 요소의 성장이라는 가치를 가지게 된다.

- **회사 가치 제안** : 해외송금 비지니스를 통해서 와이어바알리는 매출의 성장과 이익을 남기는 경제적인 가치 이외에도, 크로스보더 페이먼트 니즈를 가진 다양한 국가의 고객 기반을 보유하게 되어 추가적인 핀테크 사업으로

의 확장이 가능하고, 나아가 외환 환전 역량, 글로벌 자금흐름 관리의 역량 등 금융기법을 지속적으로 발전시키고, 와이어바알리라는 브랜드를 시장에 각인시킴으로써 아시아 핀테크 산업을 선도하는 혁신기업의 이미지를 고양할 수 있다.

시장 오퍼링은?

- 제품 : 와이어바알리 모바일 앱 및 온라인 웹사이트를 통한 개인간 해외송금 서비스.
- 서비스 : 추가적으로 기업의 해외송금 서비스(B2B, B2C, C2B), 다통화 월렛 서비스, 글로벌 외화 기반 선불카드 서비스.
- 브랜드 : 와이어바알리라는 회사명은 와이어와 바알리의 합성어. 와이어(wire)는 은행에서 돈을 보낸다는 영어 표현이고, 바알리(barley)는 보리라는 곡식으로서 유발 하라리 교수의 '사피엔스'라는 책에 선사시대의 화폐는 조개껍데기나 소금이 있지만, 역사시대 최초의 화폐는 메소포타미아 지역의 수메르인이 사용한 보리였다는 기술에서 따와서 '가치 있는 것'이라는 뜻이다.
- 소중한 자산을 사랑하는 가족에게 보낸다는 의미임. 로고는 어두운 초록색 바탕에 보리 형상 로고를 담고 있고, 어두운 초록색은 해외에서 미국 달러를 상징하는 색깔임. 보리는 아시아인들만 식용으로 먹는 곡식으로서 아시아라는 지역색을 띄고 있다.
- 주요 브랜드 연상은 금융서비스, 아시아인을 위한 서비스, 송금서비스 등의 안정되고 친근한 이미지.

- **가격** : 해외송금시 지불하는 소비자 가격은 환전에 소요되는 마진과 거래수수료. 은행에서 송금할 경우 환전 마진은 국내에서 해외 송금시 통상 1%, 해외에서는 3-5%, 거래수수료는 통상 4-5만원 (4-5달러). 와이어바알리를 통한 비용은 평균적으로 환전 마진 0.5%, 거래수수료는 무료 혹은 5천원 미만.

- **인센티브(고객)** : 고객이 회원 신규 가입시 3천원(약 3달러)의 쿠폰이 제공되어 다음 송금시 사용할 수 있고, 일정 금액 이상의 송금 거래를 이용하면 골드, 실버, 플래티넘 등 고객회원 등급제에 속하게 되어 환율이나 수수료 혜택이 있으며, 친구 초대 프로그램을 통해 다른 사람을 초대하면 쿠폰을 제공받을 수 있다. 또한, 추석, 설날 등 프로모션을 통한 다양한 혜택을 제공받을 수 있음.

- **커뮤니케이션** : 페이스북, 인스타그램 등 소셜미디어를 통한 광고, 당사의 웹페이지, 앱의 푸쉬 메세지, 국내외 매체 통한 회사의 뉴스와 PR. 한국 본사와 미국법인에서 영어, 한국어 및 10여 개 아시아권 언어를 구사하는 고객센터 운영을 통해, 고객의 거래 관련 문의 및 요청 사항을 전화, 이메일, 챗 등을 통한 커뮤니케이션.

- **유통** : 와이어바알리 웹사이트 혹은 모바일 앱을 통해 접속할 수 있는 클라우드 기반 서비스

와이어바알리 밸류 맵 살펴보기

표적 시장

고객
해외거주 아시아인 및 국내 거주 동남아시아 노동자들

협력자
국내 은행 및 핀테크 송금사업자. 핀테크 네트워크 사업자, 외화 환전 관련 금융 기관 및 핀테크 사업자. 카드 사업 관련 글로벌 신용카드 사업자.

회사
와이어바알리; 개인과 기업고객의 해외 송금 서비스를 제공

경쟁자
미국의 Remitly

상황
글로벌 인력 시장과 해외 송금 시장의 역학관계로 지속적인 시장 성장세 해외송금을 통해 유입된 외화가 국가 경제 발전의 큰 기반이 된다는 점에서 글로벌 경제발전에 한 축을 담당

가치 제안

고객가치
고객은 해외송금시 비용을 절감하고, 빠르고 편리하고 안전하게 수행

협력자가치
거래금액에 따른 수수료 수익이 증가함

회사가치
매출의 성장과 이익을 남기는 경제적인 가치, 다양한 국가의 고객 기반을 보유, 아시아 핀테크 산업을 선도하는 혁신기업의 이미지를 고양

시장 오퍼링

제품
개인간 해외송금 서비스

서비스
개인간 송금 기업의 해외송금 서비스(B2B, B2C, C2B), 다통화 월렛 서비스, 글로벌 외화 기반 선불카드 서비스

브랜드
와이어바알리; 금융서비스, 아시아인을 위한 서비스, 송금서비스 등의 안정되고 친근한 이미지

가격
국내에서 해외 송금시 통상 1%, 해외에서는 3-5%, 거래수수료는 통상 4-5만원 (4-5달러). 거래수수료는 무료 혹은 5천원 미만.

인센티브
고객;회원 신규 가입시 3천원(약 3달러) 쿠폰 골드, 실버, 플래티넘 등 고객회원 등급제통한 환율 및 수수료 혜택

커뮤니케이션
페이스북, 인스타그램 , 와이어바알리 웹페이지, 앱의 푸쉬 메세지, 고객센터 운영

유통
와이어바알리 웹사이트 모바일 앱을 통해 접속할 수 있는 클라우드 기반 서비스

▌와이어바알리 고객 밸류 맵 살펴보기

표적 고객

- 고객 니즈 : *저렴한 송금 수수료, 빠른 송금, 간편하고 안전한 송금.*
- 고객 프로파일 : *해외 거주 아시아인 및 국내 거주 동남아시아 노동자들의 본국 송금 뿐만 아니라 미국, 호주 등에 머무는 한국인 혹은 아시아인들.*

경쟁

- **주요 경쟁사** : 미국의 *Remitly. 2011년 미국에서 설립, 누적 송금 규모 약 45조원, 분기별 active이용자 5백만명.*
- **경쟁사 가치 제안** : *전세계 방대한 송금 서비스 지역.*
- **경쟁 오퍼링의 속성** : *5단계 간편한 송금 절차, 방대한 송금 서비스 지역*(특히, 중남미)

고객 가치 제안은?

- 고객 가치 등식
- **금전적 혜택** : 평균적으로 환전 마진 0.5%, 거래수수료는 무료 혹은 5천원 미만.
- **전략적 혜택** : 빠른 송금, 간편하고 안전한 송금.
- **금전적 비용(와이어바알리)** : 송금프로그램 개발 및 업데이트 비용

- 경쟁 우위
- **우위점** : 기업 해외 송금 서비스(B2B, B2C, C2B), 다통화 월렛 서비스, 선불카드 서비스
- **동등점** : 해외송금 시장
- **타협점** : 글로벌 인지도, 글로벌 송금 서비스 역량(*경쟁사 대비 열세점).
- **선택 이유** : 적은 돈(Micro money)송금에 특화된 고객 맞춤형 서비스 제공, 다양한 고객 인센티브 혜택(*고객이 와이어바알리를 선택하는 이유. 경쟁사 대비 강세점).

▌와이어바알리 협력자 밸류 맵 살펴보기

협력자

- 협력자 프로파일 : 송금국 및 수취국 국내의 은행 및 핀테크 송금사업자. 페이먼트 사업자를 연결하는 핀테크 네트워크 사업자(일명 *aggregator* 혹은 *facilitator*). 외화 환전 관련 금융 기관 및 핀테크 사업자. 카드 사업 관련 글로벌 신용카드 사업자.
- 협력자 목표 : 수취 파트너 및 네트워크 사업자들은 와이어바알리의 거래 규모가 성장함에 따라 거래금액에 따른 수수료 수익 증가 및 와이어바알리 네트워크의 확장을 통해 다른 핀테크 사업자에게 아시아 국가들의 네트워크를 연결할 수 있는 네트워크 확장성 확보.

경쟁 오퍼링

- 주요 경쟁사 : 미국의 *Remitly*.
- 경쟁사 가치 제안 : 전세계 방대한 송금 서비스 지역.
- 경쟁 오퍼링의 속성 : 5단계 간편한 송금 절차, 방대한 송금 서비스 지역(특히, 중남미)

협력자 가치 제안은?

- 협력자 가치 등식
- **혜택** : 와이어바알리 거래금액에 따른 수수료 수익 증가(금전적 혜택). 와이어바알리 네트워크의 확장을 통해 다른 핀테크 사업자에게 아시아 국가들의 네트워크를 연결할 수 있는 네트워크 확장성 확보(전략적 혜택).

- **경쟁 우위**

  - **우위점** : 와이어바알리 거래금액에 따른 수수료 수익 증가.

  - **동등점** : 해외송금 시장

  - **타협점** : 글로벌 고객 기반 및 자금력

  - **선택 이유** : 아시아 핀테크 시장 선도 기업.

▌와이어바알리 밸류 맵 살펴보기

회사

- **회사 프로파일** : 개인과 기업 고객의 해외송금 서비스를 제공하며, 이를 위하여 자금흐름에 관계되는 다양한 사업자들과 협력관계 네트워크를 구성하는 글로벌 파트너십 역량 및 각국의 외화 환전 및 저렴하고 신속한 자금이동의 경쟁력과 각국의 금융규제와 준법 감시 등 규제 역량의 핵심 역량보유.

- **회사 목표** : 지속적인 매출 및 수익 창출(금전적 목표). 크로스보더 페이먼트 니즈를 가진 다양한 국가의 고객 기반을 보유하게 되어 추가적인 핀테크 사업으로의 확장, 외환 환전 역량 및 글로벌 자금흐름 관리의 역량 등 금융기법의 지속적 발전, 와이어바알리 브랜드의 시장 각인을 통해 아시아 핀테크 산업을 선도하는 혁신기업 이미지를 구축(전략적 목표).

대체 옵션

- **주요 대안** : 기업 해외 송금 서비스(B2B, B2C, C2B), 다통화 월렛 서비스, 선불 카드 서비스(* 와이어바알리가 지향하는 목표를 달성할 수 있는 다른 대안).

• 대체 옵션의 가치 제안 : *추가 수익 확보 및 아시아 핀테크 산업을 선도하는 혁신기업 이미지 구축.*

회사 가치 제안은?

• 회사 가치 등식
- **혜택** : 지속적인 매출 및 수익 창출(금전적 혜택). 크로스보더 페이먼트 니즈를 가진 다양한 국가의 고객 기반을 보유하게 되어 추가적인 핀테크 사업으로의 확장, 외환 환전 역량 및 글로벌 자금흐름 관리의 역량 등 금융기법의 지속적 발전, 와이어바알리 브랜드의 시장 각인을 통해 아시아 핀테크 산업을 선도하는 혁신기업 이미지를 구축 (전략적 혜택).
- **비용** : 송금프로그램 개발 및 업데이트 비용
- **투자 이유** : 글로벌 핀테크 시장의 성장 잠재력

ICTK : IoT 시대 신뢰의 핵심 보안 토털 솔루션

현재 이정원 대표가 이끄는 ICTK는 파괴적 혁신(Disruptive Innovation)의 대표적인 기업으로서 2001년 스마트카드 기반 국제 지불 기능 규격 인증랩으로 출발하였다. 기존 크레딧 카드의 마그네틱 및 메모리 기반 스마트카드의 보안 취약성을 보완할 하드웨어 기반 보안기술인 물리적 복제방지 기능(PUF : Physical Unclonable Function) 원천 기술에 매료되어 국산 보안기술로 세계화를 위해 2011년 한양대학교로부터 해당 기술을 인수 후 2016년 세계에서 가장 안정적이고 높은 보안성을 가진 VIA PUF 기반 보안칩 상용화에 성공하였다.

ICTK는 유수 글로벌 IT업체도 안정화된 제품을 성공하지 못한 PUF 기술과 신뢰성(RoT : Root of Trust) 기술의 우수성을 인정받아 세계 반도체협회(GSA : Global Semiconductor Alliance)로부터 PUF/RoT 기술 선도 기업으로 선정되었고, VIA PUF의 초미세 나노 공정에서의 안정성을 인정받아 세계 최대 보안 IP기업인 램버스와 MOU를 체결하는 등 그동안 불모지였던 보안 시스템반도체(SoC : System-on-Chip) 업계에 한국 기술을 등재하여 기술력을 입증했다. 또한, 국내외 특허 활동도 활발하다. 2023년 초 기준 총 131건의 국내 및 미국, 유럽 등 특허 등록을 완료하였으며, 추가적으로 다수의 특허는 출원 후 등록 절차 진행 중이다.

ICTK 2023년 매출 목표는 70억원 이상이며, 향후 매년 2배 이상의 매출 성장을 기대하고 있다. 그동안 다양한 기관과 기업으로부터 투자를 유치해 누적 투자액이 300억원을 육박하고 있고 마침내 2024년 5월 17일 코스닥에 상장했으며, 초 연결시대에 첨단 보안기술 솔루션 선두자로서의 유니콘 기업이 되기 위한 자부심으로 첨단기술 개발에 매진하고 있다.

▍ICTK 시장 밸류 맵(value map) 살펴보기

ICTK의 시장 밸류 맵은 표적 시장, 이 시장에서 회사가 제공하는 오퍼링, 오퍼링이 표적 고객, 협력자 및 회사 이해 관계자를 위한 가치를 창출하는 방식을 설명한다.

표적 시장은?

- **고객** : *이동 통신사 및 IoT 분야 기업*
- **협력자** : *USB 및 인증 서버 제조사*
- **회사** : *물리적 복제방지 기능 기술의 전문보안 솔루션 기업으로서 세계 최고 수준의 보안기술인 VIA PUF를 접목한 보안 솔루션을 제공하는 역량을 보유함.*
- **경쟁** : *PUF기술. 네덜란드 다국적 기업인 필립스 전자로부터 분사한 인트린직(INTRINSIC) ID, 대만 eMEMORY로부터 분사한 PUF Security. 보안 SoC. Infineon, NXP, Maxim, STMicro.*
- **상황** : *인증과 Unique ID가 필요한 분야 및 데이터 보호를 위한 모든 곳에 VIA PUF 기반 보안칩 사용 가능함*(지능형 CCTV, 무선공유기, 원격진단 시스템, 로봇, 드론, 스마트카드, 휴대폰, 개인 인증, 클라우드, 무인정산 시스템 등), *양자 컴퓨팅 시대에 대비한 양자 내성 암호 기술이 적용된 보안 칩으로 양자 콤퓨팅의 보안 위협 대응.*

가치 제안은?

- **고객 가치 제안** : 높은 보안 신뢰성 기술이 탑재된 ICTK 모듈을 장착한 보안 솔루션을 최종 사용자에게 제공하여 개인 정보 보호와 편이성을 제공함.

- **협력자 가치 제안** : 새로운 제품군 확장으로 인해 안정적인 매출 및 수익 확보 가능함.

- **회사 가치 제안** : PUF 기반 차세대 보안 칩 확장으로 지속적인 매출 및 수익 창출, 각종 기기에 최적의 인증 플랫폼 구축, 세계최강의 보안 인프라 리더쉽 확보.

시장 오퍼링은?

- **제품** : PUF 기반 보안 칩이 장착된 모듈(USB 인터페이스 등) 및 보안 장비.

- **서비스** : PUF기반 보안 솔루션 제공.

- **브랜드** : 파란색 배경 영문문자 ICTK.

- **주요 브랜드 연상** : PUF 기술선도 기업.

- **가격** : 100불 수준(USB 모듈)

- **커뮤니케이션** : ICTK 웹페이지, 세계 반도체협회(GSA) 기고, 각종 보안 전시회, 전문 저널지, 보안 관련 포럼 혹은 세미나, 언론 보도 (인터뷰 등)

- **유통** : 고객과 직거래

ICTK 고객 밸류 맵 살펴보기

표적 시장			시장 오퍼링		
이동 통신사 및 IoT 분야 기업		고객	PUF 기반 보안 칩이 장착된 모듈 (USB 인터페이스 등) 및 보안 장비.		제품
USB 및 인증 서버 제조사		협력자	PUF기반 보안 솔루션 제공		서비스
물리적 복제방지 기능 기술의 전문보안 솔루션 기업		회사	ICTK 브랜드연상; PUF 기술선도 기업		브랜드
경쟁 : PUF기술 ; 인트린직(INTRINSIC) ID, PUF Security / 보안 SoC ; Infineon, NXP, Maxim, STMicro		경쟁자	100불 수준(USB 모듈)		가격
인증과 Unique ID가 필요한 분야 및 데이터 보호를 위한 모든 곳에 VIA PUF 기반 보안칩 사용 가능함		상황	-		인센티브

가치 제안			ICTK 웹페이지, 세계 반도체협회(GSA) 기고, 각종 보안 전시회, 전문 저널지, 보안 관련 포럼 혹은 세미나		커뮤니케이션
높은 보안 신뢰성 기술이 탑재된 보안 솔루션을 통한 개인 정보 보호와 편이성을 제공		고객가치	고객과 직거래		유통
새로운 제품군 확장으로 인해 안정적인 매출 및 수익 확보 가능		협력자가치			
속적인 매출 및 수익 창출, 각종 기기에 최적의 인증 플랫폼 구축, 세계최강의 보안 인프라 리더쉽 확보		회사가치			

▌ICTK 고객 밸류 맵 살펴보기

표적 고객

- 고객 니즈 : *통신장비, 센서등의 물리적 보안의 필요성 혹은 기기와 연결된 데이터 및 컨트롤 관리 보안의 필요성*
- 고객 프로파일 : *이동 통신사 및 IoT 분야 기업.*

경쟁

- 주요 경쟁사 : *인트린직 ID*

- **경쟁사 가치 제안** : 용이성-고객은 IP만 구매하여 *integration*.
- **경쟁 오퍼링의 속성** : IP를 CPU 제조기업에 판매.

고객 가치 제안은?

- 고객 가치 등식
- **금전적 혜택** : 일반적인 보안기술 채택으로 인해 보안 사고 발생할 경우 발생하는 보상비용을 미연에 방지할 수 있는 사전적인 금전적인 보장성 혜택.
- **전략적 혜택** : ICTK의 보안기술은 기존의 필요 보안기술 외에 높은 항상성으로 고객에게 차별적 가치를 제공함.
- **금전적 비용** : ICTK의 지속적인 개발 비용-Hardware 및 application.

- 경쟁 우위
- **우위점** : 항상성이 보장된 독점적인 PUF기술
- **동등점** : PUF기반 보안 IP시장.
- **선택 이유** : 안정성이 검증된 VIA PUF 칩 상용화

▍ICTK 협력자 밸류 맵 살펴보기

- 협력자
- **협력자 프로파일** : USB 및 인증 서버 제조사
- **협력자 목표** : 안정적이고 지속적인 매출 및 수익 창출

경쟁 오퍼링

- **주요 경쟁사** : 인트린직 *ID,*
- **경쟁사 가치 제안** : 용이성-고객은 *IP*만 구매하여 *integration.*
- **경쟁 오퍼링의 속성** : *IP*를 *CPU* 제조기업에 판매.

협력자 가치 제안은?

- **협력자 가치 등식**
- **혜택** : 매출 및 수익 창출(금전적 혜택). VIA PUF의 다양한 활용처 및 양자 컴퓨팅 보안 사업 기회의 수혜(전략적 혜택).

경쟁 우위

- **우위점** : 항상성이 보장된 독점적인 PUF기술
- **동등점** : PUF 기반 보안 IP시장
- **선택 이유** : 향후 IoT시대의 독보적인 보안 사업 기회 수혜.

▋ICTK 밸류 맵 살펴보기

회사

- **회사 프로파일** : *물리적 복제방지 기능 기술의 전문 보안 솔루션 기업으로서 세계 최고 수준의 보안기술인 VIA PUF를 접목한 보안 솔루션을 제공하는 역량을 보유함.*
- **회사 목표** : *지속적인 매출 및 수익 창출*(금전적 목표). *초연결 시대에 보안 필수 기능인 PUF기술의 종주국 달성*(전략적 목표).

대체 옵션

- 주요 대안 : *P2P 페이먼트 보안 칩 솔루션.*
- 대체 옵션의 가치 제안 : *IoT시대에 디지털 화폐 보안의 핵심인 블록체인 개인 키 보호에 PUF칩을 상용화하여 제 3자 개입 없이 개인 간 안전한 디지털 화폐 거래를 제공하는 혜택.*

회사 가치 제안은?

- 회사 가치 등식
  - **혜택** : 지속적인 매출 및 수익 창출(금전적 혜택). 초연결 시대에 보안 필수 기능인 PUF 기술 리더쉽 확보(전략적 혜택).
  - **비용** : ICTK 지속적인 개발 비용(금전적 비용).
  - **투자 이유** : 기하급수적인 보안 시장의 성장 잠재력

무신사 : 국내 디자이너 패션 브랜드 플랫폼

무신사는 조만호 회장(창업자이며 전 대표이사)이 고등학교 3학년(2001년)때 만든 '무진장 신발 사진이 많은 곳'이라는 이름의 PC통신 커뮤니티가 무신사의 시초이며 현재는 1,000만 회원을 보유하고 있는 국내 1위 온라인 패션 플랫폼이다.

무신사는 브랜드 패션 플랫폼을 지향점으로 하여 입점 브랜드와 동반 성장 전략을 구사한다. 국내 패션 브랜드를 소개하는 홍보 채널로 온라인 패션 웹진 '무신사 매거진'을 발행하여 신생 디자이너 브랜드들의 홍보, 마케팅 활동 등을 소개해 주는 콘텐츠를 활성화하고, 커머스 기능을 추가한 온라인 편집숍 모델인 '무신사 스토어'를 오픈했다. 2017년부터는 오프라인 '무신사 스탠다드'를 필두로 패션스타트업을 위한 패션 특화 공유 오피스 '무신사 스튜디오' 패션 문화 편집 공간 '무신사 테라스' 등을 차례로 오픈했다.

무신사는 2019년 9,000억원, 2021년 2조 3,000억원, 2022년 연간 거래액 3조원을 돌파하여 국내 패션 플랫폼 최초의 유니콘으로 선정되었다.

▌무신사 시장 밸류 맵(value map) 살펴보기

무신사의 시장 가치 지도는 표적 시장, 이 시장에서 회사가 제공하는 오퍼링, 오퍼링이 표적 고객, 협력자 및 회사 이해 관계자를 위한 가치를 창출하는 방식을 설명한다.

표적 시장은?

- **고객** : 개인의 취향과 사회 변화를 중요하게 생각하는 MZ세대

- **협력자** : 다양한 무신사 온라인 플랫폼에 입점한 6,000여 개의 입점 브랜드들. 무신사 스토어(온라인 패션 스토어), 우신사 스토어(여성전용 패션 스토어), 무신사 스튜디오(소규모 패션 브랜드들의 패션 특화 공유 공간), 한정판 마켓인 솔드아웃, 전문관(럭셔리, 골프, 뷰티, 스포츠, 키즈, 아울렛).

- **회사** : 고객 커뮤니티 파워, 신생브랜드 유성을 통한 동반 성장, MZ세대를 가장 잘 이해하는 패션 플랫폼, 800만 명 이상의 고객 검색 데이터와 리뷰를 활용.

- **경쟁** : 여성 패션 위주 온라인 플랫폼 '에이블리'. 에이블리는 다양한 일반인들이 창업하기 쉬운 입점 조건, 입점 브랜드에 대한 다양한 지원, 2020년 기준 입점 브랜드 2,500개 이상.

- **상황** : 코로나 팬데믹으로 온라인 패션 플랫폼 시장의 급속한 성장, 패션 외의 영역(뷰티, 라이프, 푸드)으로 확장, 글로벌 시장 공략을 시작하고 있다.

가치 제안은?

- **고객 가치 제안** : MZ세대 고객에게 콘텐츠(스타일링 방법, 한정판 제품, 브랜드 스토리 등)를 통한 정보 제공 및 재미를 추구하고 커뮤니티 형성도 활발함.

- **협력자 가치 제안** : 입점 브랜드 성장에 필요한 제품, 생산, 판매, 기획 및 물류 등의 노하우 및 종합적인 인프라 제공. 동반 프로젝트 운영인 무이자 생산 자금 지원.

- **회사 가치 제안** : 매출 및 수익 창출, 팬덤 커뮤니티 구축, 온라인 패션 플랫

폼 시장 리더쉽 확보.

시장 오퍼링은?

- **제품** : 의류, 신발, 가방, 뷰티, 골프(의류 및 용품), 캠핑용품.
- **서비스** : 배송, 교환, 환불 과정에서 고객 만족도 향상을 위해 '플러스 배송'
  을 2023년 5월부터 실시함- 빠른 배송, 교환 및 환불 3가지 서비스가 제공
  된다.
- **브랜드** : 검정색 로고, 영문문자 MUSINSA, 주요 브랜드 연
  상. 패션의 모든 것.
- **가격** : 전문관인 무신사 아울렛은 브랜드를 엄선해 연중 특별 할인 가격을
  실시함.
- **인센티브(고객)** : 각종 쿠폰 제공. 할인 쿠폰, 랜덤 쿠폰(계절 특별할인, 판매 기간
  특정 페이 결제시 등), 신규 회원 가입할 경우 3가지 혜택(친구 가입 적립금, 첫 구매 할
  인, 15%~20% 할인 쿠폰).
- **커뮤니케이션** : 온라인 패션 웹진 '무신사 매거진', 패션 문화 편집 공간인
  '무신사 테라스'를 통해서 오프라인 팝업 스토어 전시, 쇼케이스 공간을 통
  해 패션과 라이프 스타일 트렌드 흐름을 공유함.
- **유통** : 온라인 스토어. 무신사 스토어, 우신사 스토어(여성 전용), 전문관, 아울
  렛 오프라인. 무신사 스탠다드 (PB), 무신사 테라스(팝업 스토어).

무신사 고객 밸류 맵 살펴보기

표적 시장		시장 오퍼링	
MZ세대	고객	의류, 신발, 가방, 뷰티, 골프(의류 및 용품), 캠핑용품	제품
무신사 온라인 플랫폼에 입점한 6,000여 개의 입점 브랜드들	협력자	'플러스 배송'	서비스
무신사:패션 플랫폼	회사	MUSINSA:브랜드 연상 ; 패션의 모든 것.	브랜드
에이블리	경쟁자	무신사 아울렛:연중 특별 할인 가격	가격
온라인 패션 플랫폼 시장의 급속한 성장 글로벌 시장 공략 개시	상황	고객; 각종 쿠폰 제공, 신규 회원 가입할 경우 3가지 혜택	인센티브
가치 제안		온라인 패션 웹진 '무신사 매거진', '무신사 테라스'	커뮤니케이션
콘텐츠를 통한 정보 제공 및 재미 추구	고객가치	온라인 스토어 ; 무신사 스토어, 우신사 스토어(여성 전용), 전문관, 아울렛 오프라인 ; 무신사 스탠다드, 무신사 테라스	유통
입점 브랜드 성장에 필요한 노하우 및 종합적인 인프라 제공 동반 프로젝트 운영인 무이자 생산 자금 지원	협력자가치		
매출 및 수익 창출, 팬덤 커뮤니티 구축, 온라인 패션 플랫폼 시장 리더쉽 확보	회사가치		

▌무신사 고객 밸류 맵 살펴보기

표적 고객

- **고객 니즈** : 단순한 상품 구매보다 콘텐츠(스타일링 방법, 브랜드 스토리 정보 등)를 통해 재미를 추구하며 쇼핑하기.

- **고객 프로파일** : MZ세대. 특히, 10대~20대(70%)와 여성 고객.

경쟁

- **주요 경쟁사** : 온라인 패션 플랫폼 '에이블리'.

- **경쟁사 가치 제안** : *AI를 활용해 고객 취향에 맞는 다양한 상품 추천(개인화 추천).*
- **경쟁 오퍼링의 속성** : *제품은 여성 의류, 신발, 주얼리, 뷰티, 리빙, 남성의류, 신발, 코스매틱, 디지털 기기 및 소품이며 추천 상품 서비스를 한다. 가격은 여성 의류는 만원 후반~5만원 후반대이다. 고객 인센티브는 다양한 신규 가입 혜택(할인, 쿠폰팩, 첫 구매 990원 혜택 이벤트)이 있다.*

고객 가치 제안은?

- 고객 가치 등식
  - **금전적 혜택** : 전통적인 디자이너 브랜드보다 최신 트랜드 패션 상품의 저렴한 가격. 신규 회원 가입시 다양한 할인 및 쿠폰.
  - **전략적 혜택** : 개인적 취향에 맞는 상품 제안(기능적 혜택), 자신의 정체성, 스타일링 표현(심리적 혜택), 앱 설치 후 선호 스타일링 선택, 쇼핑몰 메인 개인별 상품 추천, 연령대별 맞춤 추천.
  - **금전적 비용** : 상품 지불 가격.

- 경쟁 우위
  - **우위점** : 코어 팬 고객 커뮤니티.
  - **동등점** : 온라인 패션 플랫폼.
  - **선택 이유** : 전통적인 디자이너 브랜드 가격보다 훨씬 저렴한 최신 유행 패션.

▌무신사 협력자 밸류 맵 살펴보기

협력자

- **협력자 프로파일** : *6,000개 이상의 국내 디자이너 패션 입점 브랜드.*
- **협력자 목표** : *스트리트 패션 브랜드가 아닌 디자이너 패션 브랜드의 가치 상승을 통한 꾸준한 매출 및 수익 증대.*

경쟁 오퍼링

- **주요 경쟁사** : *온라인 패션 플랫폼 '에이블리'.*
- **경쟁사 가치 제안** : *신규 입점 브랜드 오픈 때마다 해당 브랜드몰의 스타일을 좋아하는 고객들에게 신속하게 소개함.*
- **경쟁 오퍼링의 속성** : *입점 브랜드에 대한 총체적인 서비스 지원*(사입, 배송, CS, 교환, 반품), *다양한 배경의 일반인들에게 쉬운 창업 지원.*

협력자 가치 제안은?

- 협력자 가치 등식
  - **혜택** : 매출 증가(금전적 혜택). 다양한 고객층의 앱 방문을 유도하고 저렴한 가격으로 최신 유행의 패션 의류 제공 및 다양한 콘텐츠 제공으로 입점 브랜드들의 가치 제고(전략적 혜택).
  - **비용** : 재고 비용, 판매 비용(금전적 비용). 소매 공간의 기회 비용(전략적 비용).

- 경쟁 우위
  - **우위점** : 동반 성장 프로젝트 운영. 입점 브랜드가 안정적으로 생산 및 마케

팅 활동에 집중하도록 무이자로 다른 시즌 제품 생산 자금 대여함. 신생 브랜드 입점 마케팅 활동 적극 지원. 화보 촬영 및 룩북 제작.

- **동등점** : 온라인 패션 플랫폼.
- **선택 이유** : 신생 디자이너 브랜드 육성 및 결과 공유.

▌무신사 밸류 맵 살펴보기

회사

• **회사 프로파일** : 무신사는 단순한 상품 판매 대신에 다양한 콘텐츠(스타일링 방법, 브랜드 스토리 등)를 통해 쇼핑으로 연결하고, MZ세대의 취향과 니즈를 잘 이해하는 마케팅 핵심 역량을 보유함.

• **회사 목표** : 지속적인 매출 및 이익 창출(금전적 목표). 지속적인 입점 브랜드를 확산하고, 코어 팬 커뮤니티 특성을 살려 충성 고객 확보 및 유지 하도록 한다(전략적 목표)..

대체 옵션

• **주요 대안** : 오프라인 '무신사 스탠다드 (PB)' 매장 수 확장. 여성 분야 경쟁력 확보 위해 스트리트 패션 브랜드 인수함. 다양한 전문관(아동, 화장품, 럭셔리, 아울렛) 오픈함. 일본을 시작으로 해외 시장 공약을 시작함.

• **대체 옵션의 가치 제안** : 다양한 패션 관련 카데고리 확장을 통해 패션에 관한 모든 브랜드를 무신사로 모아서 글로벌 플랫폼 지위 화보를 한다.

회사 가치 제안은?

- 회사 가치 등식

- **혜택** : 매출 및 이익 창출(금전적 혜택) : 최신 패션 트랜드 브랜드 플랫폼 지위

  구축(전략적 혜택).

- **비용** : 리셀 플랫폼 '솔드아웃' 영업 손실(금전적 비용)

- **투자 이유** : 국내 및 글로벌 온라인 커머스 시장 잠재력.

부록2

여기에서는 현재 사업을 막 시작했거나

아이디어만 생각한 사람들이

체르네프 교수의 방식대로 대입하여 보고

더욱 발전된 방향으로 가기를 바라는 마음에서

체크해야 될 표 리스트를 싣는다.

표적 시장

고객

협력자

회사

경쟁자

상황

가치 제안

고객가치

협력자가치

회사가치

시장 오퍼링

제품

서비스

브랜드

가격

인센티브

커뮤니케이션

유통

오퍼링	특징들	고객가치
제품		
서비스		
브랜드		
가격		
인센티브		
커뮤니케이션		
유통		

오퍼링	특징들	협력자 가치
제품		
서비스		
브랜드		
가격		
인센티브		
커뮤니케이션		
유통		

오퍼링	특징들	회사가치
제품		
서비스		
브랜드		
가격		
인센티브		
커뮤니케이션		
유통		